中天恒 ZHONGTIANHENG

内部控制与风险管理丛书

——中天恒3C框架内部控制课题组倾力打造

丛书主编◎高雅青　李三喜

U0866440

基于风险管理的内部控制

JIYU FENGXIAN GUANLI DE NEIBU KONGZHI

评价流程　评价实务　评价模板

李三喜　徐荣才◎著

中国市场出版社
China Market Press

图书在版编目（CIP）数据

基于风险管理的内部控制评价流程·评价实务·评价模板/李三喜，徐荣才著．—北京：中国市场出版社，2013.1

ISBN 978-7-5092-0978-3

Ⅰ．①基… Ⅱ．①李… ②徐… Ⅲ．①企业内部管理—风险管理—评价—中国 Ⅳ．①F279.23

中国版本图书馆 CIP 数据核字（2012）第 271168 号

书　　名： 基于风险管理的内部控制评价流程·评价实务·评价模板
作　　者： 李三喜　徐荣才
责任编辑： 许　慧
出版发行： 中国市场出版社
地　　址： 北京市西城区月坛北小街 2 号院 3 号楼（100837）
电　　话： 编辑部（010）68012468　读者服务部（010）68022950
发行部（010）68021338　68020340　68053489
68024335　68033577　68033539
经　　销： 新华书店
印　　刷： 高碑店市鑫宏源印刷包装有限责任公司
规　　格： 787×1092 毫米　1/16　16.25 印张　320 千字
版　　本： 2013 年 1 月第 1 版
印　　次： 2013 年 1 月第 1 次印刷
书　　号： ISBN 978-7-5092-0978-3
定　　价： 45.00 元

本书编委会

主　编　高雅青　李三喜

副主编　徐荣才　赵志新　许建军

成　员　吴洪荣　武占伟　王　健　鲍　良

刘　勇　王　帆　施莹华　徐运丽

白海杰　单桂香　冷洪峰　张爱军

秦国伟　于雪霞　张　杰　孙沿东

李舒欣　杨晓红　李丽红　丁　楠

陈　玮　滕　彬

从书序

全面提升基于风险管理的内部控制建设水平

十年磨一剑，中天恒3C框架内部控制课题组经过十年艰苦磨砺积累，凝聚中天恒人丰富理论研究成果和深厚实践经验积淀的“内部控制与风险管理丛书”终于要出版了，为便于广大读者更好地阅读和理解本套丛书的内容，现将丛书的写作背景、缘起、特色与大家分享。

一、写作背景

物换星移，世事更替。随着人们对内部控制与风险管理重要性认识的不断提高，内部控制与风险管理的号角已在全球吹响，我国内部控制与风险管理的大潮更是风起云涌。美国、英国、加拿大、澳大利亚、新西兰等国家的民间团体或政府部门早就对内部控制或风险管理进行系统的研究，并发布了内部控制框架和风险管理框架或标准。我国政府监管部门颁布了《中央企业全面风险管理指引》、《企业内部控制基本规范》及其配套指引等，理论界和实务界在内部控制与风险管理方面也进行了积极的探索和实践。

目前，内部控制实践已经发展到与风险管理、公司治理等相融合的新时代。实践中，内部控制与风险管理工作已经融合，但政府监管部门的规范还没有统一，既要求企业加强全面风险管理，设立风险管理相关部门，又要求企业加强内部控制建设，设立内部控制部门，使得企业在实践中难以适从。所以，很多企事业单位在具体实践中面临着内部控制是什么，内部控制边界在哪里，内部控制与风险管理的关系怎么样，内部控制控制什么，内部控制如何设计、如何评价、如何审计等一系列内部控制理论和实践的难点问题，亟需做出科学、系统、全面的回答。

二、丛书缘起

中国企事业单位构建和实施内部控制，必然要借鉴世界发达国家的标准，但不能照抄照搬，要适合中国企事业单位的特点和实际情况，要有中国人自己的内部控制、风险管理标准。

中天恒管理咨询公司自成立以来，一直以构建中国人自己的内部控制与风险管理标准为己任。十年来，中天恒人一直致力于内部控制与风险管理理论研究和咨询实践，活跃于专业领域研究探索的前沿，创建了中天恒3C框架理论，研究完成了15份内部控制与风险管理研究报告，公开发表了50篇内部控制与风险管理方面的论文，举办了12次内部控制与风险管理的高峰论坛，编制了33类教学课件，为社会培训风险和内部控制人员20多万人（次），为132家包括中央企业、地方企业、上市公司、行政事业单位在内的单位提供了内部控制与风险管理咨询服务，引起了会计界、审计界以及新闻媒体的广泛关注，丰富和完善了内部控制与风险管理理论宝库，推动了中国企事业单位内部控制与风险管理实践。为全面系统地回答上述内部控制理论和实践中的现实问题，全面提升我国企事业单位内部控制建设水平，并报答新老客户、广大读者长期以来对本土民族管理咨询品牌的无私支持，中天恒3C框架内部控制课题组总结中天恒管理咨询公司十年不懈研究探索内部控制与风险管理领域的主要研究成果及丰富实践经验，编写出版了这套“内部控制与风险管理丛书”。

三、丛书体系

本套丛书包含《基于风险管理的内部控制理论结构·操作规程·实务指南》、《基于风险管理的内部控制设计流程·设计实务·设计模板》、《基于风险管理的内部控制评价流程·评价实务·评价模板》、《基于风险管理的内部控制审计流程·审计实务·审计模板》四种，针对当前我国企事业单位开展风险管理内部控制实际工作面临的理论难点和实务操作具体环节，从以下四个方面系统全面地打造和构建适应中国国情的基于风险管理的内部控制理论与实务操作体系。

《基于风险管理的内部控制理论结构·操作规程·实务指南》在本套丛书中起基础作用，着重构建基于风险管理的内部控制理论框架和实务操作规程。首先，搭建了基于风险管理的内部控制理论结构，为内部控制实践提供理论上的支持。其次，重塑了内部控制构建与实施基本过程，通过对内部控制构建与实施过程中目标确定、风险识别、风险评估、风险应对、控制活动、内部监督等基本程序内容、程序、方法的阐述，将操作过程流程化，具有很强的操作性。最后，按企事业单位业务类别分别阐述各业务领域内部控制具体实务，为各业务环节内部控制的构建与实施提供指导。

《基于风险管理的内部控制设计流程·设计实务·设计模板》突出了对基于风险管理内部控制设计实务的阐述。首先，系统阐述了基于风险管理内部控制设计流程。其次，简要阐述了内部控制整体框架设计实务及其模板。最后，重点阐述了企事业单位各业务环节业务层面具体内部控制设计实务及其模板。

《基于风险管理的内部控制评价流程·评价实务·评价模板》突出了对基于风险管理内部控制评价实务的阐述。首先，系统阐述了基于风险管理内部控制评价流程。其次，简要阐述了内部控制整体框架评价实务及其模板。最后，重点阐述了企事业单位各业务环节业务层面具体内部控制评价实务及其模板。

《基于风险管理的内部控制审计流程·审计实务·审计模板》突出了对基于风险管理内部控制审计实务的阐述。首先，系统阐述了基于风险管理内部控制审计流程。其次，简要阐述了内部控制整体框架审计实务及其模板。最后，重点阐述了企事业单位各业务环节业务层面具体内部控制审计实务及其模板。

四、丛书特色

本套丛书兼容并蓄，博采众长，充分吸收国内外内部控制理论研究成果，系统总结了我国企事业单位丰富的内部控制实践经验，在大胆借鉴国外先进理念的基础上，充分考虑中国企事业单位的实际情况，力求自主创新，既与国际权威框架相趋同，与我国《企业内部控制基本规范》及其配套指引相融合，又突出自身特色。本丛书从理论结构到操作规程，从操作规程再到实务模板，依次增进，相互衔接，逻辑关系简单明了，理论与应用并重。

本套丛书最大的亮点是结合实务精选了近600份中天恒管理咨询公司十年来在100多家企事业单位内部控制与风险管理咨询服务中总结研发的工作模板，这些模板即学即用，具有鲜明的创新性、操作性和针对性。

基于以上特点，本套丛书非常适合作为我国企事业单位高管人员、财务人员、审计人员从事内部控制构建与实施的工具书，也可作为进行相关培训的教材。

这里特别要说明的是，内部控制设计、评价、审计在内容和程序上有诸多相同之处，为避免重复，每本书各有侧重，阅读时请广大读者务必考虑本丛书的整体性；囿于篇幅的限制，本丛书只收入了中天恒管理咨询公司十年咨询服务实践总结出来的一二级流程层面的工作模板，对此次未收入本丛书的大量三级及更细微、具体层级的流程层面工作模板，待今后时机成熟，中天恒3C框架内部控制课题组将专册编辑出版。

虽然本丛书在内部控制理论与实践的探索是多方面的，并力求做到自主创新、科学系统、简单实用、具有可操作性，但因水平有限，难免存在疏漏之处，恳请批评指正。同时，也希望并欢迎广大读者在阅读本丛书时，将遇到的问题与改进意见反馈给我们，以便再版修订，谢谢大家。

我们的联系邮箱是：lsx3c@163. com。

中天恒3C框架内部控制课题组

前言

厘定内部控制评价的操作路径

内部控制评价，是对内部控制进行调查、测试、审查、评价、报告的动态的过程，是构建和实施有效内部控制的重要组成部分，发现并克服内部控制缺陷，寻找并改善内部控制薄弱环节，从而确保内部控制体系有效运行，促进主体健康持续发展。实践中，不能把内部控制评价工作当作对已有制度条文的整理和罗列，要通过持续进行内部控制评价，不断改进和完善内部控制，提高内部控制的有效性，真正发挥内部控制在控制风险中的重要作用。

人们习惯于把内部控制评价的内容分为整体层面控制评价和业务层面控制评价。实践中，内部控制评价重点多为整体层面控制评价，即内部控制要素的整体评价，这是导致内部控制评价工作难以深入甚至有点走形式的根本原因。中天恒3C框架一直主张内部控制评价包括设计和执行两个方面，但关键还是执行。如果再细化，对内部控制设计层面的评价可分为设计过程和设计结果两个层面；对内部控制运行层面的评价可分为运行过程和运行结果两个层面。实践中，内部控制评价主要是对结果的评价，缺少对过程的评价。我国企业内部控制评价的内容应以《企业内部控制基本规范》及配套指引为起点，以企业设计的《企业内部控制手册》为依据，围绕内部环境、风险评估、控制活动、信息与沟通、内部监督等要素，确定内部控制评价的具体内容。

内部控制评价流程一般包括制订评价工作方案、组成评价工作组、实施现场测试、认定控制缺陷、汇总评价结果、编报评价报告等环节。

中天恒3C框架把内部控制评价流程分为评价准备、评价实施、评价报告三个阶段，每个阶段又可细分若干内容。

本书系统总结了中天恒管理咨询公司十年来内部控制评价方面丰富的实践经验，充分借鉴了国内外内部控制评价的最佳实践，严格遵循了国家政府监管部门制定的内部控制规范及其应用指引，体现了以下特点：

一是具有创新性。本书以《企业内部控制基本规范》及其配套指引及中天恒管理咨询公司最新研究开发的“基于风险管理的内部控制研究报告”为依据，体现了内部控制与风险管理相融合的理念，体现了对内部控制设计过程有效性的评价，力求体现创新性。

二是具有操作性。本书把内部控制评价分为评价准备、评价实施、评价报告3个一级流程，20个二级流程（评价准备10个、评价实施4个、评价报告6个），每项内部控制评价内容均突出评价内容和操作程序，并提供了大量的内部控制评价工作模板，力求体现可操作性。

三是具有针对性。本书专为内部控制评价人员和读者自学而编写，是进行内部控制评价人员培训和开展内部控制评价工作的工具书，力求体现针对性。

这里需要提醒的是，内部控制评价和内部控制审计工作在具体程序上基本一致，为了避免过多重复，在评价书中写的总体程序，在审计书中写的是较具体的程序。

为感谢广大读者和客户的厚爱，本书力求为我国企事业单位内部控制评价工作提供一些具体务实的帮助。但内部控制评价因主体的不同而不同，也是不断发展变化的，不可能固定化、模式化。由于水平有限，疏漏之处，恳请广大读者批评指正。

中天恒3C框架内部控制课题组

目　录

一、内部控制评价流程

根据中天恒3C框架基于风险管理的内部控制研究结果，内部控制评价是对内部控制进行调查、测试、审查、评价、报告的动态的过程，是主体构建和实施有效内部控制的重要组成部分。

一般认为，内部控制评价应根据资源情况和组织需求来决定，既可以是全面内部控制评价，如对整个内部控制系统进行评价，然后把信息反馈给最高管理当局；也可以是局部评价，如对某个部门或某个控制进行评价，然后把发现的不足或某一方面控制精确度的信息反馈给某些管理人员。全面内部控制评价一般每年进行一次，而局部内部控制评价视需要而定。人们习惯于把内部控制评价的内容分为整体层面控制评价和业务层面控制评价。中天恒3C框架一直主张内部控制评价包括设计和执行两个方面，但关键还是执行。如果再细化，对内部控制设计层面的评价可分为设计过程和设计结果两个层面；对内部控制运行层面的评价可分为运行过程和运行结果两个层面。实践中，内部控制评价主要是对结果的评价，缺少对过程的评价。我国企业内部控制评价的内容应以《企业内部控制基本规范》及配套指引为起点，以企业设计的《企业内部控制手册》为依据，围绕内部环境、风险评估、控制活动、信息与沟通、内部监督等要素，确定内部控制评价的具体内容。内部控制评价具体内容应由主体经营业务调整、环境变化、业务发展状态和实际风险水平等自行确定，不能固定化和模式化。

内部控制评价流程，就是内部控制评价工作从开始到结束的基本过程，一般包括制订评价工作方案、组成评价工作组、实施现场测试、认定控制缺陷、汇总评价结果、编报评价报告等环节。这是我国企业内部控制评价工作的法定程序，是必须要执行的最基本的程序。中天恒3C框架把内部控制评价流程分为评价准备、评价实施、评价报告三个阶段，每个阶段又可细分若干内容。

1. 评价准备

评价准备是内部控制评价的首要环节，对保证内部控制评价工作有序进行具有基础性作用。评价准备的目标是获得管理层将推进该项目的承诺，了解管理层对项目实施和结果的期望，做好内部控制评价的前期准备工作。评价准备工作很多，制订评价工作方案、组成评价工作组是法定要求，也是主要工作。评价准备一般应包括：

1.1 项目立项

项目立项，就是对内部控制评价工作的立项。内部控制评价是否需要进行立项，实践中有需要立项的，也有不需要立项的，我国监管部门发布的规范对此没有明确规定，主体可根据内部管理规定执行。实际上，内部控制评价的项目立项不是可有可无的程序，通过严肃规范的立项程序，明确内部控制评价的总体目标、基本要求和各自职责等，对获得管理层将推进该项目的承诺，了解管理层对项目实施和结果的期望，以及对内部控制评价后续工作的有序开展是需要的。本阶段的主要工作是与高管层进行沟通，内部控制评价机构办理内部控制立项工作，编制内部控制评价项目立项表，并作为内部控制评价工作底稿。

1.2 初步了解

初步了解，就是初步了解主体的基本情况及其内部控制状况，是制定具有针对性内部控制评价工作方案的前提。为制订评价方案或评价计划而进行的初步了解不必太详细，要求程度取决于内部控制评价组的构成以及与机构相关的经验年限。委托中介机构进行内部控制评价的，中介机构在进行实质性工作前应对评价主体有个全面的了解，一般要了解主体所处的环境、营业的特点以及内部控制的构建和运行状况等。

1.3 制订方案

制订方案，就是制定内部控制评价工作方案，是实施内部控制评价的具体依据。内部控制评价工作方案应明确本次评价的目的、范围、标准、时间安排和相应的资源配置。《企业内部控制评价指引》要求，企业内部控制评价部门应当拟订评价工作方案，明确评价范围、工作任务、人员组织、进度安排和费用预算等相关内容，报经董事会或其授权机构审批后实施。这里需要说明的是，不管内部控制评价工作方案由谁来制定，先报经相应的授权机构审批是前提。

1.4 成立小组

成立小组，就是要成立内部控制评价项目组，这是内部控制评价工作能够有效进行的组织和人员上的保证。内部控制评价工作应由内部审计部门或专门机构等内部控制评价部门负责。内部控制评价部门应当根据经批准的评价方案，组成内部控制评价工作组，具体组织实施内部控制评价工作。内部控制评价机构成员除了内部审计人员之外，还应该包括主体相关部门或单位的业务骨干和部门负责人，即应该包括那些最了解各部门或单位风险的员工，这些人员可以来自战略管理部门、业务管理部门、财务会计部门、人力资源部门、信息系统管理部门以及法律部门等。因为只有最熟悉情况的管理人员才最了解控制的缺陷所在，并能针对缺陷提出很好的改进或完善建议。评价项目组组成应考虑组成人员的背景和能力，必要时，可聘请业务或管理方面的专家。决定执行内部控制评价工作所需的人力资源时，必须注意以下原则：一是对于所需的内部控制评价人员人数及经验，应取决于对内部控制评价的性质及复杂程度、时间限制及可用资源等因素的评估；二是分配内部控制评价工作时，对于内部控制评价人员的遴选，应考虑其所具备的专业知识和技能；三是当需要更进一步的专业知识和技能时，可以使用外部资源，主体可以委托中介机构实施内部控制评价；四是评价工作组成人员对本部门的内部控制评价工作应当实行回避制度。内部控制评价项目组组成及其内部职责分工很重要。如在准备阶段，项目组的责任至少包括界定评价范围、确定重要性水平（考虑数量和质量）、确定财务报告中重要的线上项目、确定测试要求和计划、协调评价活动、确定关键流程、执行风险评估、有效的书面记录、监督控制的效率等。

1.5 确定标准

确定标准，就是确定内部控制评价的具体依据。根据中天恒管理咨询公司多年评价工作实践经验，在内部控制评价前应明确评价标准，并要求所有参与评价人员认真阅读，必要时应进行评价前的培训。内部控制评价应该有一个客观的评价标准。这个客观的标准是什么，国际国内关于内部控制的评价标准很多，美国有 COSO 报告，加拿大有 CoCo 报告，我国有政府部门颁布的法规或者规范性文件等，不一而足。这么多标准到底执行哪个，这在内部控制评价之前必须确定。从理论上讲，我国企业的内部控制评价依据应该统一为财政部、证监会、审计署等五部委颁发的《企业内部控制基本规范》及其配套指引，不能政府部门各自为政另搞一套标准。世界在趋同，国内更应该趋同。只有内部控制评价标准相对统一了，评价的结果才有可比性。就一个具体评价项目而言，主体的《内部控制管理手册》、《内部控制评价手册》是最具体的标准。当然，企业主体的控制手册及其评价手册不能与国家法律、法规相抵触，而应以财政部、证监会、审计署等五部委颁发的《企业内部控制基本规范》及其配套指引为起点。

1.6 编制程序

编制程序，就是编制内部控制评价的具体流程表。根据中天恒管理咨询公司多年评价工作实践经验，在内部控制评价前编制具体评价业务的程序表对指导评价人员进行具体评价工作非常有用。具体评价业务的程序表越具体越有用，一定要在内部控制标准要求的基础上，结合主体内部控制现状设计，以增强可操作性。

1.7 资料准备

资料准备，就是内部控制评价前需要准备的相关资料，包括评价机构资料准备及被评价单位（部门）评价资料准备。评价机构需要准备的资料主要包括评价规范、评价问卷、抽样计划、工作底稿、缺陷认定及报告模板等。在评价工作实施前，将具体评价业务流程表及其相应的工作模板让参与评价人员熟知，对提高内部控制评价工作效率和质量具有十分重要的意义。被评价单位（部门）评价需要准备的资料主要包括内部控制体系文件及相关记录等。根据中天恒管理咨询公司多年评价工作实践经验，在内部控制评价前向被评价单位提供评价资料准备清单非常有必要，便于被评价单位提前做好准备，从而提供评价工作效率。

1.8 下发通知

下发通知，就是在内部控制评价前下发评价通知书，具体明确内部控制评价的有关事宜。内部控制评价是否需要下发通知，我国监管部门发布的规范对此没有明确规定，主体可根据内部管理规定执行。根据审计工作实际经验，内部控制评价实施前下发一个正规的评价通知，明确内部控制评价目的、范围、内容及其要求等非常必要。

1.9 评前培训

评前培训，就是在内部控制评价进行前对全体评价人员进行必要的有针对性的培训。根据中天恒管理咨询公司多年评价工作实践经验，在进行内部控制评价前组织全体评价人员进行有针对性的培训十分必要，尤其是对首次进行评价的企业更为重要。评前培训的深度、广度因评价组成员的不同而不同，但至少要使全体评价人员深知评价的具体内容、具体标准、具体流程、具体要求以及评价人员职责分工等。

1.10 组织进点

组织进点，就是组织内部控制评价组入住被评价单位（部门）开始进行内部控制评价现场工作。评价人员进点时组织一个进点会是有用的，但这并非法定程序，应根据实际情况来确定。内部控制评价工作涉及面广、难度大，需要主体各部门进行自我评估或全力配合才能完成。在内部评价实施前利用进点会或其他形式对被评价单位的高管人员及其员工进行动员或宣讲十分必要。评价组进点后应按照内部控制评价工作方案要求，按照具体分组、分工及时投入实际评价工作中去。

这里需要说明的是，在实际评价工作中，内部控制评价准备阶段上述工作不能人为割裂开来，顺序上也不是固定不变的。

2. 评价实施

评价实施，是内部控制评价的重要环节，是内部控制评价工作的的实质性阶段。内部控制评价组应按照既定的内部控制评价工作方案实施内部控制评价工作。内部控制评价实施的具体流程因单位、项目以及管理要求等不同而不同，基本流程包括：

2.1　调查了解

调查了解，是内部控制评价实施阶段的首要环节，是对内部控制现状在前期初步了解的基础上的深入调查和了解。内部控制评价组应了解被评价机构内部控制体系的基本情况，确认评价范围，确定被评价机构的内部控制体系的健全程度，然后决定实施测试所采取的方法。这项工作是在准备阶段的基础上进行的，涉及的具体内容很多，因主体的不同而不同，大致可分为以下两个层面：一是从整体层面了解内部控制，包括对控制环境、风险评估、控制活动、信息与沟通、内部监督等五要素的了解。二是从业务流程层面了解内部控制，通常包括如下步骤：确定重要业务流程和重要交易类别；了解重要交易流程，并记录获得的了解；确定可能发生错报的环节；识别和了解相关控制。对内部控制整体层面和业务层面的了解都很重要，不能仅限于对内部控制五要素的调查和了解。当然，调查了解内部控制也不能面面俱到，要突出重点，应主要调查被评价单位或部门是否遵循了不相容职务控制、业务程序标准化控制、复查核对控制等程序。对内部控制调查了解，可通过审阅被评价单位的规章制度、组织机构设置表和前一年度的审计工作底稿，或通过现场询问有关人员，以及通过评价人员的实地观察等方式，调查了解被审计单位内部控制系统的详细情况，之后采用一定的方法将调查结果表述出来。

实践中，为提高内部控制评价效率，调查了解工作也可以与现场测试工作一并进行，不宜为满足调查而走形式。

2.2　现场测试

现场测试，是指评价人员在了解内部控制体系的基础上，现场对相关内部控制进行测试，获取充分、适当的证据，以评价内部控制有效性的行为。

（1）测试目标。即通过测试确定内部控制设计和运行是否有效。

（2）测试内容。具体包括测试重要内部控制设计和执行的有效性。内部控制设计测试要求确定控制是否可适当防止或发现重大错报。测试执行有效性与如何执行控制、控制是否一贯执行、由谁来执行等有关。在测试内部控制执行的有效性时，评价人员应当关注该项内部控制是否得到执行、如何执行、由谁执行以及是否得到一贯执行。某些内部控制是连续执行的，而某些内部控制只在特定时间执行，评价人员应当根据内部控制的性质及其执行的时间和频率，合理确定控制测试的性质、时间和范围。当管理层在作出内部控制有效性认定之前已对内部控制作了改进时，如果评价人员确定新的内部控制能够实现相关目标，并且已有效执行了适当的时间，可不考虑改进前内部控制设计和执行的有效性。

（3）测试种类。审计业务中的测试一般分为符合性测试和实质性测试。对内部控制有效性的现场测试应该属于符合性测试。符合性测试是获得评价证据以证实内部控制在实际中的合理和有效，即控制措施能否达到控制目的、相关规定在实际中是否被一贯执行。符合性测试又可分为两种形式：一是业务测试，即对重要业务或典型业务进行测试，按照规定的业务处理程序进行检查，确认有关控制点是否符合规定并得到认真执行，以判断内部控制的遵循情况。二是功能测试，即对某项控制的特定环节，选择若干时期的同类业务进行检查，确认该环节的控制措施是否一贯或持续发挥作用。进行符合性测试首先应编制测试方案，方案内容包括：测试目标；确定失控的标准及可应允的失控程度；具体使用的技术；需要检查的项目数量及采用的具体方法；对需要测试的关健控制制度拟定测试具体步骤等。

（4）测试方式。根据测试目标及测试内容的不同，测试方式分为跟单测试、关键控制测试、信息系统总体控制测试和公司层面控制测试四种。

（5）测试方法。现场测试的方法包括个别访谈、调查问卷、专题讨论、穿行测试、实地查验、抽样和比较分析等方法。按照《企业内部控制评价指引》要求，内部控制评价工作组应当对被评价单位进行现场测试，综合运用个别访谈、调查问卷、专题讨论、穿行测试、实地查验、抽样和比较分析等方法，充分收集被评价单位内部控制设计和运行是否有效的证据，按照评价的具体内容，如实填写评价工作底稿，研究分析内部控制缺陷。

（6）测试程序。具体如下：询问被评价单位的有关人员；检查内部控制生成的文件和记录；观察被评价单位的经营管理活动；重新执行有关内部控制。

（7）测试证据。在评价获取的证据是否充分、适当时，评价人员应当运用专业判断，并考虑以下因素：特定内部控制的性质；特定内部控制在实现控制目标中的重要性；被评价单位对特定内部控制执行有效性进行测试的性质和范围；特定内部控制未得到遵循的风险。

（8）测试底稿。现场测试需要按照评价的具体内容如实填写评价工作底稿，以记录测试工作过程与结果。测试完成后，评价人员需要汇总测试登记表，着重将内部控制的薄弱环节和失控环节整理出来，对其性质、失控程度、影响与后果等作出判断。如果一个特定的内部控制系统关键控制点或多数的一般控制点失去控制作用，应当被认为该控制系统失去控制；反之，如果个别的一般控制点失去控制作用，而关键控制点还是健全的话，该内部控制系统应当还是可以信赖的。

测试工作底稿是一种通用式的测试工作底稿，使用范围比较广，内容包括索引号、被评价单位名称、评价项目名称、评价期间、样本名称、样本主要内容、测试内容、结论、编制者与日期、复核者与日期等。其缺点是每项测试都需要填写样本名称、样本内容和测试内容等，比较麻烦，并且内容容易遗漏。而专用工作底稿是针对某一项程序或者业务循环专门设计的记录底稿，它记录内容全面详细，但设计比较复杂。

内部控制评价组采用评价质量交叉复核的方法对工作底稿质量进行有效控制。评价组负责人对评价工作底稿进行二次复核，评价组内部意见一致后提交企业评价机构负责人进行审核。

（9）保留记录。现场测试记录必须完整保留。因为记录会为主体的内部控制评价提供支持，外部的注册会计师和监管机构也会对它进行审核。因此，应该对测试进行充分的记录，从而可以让一个独立的人员了解并可以重新执行这个测试，包括对测试项目的详细记录（比如报告的名称和日期、发票号、支票号）、谁执行的这个测试、测试结果和总的结论。在使用样本时，还应该记录选择样本量的依据。在美国，上市公司会计监管委员会要求企业评价的记录应该保留7年。

总体来说，对内部控制的测试过程是一个“测试—发现内控问题—设计纠正措施—执行纠正措施—再测试”的循环往复的过程。正是通过这个过程，管理层才可能在年末对财务报告内部控制进行评估时出具满意的评估意见。

2.3 认定缺陷

认定缺陷，是评价机构以公认的方法和标准，对内部控制存在的设计和执行有效性方面的问题进行分析，进而评估内部控制缺陷导致财务报告错报的影响程度以及发生可能性的过程，是内部控制评价实施阶段的重要环节。

（1）缺陷分类。一般把内部内部控制缺陷分为设计缺陷和运行缺陷两大类。设计缺陷是指缺少为实现控制目标所必需的控制，或现存控制设计不适当，即使正常运行也难以实现控制目标。运行缺陷是指设计完好的控制没有按设计意图运行，或因执行者没有获得必要授权或缺乏胜任能力而无法有效实施控制。内部控制运行缺陷是大部分主体普遍存在的问题，这些主体往往为了应付检查或出于其他目的，使设计完好的内控制度形同虚设，没有得到有效的执行。此外，内部控制普遍存在授权不明、权责不清的情况，这也是造成内部控制无法有效运行的原因。

（2）认定标准。美国是以控制缺陷导致财务报告错报的影响程度以及错报发生可能性为标准，将控制缺陷划分为以下三类：一是一般缺陷。如果内控设计或运行无法使管理层或员工在执行指定任务的正常过程中及时防止或发现错报，那么就存在一般缺陷。二是重要缺陷。即对企业按照公认会计准则生成、授权、记录、处理和对外报告财务数据的能力产生负面影响，并导致无法预防或发现企业年度或中期财务报表中“大于不重要”的错报的可能性、“大于微小”的控制缺陷或多个控制缺陷的组合。三是实质性漏洞。即导致无法预防或发现年度或中期财务报表重大错报的可能性“大于微小”的一个重要缺陷或多个重要缺陷的组合。

我国是按缺陷的影响程度把内部控制缺陷分为重大缺陷、重要缺陷和一般缺陷。我国《企业内部控制评价指引》明确了重大缺陷、重要缺陷以及一般缺陷的认定标准。重大缺陷是指一个或多个控制缺陷的组合，可能导致企业严重偏离控制目标。重要缺陷是指一个或多个控制缺陷的组合，其严重程度和经济后果低于重大缺陷，但仍有可能导致企业偏离控制目标。一般缺陷是指除重大缺陷、重要缺陷之外的其他缺陷。重大缺陷、重要缺陷和一般缺陷的具体认定标准，由企业根据上述要求自行确定。

尽管中天恒3C框架也一直主张把内部控制存在的缺陷按严重程度分为重大缺陷、重要缺陷和一般缺陷，但在实际工作中很难区分，故建议借鉴日本的做法改为“重要缺陷”和“缺陷”。根据中天恒管理咨询公司内部控制评价实践，主体在认定内部控制缺陷程度时，需要综合考虑以下因素：内部控制缺陷导致错误发生的可能性；内部控制缺陷对企业目标实现的影响程度；其他补偿控制的有效性；多个一般缺陷组合的汇总影响。具体而言，判断和认定内部控制缺陷是否是重大缺陷，应当考虑下列因素：影响整体控制目标实现的多个一般缺陷的组合是否构成重大缺陷；针对同一细化控制目标所采取的不同控制活动之间的相互作用；针对同一细化控制目标是否存在其他补偿性控制活动。

（3）认定方法。不同层面控制缺陷类型的认定具体标准不同，但方法基本一致，即定量分析或定性判断。主体对内部控制评价过程中发现的问题，应当从定量和定性方面进行衡量，判断是否构成内部控制缺陷。存在下列情况之一的，企业应当认定内部控制存在设计或运行缺陷：未实现规定的控制目标；未执行规定的控制活动；突破规定的权限；不能及时提供控制运行有效的相关证据。

（4）认定方式。可以采用对整体层面、业务层面和信息系统总体控制分别实施缺陷认定，然后再汇总分析的方式。

（5）认定范围。在跟单测试、关键控制测试、公司层面测试、信息系统总体控制测试中发现的控制缺陷。

（6）认定程序。按照企业内部控制评价指引的规定，企业对内部控制缺陷的认定应当以日常监督和专项监督为基础，结合年度内部控制评价，由内部控制评价部门进行综合分析后提出认定意见，按照规定的权限和程序进行审核后予以最终认定。在日常监督、专项监督和年度评价工作中，应当充分发挥内部控制评价工作组的作用。内部控制评价工作组应当根据现场测试获取的证据，对内部控制缺陷进行初步认定，并按其影响程度分为重大缺陷、重要缺陷和一般缺陷。

在具体的认定过程中，评价人员应将已经调查了解到的内部控制系统的现状与事先确定的内部控制标准模式进行对照，以揭示哪些法规规定的控制程序未被采用。对对照中发现的控制缺陷，应当按照不同内容分类，并汇集记录在内部控制系统缺陷登记表中。对已发现的内部控制重大缺陷，评价人员应当及时以书面形式与被评价单位进行沟通，核对测试结果和数据，确认内部控制缺陷事实并在缺陷认定底稿上签章。在判断某项内部控制缺陷单独或连同其他内部控制缺陷是否为重大缺陷时，评价人员应当考虑潜在的错误或舞弊可能导致错报的金额和性质。

内部控制评价部门应当编制内部控制缺陷认定汇总表，结合日常监督和专项监督发现的内部控制缺陷及其持续改进情况，对内部控制缺陷及其成因、表现形式和影响程度进行综合分析和全面复核，提出认定意见，并以适当的形式向董事会、监事会或者经理层报告。重大缺陷应当由董事会予以最终认定。

（7）认定底稿。发现内部控制缺陷时，评价人员应并编制内部控制缺陷认定底稿。缺陷认定底稿要详细描述缺陷事项情况并提出改进意见和建议。

（8）改进缺陷。企业对于认定的重大缺陷，应当及时采取应对策略，切实将风险控制在可承受度之内，并追究有关部门或相关人员的责任。

2.4 综合评价

综合评价，是指在内部控制现场测试结果的基础上对内部控制有效性作出的最终评价，主要工作是汇总评价结果。内部控制评价人员在充分揭示其缺陷和薄弱环节后，需要对这些缺陷和薄弱环节作进一步分析，确定其对整个内部控制有多大的影响，然后对内部控制的有效性作出综合评价。尽管评价内部控制系统设计可能不需要对控制的执行进行符合性测试，但除非对内部控制执行的有效性进行测试，否则不能对内部控制下任何结论。综合性评价应按以下步骤进行：

（1）整理资料。将大量零散的资料加以汇集整理，是进行分析评价的基础。评价人员应将内部控制评价各阶段工作的有关资料按一定的标志加以汇总，特别要把与内部控制制度缺陷有关的内部控制制度缺陷登记表和符合性测试登记表等资料全面地汇集起来并整理好。评价人员可先按业务系统（如按销售业务、采购业务等）归集各种控制缺陷，然后再按控制目标（如有效性、准确性、完整性、实物安全等）作进一步分类，最后按控制点（如审批、核发、审核、复核等）加以整理。通过汇集整理有关资料，使控制缺陷归集到与其相关的控制目标和控制点上，既便于评价人员对控制缺陷的作用和影响进行分析，也有利于提高综合评价的准确性和科学性。

（2）分析影响。各项具体的控制措施和控制点对业务处理系统内部控制制度的影响有很大的差别，有些控制措施或控制点即使比较薄弱，甚至不存在，也可能不会导致太大的错弊发生；有些控制措施或控制点比较薄弱或不存在，则有可能发生较大的错弊，甚至使整个业务处理系统失去控制。而且各种控制缺陷可能产生的错弊类型也不相同，有的控制缺陷（如审批、实物保管控制、审核等方面存在的缺陷）可能会导致贪污舞弊行为的发生，有的控制缺陷（如复核、揭核对等方面存在的缺陷）可能会导致记录发生错误。这就要求评价人员必须认真分析所揭示的控制缺陷，以确定其在整个内部控制制度中的影响。

分析控制缺陷的影响，可以分为两个层次进行：一是分析各项具体控制措施方面存在的缺陷对相应的控制点的影响。例如，凭证连续编号这项控制措施如果没有得到执行，可能致使审批这个控制点未能起到对所有业务活动的发生均加以批准或授权的作用。通过这种分析，评价人员可以认识到各控制点发挥作用的条件，进而能够比较准确地确定在存在某种控制缺陷的条件下，控制点的控制功能发挥作用的情况。二是分析控制点方面存在的缺陷在业务处理系统内部控制制度中的影响。不同的控制点是为了保证相应的控制目标的实现而设置的，如审批这个控制点主要是要保证经济业务发生的有效性这一控制目标的实现。因此，确定某个控制点是否有效，就可以确定相应的控制目标是否能够实现，进而可以判断该项业务内部控制制度能否发挥其应有的作用。

通过大量的检查、分析和评价，评价人员逐渐认识到各项控制措施、控制点与各种错弊的对应关系，发现其内在的客观规律，这就为更迅速、准确地判断各种控制缺陷对内部控制制度的影响提供认识的基础。当然，也应注意到，这些从经验积累得到的规律性认识还必须与对具体企业的控制环境的分析相结合。各个企业经营管理的特点不同，其内部控制制度的结构也不尽相同。在某些企业中，一些控制缺陷可能会被其他方面较强的控制措施和控制点所补救，因而控制缺陷的影响相对地减少，而在另一些企业中，可能就不具备这样的控制措施和控制点。这需要评价人员对具体问题作具体分析，不能生搬硬套。

(3) 形成结论。对于大多数企业而言，都程度不同地存在内部控制制度不尽完善或存在个别薄弱环节的现象，但内部控制制度完全失效的情况则属少见。因此，评价人员应根据评价结果，作出内部控制设计和执行是否有效的评价结论。

(4) 反馈意见。评价人员应在对被评价机构内部控制体系进行综合评价后，与被评价机构管理层沟通，以核对数据，确认事实。

3. 评价报告

内部控制评价报告，是评价人员根据内部控制评价结果编制的全面、客观、准确地反映企业内部控制状况的书面文件，是内部控制评价工作的重要环节。COSO 把报告缺陷作为监控的一个重要要素，因为主体内部控制体系中的缺陷会从许多渠道显现出来，包括主体的持续监控程序、内部控制体系的个别评价以及外部各方。根据我国《企业内部控制评价指引》要求，企业应当根据年度内部控制评价结果，结合内部控制评价工作底稿和内部控制缺陷汇总表等资料，按照规定的程序和要求，及时编制内部控制评价报告。编制内部控制评价报告是一项比较复杂的工作，根据中天恒管理咨询公司的经验，内部控制评价报告的基本流程包括撰写评价报告、沟通协调报告事项、报送报告。当然，广义上说，调整期后事项、内部控制评价工作总结、档案管理及其持续改进也是报告阶段的工作。

3.1 撰写报告

在全面汇总评价成果、初步作出评价结论后，评价组应撰写内部控制评价报告。撰写内部控制评价报告同撰写其他管理报告一样，是一个不断修改完善的过程。可以先拟定评价报告的提纲，然后逐项撰写。根据评价项目的大小和复杂程度，评价报告撰写的组织形式也应有所不同。一般的项目，只要一人执笔；重大的、复杂的项目，可以成立起草小组，根据确定的提纲分头撰写，最后通常由组长总纂。在形成一个整体报告后，还需集体讨论修改。如果认为对评价事项的某些方面还不清楚，评价人员可以扩大评价范围，继续取证，在此基础上形成评价报告。

3.2 沟通协调

评价报告是否要征求相关人员的意见，没有明确的规定，但就有关事项进行有效沟通是必要的。在草拟内部控制评价报告期间，应该与独立审计师和法律顾问协调，并就报告内容、报告语言、对“重要缺陷”和“重大弱点”的定义、披露存在于报告日的重大弱点、未报告的重大弱点等问题达成共识。

3.3 报送报告

即将内部控制评价发现的缺陷及时报告给负责所涉及职能或活动的人员，必要时还应该至少报告给直接负责人员的上一个管理层级。重要缺陷应当与最高管理层和董事会或审计委员会沟通。因为这个过程使这些人能够为采取矫正措施提供所需的支持或监督，并且使他们能够与主体中业务活动可能受到影响的其他人员进行沟通。如果发现的问题跨越了组织界限，就应该相应地交叉报告，并且报告给足够高的层级，以便采取适当的行动。管理层建立替代渠道，以便报告类似非法或不当行为等性质上比较敏感的缺陷。根据问题的性质和所涉及人员的不同，相应地直接向高级管理层成员或董事会报告。

内部控制评价报告应当报经董事会或类似权力机构批准后才对外披露或报送相关部门。因为企业内部控制建设由董事会负责，内部控制评价报告对外披露必然要经其批准。根据我国《企业内部控制评价指引》要求，企业应当以 12 月 31 日作为年度内部控制评价报告的基准日。内部控制评价报告应于基准日后 4 个月内报出。显然，指引明确了内部控制评价报告在某时点而不是一定期间的内部控制的有效性。事实上时点报告和期间报告是不一样的，主要表现在：时点报告要求的控制测试范围大大小于对一定期间控制有效性报告的测试要求；时点报告更有助于识别和纠正缺陷。

3.4 调整事项

内部控制评价部门应当关注自内部控制评价报告基准日至内部控制评价报告发出日之间是否发生影响内部控制有效性的因素，并根据其性质和影响程度对评价结论进行相应调整。

3.5　总结档案

内部控制评价工作完成后，评价机构应对评价过程、评价方法、评价组织等进行总结，以及时积累经验，改进问题，不断提高内部控制评价质量。主体应当建立内部控制评价工作档案管理制度。内部控制评价的有关文件资料、工作底稿和证明材料等应当妥善保管。根据中天恒管理咨询公司内部控制评价实践，内部控制评价过程中应形成必要的评价记录，同时要妥善保管评价档案，并关注以下具体注意事项：评估过程中每一步骤的测试都要遵照要求并且留有痕迹，需要签字确认的，要求被评价人员签字确认；评价结果的所有支持性文件要统一编号，与评价点对应，以便日后查阅；评估过程中产生的所有记录文档，如访谈纪要、收集的规章制度、控制测试底稿、评估表等，应妥善保管，保管期限遵从企业的档案管理规定，中天恒建议至少要保存3年。

3.6　持续改进

持续改进就是要考虑从内部和外部渠道报告的缺陷，并及时采取矫正措施。

二、内部控制整体框架评价实务及其模板

1. 内部环境评价

关于内部环境评价，美国 COSO 认为，评价者在确定是否存在积极的控制环境时，应该考虑每一个控制环境因素。我国《企业内部控制评价指引》规定：企业组织开展内部环境评价，应当以组织架构、发展战略、人力资源、企业文化、社会责任等应用指引为依据，结合本企业的内部控制制度，对内部环境的设计及实际运行情况进行认定和评价。

根据中天恒管理咨询公司内部控制评价实践，对内部环境进行评价应重点关注以下内容：

➢ 治理结构是否完善，董事会、监事会和股东大会等管理架构是否合法运作和科学决策。

➢ 主体是否形成科学有效的职责分工和制衡机制，为内部控制的建立和实施提供强有力的组织结构保障和工作机制保障。

➢ 是否制定并实施了明确的发展战略，发展战略是否符合客观实际，发展战略是否充分体现出长期性和根本性的发展目标和战略规范。

➢ 是否建立有效的激励约束机制和树立了风险防范意识。

➢ 管理层与业务环节是否开展了内部控制培训，让内部风险防范成为高管的共识。

➢ 是否有培育良好的企业精神和内部控制文化，是否创造全体职工充分了解并履行职责的环境。

➢ 是否在追求自身经济效益、保证实现发展战略的同时，切实履行其社会责任，安全生产，严把质量关，注意环境保护与资源节约。

内部环境评价的重点应是对上述各个构成要素的评价，并在各个要素评价的基础上进行综合评价。

2. 风险评估评价

关于风险评估评价，美国 COSO 内部控制报告认为，评价者要集中关注管理层进行目标设定、风险分析和管理变化的过程，包括它们与业务活动之间的联系

等进行认定和评价。这项目工作涉及内部信息传递、财务报告、信息系统三个应用指引。

中天恒3C框架认为，信息与沟通内部控制评价内容总体来说就是评价信息与沟通内部控制的设计和运行的有效性，包括过程和结果两个层面。信息与沟通内部控制评价的具体内容因评价单位开展目标设定情况的不同而不同。在我国内部控制评价实践中，有的企业是分信息与沟通范围和信息与沟通方法两个关键控制点进行评价的。根据中天恒3C框架长期研究的结果，信息与沟通内部控制设计过程的关键环节包括现状梳理、风险评估、控制要点、控制目标、控制措施、制度优化、控制图表、控制矩阵，信息与沟通内部控制运行过程的关键环节包括岗位设置、职责分工、制度执行、措施落实、内控监督、内控考核、内控信息、管理融合、持续改进。这为从设计和运行的过程和结果进行全面评价信息与沟通内部控制提供了判断标准。当然，信息与沟通内部控制设计和运行是复杂多样的，不能固定化、模式化。考虑到评价成本，在具体进行信息与沟通内部控制评价时，要突出对信息与沟通风险评估、控制措施设计和落实、制度优化和执行的重点评价。

根据中天恒管理咨询公司内部控制评价实践，对信息与沟通进行评价总体上应重点关注以下内容：

➢ 是否建立信息与沟通制度，明确内部控制相关信息的收集、处理和传递程序，确保信息及时沟通，促进内部控制有效运行。

➢ 是否对收集的各种内部信息和外部信息进行合理筛选、核对、整合，以提高信息的有用性。

➢ 是否建立开放、有效的内外部沟通渠道，确保信息及时上传、下达，并在上下级机构及部门之间充分交流，使相关人员能够获取履行职责需要的信息。

➢ 是否建立并保持相关信息交流与沟通的记录，并考虑信息安全性和保密性要求。

➢ 是否建立反舞弊机制，明确反舞弊工作的重点领域、关键环节和有关机构在反舞弊工作中的职责权限，规范舞弊案件的举报、调查、处理、报告和补救程序。

➢ 是否建立和实施绩效考评制度，科学设置考核指标体系，对内部责任单位和全体员工的业绩进行定期考核和客观评价，并将考评结果作为确定薪酬以及职务晋升、辞退等的依据。

5. 内部监督评价

关于内部监督评价，美国COSO内部控制报告指出，在考察对内部控制持续有效性进行监控的程度时，应该同时考虑内部控制体系的持续监控活动和个别评价，或者考虑它们的某些组成部分。

根据我国《企业内部控制评价指引》要求，企业组织开展内部监督评价，应当以《企业内部控制基本规范》有关内部监督的要求以及各项应用指引中有关日常监控的规定为依据，结合本企业的内部控制制度，对内部监督机制的有效性进行认定和评价，重点关注监事会、审计委员会、内部审计机构等是否在内部控制设计和运行中有效发挥监督作用。

中天恒3C框架认为，内部监督内部控制评价内容总体来说就是评价内部监督内部控制的设计和运行的有效性，包括过程和结果两个层面。内部监督内部控制评价的具体内容因评价单位开展目标设定情况的不同而不同。在我国内部控制评价实践中，有的企业是分内部监督范围和内部监督方法两个关键控制点进行评价的。根据中天恒3C框架长期研究的结果，内部监督内部控制设计过程的关键环节包括现状梳理、风险评估、控制要点、控制目标、控制措施、制度优化、控制图表、控制矩阵，内部监督内部控制运行过程的关键环节包括岗位设置、职责分工、制度执行、措施落实、内控监督、内控考核、内控信息、管理融合、持续改进。这为从设计和运行的过程和结果进行全面评价内部监督内部控制提供了判断标准。当然，内部监督内部控制设计和运行是复杂多样的，不能固定化、模式化。考虑到评价成本，在具体进行内部监督内部控制评价时，要突出对组织架构风险评估、控制措施设计和落实、制度优化和执行的重点评价。

根据中天恒管理咨询公司内部控制评价实践，对内部监督进行评价应重点关注以下内容：

➢ 是否制定内部控制监督制度，明确内部审计机构（或经授权的其他监督机构）和其他内部机构在内部监督中的职责权限，是否规范内部监督的程序、方法和要求。

➢ 是否制定内部控制缺陷认定标准，对监督过程中发现的内部控制缺陷，应当分析缺陷的性质和产生的原因，提出整改方案，以适当形式及时向董事会、监事会或者经理层报告。

➢ 是否结合内部监督情况，定期对内部控制的有效性进行自我评价，出具内部控制自我评价报告。

三、组织架构内部控制评价实务及其模板

1. 概述

1.1 评价概念

组织架构内部控制评价是内部控制评价业务层面的重要内容之一，是对组织架构内部控制设计及运行有效性的评价。因此，加强组织架构内部控制评价工作，有利于促使企业建立健全和有效执行组织架构内部控制，从而有效控制组织架构风险。

1.2 评价目标

组织架构内部控制评价目标，就是保证组织架构内部控制设计和运行的有效性，促使企业预防和控制组织架构风险。

1.3 评价依据

组织架构内部控制评价依据是国家关于组织架构管理方面的法律法规、企业制定的组织架构管理制度及其《企业内部控制手册》有关组织架构部分的内容。具体依据因评价单位的不同而有所不同。《企业内部控制应用指引第 1 号——组织架构》界定了组织架构的定义，描述了组织架构中重点应当关注的风险，提出了组织架构的基本要求，明确了组织架构关键控制点及其相应的控制措施，是企业构建与实施组织架构内部控制的最直接的依据。企业应认真学习领会《企业内部控制基本规范》、《企业内部控制应用指引第 1 号——组织架构》等法律法规的精神实质和原则要求，并以此为起点构建和实施组织架构内部控制。涉及评价单位层面的组织架构内部控制评价依据包括企业制定的《组织架构管理制度》、《组织架构授权制度和审核批准制度》、《组织架构的岗位责任制》等。在编制了《企业内部控制管理手册》的企业，该手册中的组织架构内部控制矩阵既是组织架构内部控制评价的对象，也是最为直接的评价依据。

2. 评价内容

关于组织架构的评价内容，COSO 内部控制报告认为组织机构评价应关注企业组织结构的适当性，以及提供必要的信息流以便管理其活动的能力；关键管理

人员责任界定的适当性，以及他们对这些责任了解的充分性；相对于其责任而言，关键管理人员知识和经验的充分性。权力和责任的分配评价应关注分配责任和授予权力以便实现组织的宗旨和目标、经营职能和监管要求，包括：对信息系统的责任和对变革的授权；与内部控制相关的准则和程序的适当性，包括员工岗位描述；足够数量的具备与企业规模、活动和系统的性质和复杂程度相适应的必要技能的人员，尤其是与数据处理和会计职能有关的人员。

在我国企业实践中，组织结构评价是评价企业是否建立分工合理、职责明确、报告关系清晰的组织结构，明确所有与风险和内部控制有关部门、岗位、人员的职责和权限，并以文件予以传达。具体评价内容包括：企业是否建立必要的横向与纵向相互监督制约的职责分离关系；企业涉及资产、负债、财务和人员等重要事项变动不得由一个人独自决定；企业是否应明确关键岗位、特殊岗位、不相容岗位及其控制要求；企业是否建立关键岗位定期或不定期的人员轮换和强制休假制度；企业是否设立具有充分独立性的内部审计部门。关于内部审计部门主要评价是否配备具有相应资质和能力的审计人员，是否有权获得企业内部所有的经营、管理信息，是否能够定期或不定期对内部控制的健全性和有效性实施检查、评价以及如何确定下属企业的审计频率以及审计覆盖率。

中天恒 3C 框架认为，组织架构内部控制评价内容总体来说就是评价组织架构内部控制的设计和运行的有效性，包括过程和结果两个层面。组织架构内部控制评价的具体内容因评价单位开展组织架构情况的不同而不同，也因被评价单位内部控制成熟度的不同而不同。在实践中，组织架构内部控制评价偏重于对结果的评价，缺少对过程的评价，即使对结果的评价也是比较空泛的。这主要是因为组织架构内部控制设计过程和运行过程都没有成熟的标准，评价依据不充分，难度较大。根据中天恒 3C 框架长期研究的结果，组织架构内部控制设计过程的关键环节包括现状梳理、风险评估、控制要点、控制目标、控制措施、制度优化、控制图表、控制矩阵，组织架构内部控制运行过程的关键环节包括岗位设置、职责分工、制度执行、措施落实、内控监督、内控考核、信息系统、管理融合、持续改进。这为从设计和运行的过程和结果进行全面评价组织架构内部控制提供了判断标准。当然，组织架构内部控制设计和运行是复杂多样的，不能固定化、模式化。考虑到评价成本，在具体进行组织架构内部控制评价时，要突出对组织架构风险评估、控制措施设计和落实、制度优化和执行的重点评价。中天恒 3C 框架研究确定的组织架构内部控制评价具体内容见表 3－1。

表 3－1　　　　　中天恒 3C 框架组织架构内部控制评价内容表

流程编号	一级流程	评价范围	关键环节	评价内容		评价重点
				过程评价	结果评价	
3C01	组织架构	内控设计	现状梳理	组织架构现状梳理情况	组织架构现状梳理结果	
			风险评估	组织架构风险评估情况	组织架构风险评估结果	
			控制要点	组织架构控制要点及关键控制确定情况	组织架构控制要点及关键控制确定结果	
			控制目标	组织架构控制目标的确定及其分解情况	组织架构控制目标的确定及其分解结果	
			控制措施	组织架构控制措施确定情况	组织架构控制措施确定结果	√
			控制证据	组织架构控制证据设计情况	组织架构控制证据设计结果	
			制度优化	组织架构管理制度优化情况	组织架构管理制度优化结果	
			控制图表	组织架构控制图表绘制情况	组织架构控制图表绘制结果	
			控制矩阵	组织架构控制矩阵编制情况	组织架构控制矩阵编制结果	√
		内控运行	岗位设置	组织架构岗位设置情况	组织架构岗位设置结果	
			职责分工	组织架构职责分工情况	组织架构职责分工结果	
			制度执行	组织架构制度执行情况	组织架构制度执行结果	√
			措施落实	组织架构控制措施落实情况	组织架构控制措施落实结果	
			内控监督	组织架构内控监督情况	组织架构内控监督结果	√
			内控考核	组织架构内控考核情况	组织架构内控考核结果	
			信息系统	组织架构内控信息化情况	组织架构内控信息化结果	
			管理融合	组织架构内控与业务管理融合情况	组织架构内控与业务管理融合结果	
			持续改进	组织架构内控持续改进情况	组织架构内控持续改进结果	

2.1　设计有效性评价

组织架构内部控制的设计有效性评价包括设计过程和设计结果两个层面。组织架构内部控制设计结果有效性的前提是设计过程要有效，因此，要重视组织架构内部控制设计过程有效性的评价，不能仅对组织架构内部控制设计结果有效性进行评价。

2.2　运行有效性评价

组织架构内部控制的运行有效性评价包括运行过程和运行结果两个层面。总体说来，组织架构内部控制运行评价的要点包括：已经设计完成的组织架构内部控制及其相关的管理制度是否有效执行，是否有效控制了组织架构风险；已经设计有效的组织架构各控制点的控制措施是否有效实施，是否有效防止了各控制环节的风险；是否建立组织架构内部控制执行情况文档；是否根据业务、监管要求或法律法规等的变化持续改进组织架构内部控制等。实践中，组织架构内部控制运行层面普遍存在已有的控制在实际中没有执行、内部控制形同虚设、组织架构风险未有效控制等问题。组织架构内部控制的运行有效性评价的重点是控制制度及其措施的执行情况。

3. 评价程序

组织架构内部控制评价程序，就实施阶段来说，主要包括对组织架构内部控制进行调查了解、控制测试、缺陷认定、综合评价等程序。中天恒 3C 框架研究设计的组织架构内部控制评价总体程序模板见表 3－2。

表 3－2　　中天恒 3C 框架组织架构内部控制评价总体程序表

<table>
<tr><td>被评价单位名称</td><td></td><td colspan="2">被评价单位编码</td><td></td><td>索引编号</td><td>0</td><td>页次</td><td></td></tr>
<tr><td>业务流程名称</td><td>组织架构</td><td colspan="2">业务流程编号</td><td>3C01</td><td>编制人</td><td></td><td>编制时间</td><td></td></tr>
<tr><td>评价期间</td><td></td><td colspan="2">截止日期</td><td></td><td>复核人</td><td></td><td>复核时间</td><td></td></tr>
<tr><td>序号</td><td>基本程序</td><td colspan="3">细分程序</td><td colspan="2">执行情况说明</td><td colspan="2">工作底稿索引号</td></tr>
<tr><td>1</td><td>调查了解</td><td colspan="3">组织架构内部控制有效性调查</td><td colspan="2"></td><td colspan="2">A</td></tr>
<tr><td rowspan="2">2</td><td rowspan="2">控制测试</td><td colspan="3">组织架构内部控制设计有效性测试</td><td colspan="2"></td><td colspan="2">B1</td></tr>
<tr><td colspan="3">组织架构内部控制执行有效性测试</td><td colspan="2"></td><td colspan="2">B2</td></tr>
<tr><td>3</td><td>缺陷认定</td><td colspan="3">组织架构内部控制缺陷认定</td><td colspan="2"></td><td colspan="2">C</td></tr>
<tr><td rowspan="2">4</td><td rowspan="2">综合评价</td><td colspan="3">组织架构内部控制评分结果汇总</td><td colspan="2"></td><td colspan="2">D1</td></tr>
<tr><td colspan="3">组织架构内部控制评价结果汇总</td><td colspan="2"></td><td colspan="2">D2</td></tr>
<tr><td colspan="2">说明</td><td colspan="7">1. 每一个评价程序可细分若干具体程序。
2. 上述程序可结合进行，以提高评价工作效率。
3. 在执行每一步骤后，应填写“执行情况说明”一栏，以此作为对组织架构内部控制综合评价的依据。</td></tr>
</table>

3.1　调查了解

调查了解组织架构内部控制设计和运行的情况，是对组织架构内部控制评价实施阶段的首要环节。调查了解仅作为了解组织架构内部控制设计和运行的情况的手段，不能直接形成组织架构内部控制设计和运行有效性的结论。这项工作是在内部控制评价总体工作的准备阶段的基础上进行的，涉及具体内容很多，因单位的不同而不同。对组织架构内部控制调查了解的方法有文字叙述法、调查表法、流程图法、控制矩阵法等。这些方法各有其特点，经常综合运用。中天恒

3C 框架组织架构内部控制调查问卷模板见表 3－3。

表 3－3　中天恒 3C 框架组织架构内部控制调查问卷

<table>
<tr><td colspan="3">被调查单位名称</td><td></td><td colspan="2">被调查单位编码</td><td></td><td>索引编号</td><td>A</td><td>页次</td><td></td></tr>
<tr><td colspan="3">业务流程名称</td><td>组织架构</td><td colspan="2">业务流程编号</td><td>3C01</td><td>调查人</td><td></td><td>调查时间</td><td></td></tr>
<tr><td colspan="3">调查期间</td><td></td><td colspan="2">截止日期</td><td></td><td>复核人</td><td></td><td>复核时间</td><td></td></tr>
<tr><td rowspan="2">调查项目</td><td rowspan="2">调查范围</td><td rowspan="2">调查环节</td><td rowspan="2">调查内容</td><td colspan="3">调查结果</td><td rowspan="2">证据名称</td><td rowspan="2">被调查部门</td><td rowspan="2">被调查人</td></tr>
<tr><td>是</td><td>否</td><td>不适应</td></tr>
<tr><td rowspan="10">组织架构</td><td rowspan="10">内控设计</td><td rowspan="2">现状梳理</td><td>是否进行了组织架构现状梳理</td><td></td><td></td><td></td><td rowspan="2">《组织架构内部管理制度或相关文件情况表》、《组织架构流程目录》、《组织架构业务现状流程图》等</td><td rowspan="2"></td><td rowspan="2"></td></tr>
<tr><td>组织架构现状梳理是否有效</td><td></td><td></td><td></td></tr>
<tr><td rowspan="2">风险评估</td><td>是否进行了组织架构风险评估</td><td></td><td></td><td></td><td rowspan="2">《组织架构风险及其描述表》、《组织架构风险分析表》、《组织架构风险评价表》、《组织架构风险应对策略表》、《组织架构业务风险数据库》、《组织架构重大风险解决方案》等</td><td rowspan="2"></td><td rowspan="2"></td></tr>
<tr><td>组织架构风险评估是否有效</td><td></td><td></td><td></td></tr>
<tr><td rowspan="2">控制要点</td><td>是否进行了组织架构控制要点及关键控制的确定</td><td></td><td></td><td></td><td rowspan="2">《组织架构控制要点及其关键控制表》等</td><td rowspan="2"></td><td rowspan="2"></td></tr>
<tr><td>组织架构控制要点及关键控制的确定是否有效</td><td></td><td></td><td></td></tr>
<tr><td rowspan="2">控制目标</td><td>是否进行了组织架构控制目标的确定及其分解</td><td></td><td></td><td></td><td rowspan="2">《组织架构内部控制目标表》等</td><td rowspan="2"></td><td rowspan="2"></td></tr>
<tr><td>组织架构控制目标的确定及其分解是否有效</td><td></td><td></td><td></td></tr>
<tr><td rowspan="2">控制措施</td><td>是否进行了组织架构控制措施的确定</td><td></td><td></td><td></td><td rowspan="2">《组织架构内部控制措施表》等</td><td rowspan="2"></td><td rowspan="2"></td></tr>
<tr><td>组织架构控制措施的确定是否有效</td><td></td><td></td><td></td></tr>
</table>

续表

调查项目	调查范围	调查环节	调查内容	调查结果			证据名称	被调查部门	被调查人
				是	否	不适应			
组织架构	内控设计	控制证据	是否进行了组织架构控制证据的设计				《组织架构控制证据表》等		
			组织架构控制证据设计是否有效						
		制度优化	是否进行了组织架构管理的制度优化				《组织架构制度完善建议表》等		
			组织架构管理制度的优化是否有效						
		控制图表	是否绘制了组织架构控制流程图				《组织架构控制流程图》等		
			绘制的组织架构控制流程图是否有效						
		控制矩阵	是否编制了组织架构控制流矩阵				《组织架构控制矩阵》等		
			编制的组织架构制矩阵是否有效						
	内控运行	岗位设置	是否设置了必要的组织架构岗位				《组织架构岗位设置图》等		
			设置组织架构岗位是否有效						
		职责分工	是否有明确的组织架构职责分工				《组织架构职责分工制度》等		
			组织架构职责分工是否有效						
		制度执行	是否颁布实施了已经设计的组织架构控制制度				《组织架构管理制度》等		
			组织架构控制制度执行是否有效						

续表

调查项目	调查范围	调查环节	调查内容	调查结果			证据名称	被调查部门	被调查人
				是	否	不适应			
组织架构	内控运行	措施落实	是否实施了已经设计的组织架构控制措施				《组织架构控制措施表》等		
			组织架构控制措施运行是否有效						
		内控监督	是否进行组织架构内控监督检查				《组织架构内控监督情况报告》等		
			组织架构内控监督结果是否有效						
		信息系统	是否进行组织架构内控信息化建设				《组织架构内控信息化建设情况报告》等		
			组织架构内控信息化建设结果是否有效						
		内控考核	是否进行组织架构内控考核				《组织架构内控考核情况报告》等		
			组织架构内控考核结果是否有效						
		管理融合	组织架构内控是否与组织架构业务和管理相融合						
		持续改进	是否根据业务、监管要求或法律法规等的变化持续维护组织架构内部控制				《组织架构内控持续改进情况表》等		
			组织架构内控持续改进结果是否有效						

调查结论	内控可信赖度					是否需要作进一步测试	
	高	较高	中	较低	低	是	否
	简要描述						

3.2 现场测试

组织架构内部控制现场测试，就是测试组织架构内部控制设计和运行的有效性。对组织架构内部控制进行测试，可以根据具体情况实施详查或者抽样测试，具体测试方式包括跟单测试和关键控制测试等。

（1）组织架构内部控制设计有效性测试。评价人员在测试组织架构控制设计的有效性时，应当综合运用询问适当人员、观察经营活动和检查相关文件等程序。测试方式一般采用跟单测试方式。中天恒3C框架研究开发的组织架构内部控制设计有效性测试矩阵表见表3-4。

表3-4　中天恒3C框架组织架构内部控制设计有效性测试矩阵表

被审计单位名称		被审计单位编码		索引编号	B1	页次	
业务流程名称	组织架构	业务流程编号	3C01	审计人		审计时间	
测试期间		截止日期		复核人		复核时间	

流程编号	测试范围	关键环节	测试要点及分值		证据材料	测试程序	测试结果	实际得分	交叉索引
			过程测试（50分）	结果测试（50分）					
组织架构3C01	内控设计	现状梳理	组织架构现状梳理情况	组织架构现状梳理结果	《组织架构内部管理制度或相关文件情况表》、《组织架构流程目录》、《组织架构业务现状流程图》	审阅材料 访谈人员 抽样检查			B1-1-1 B1-1-2 B1-1-3
		风险评估	组织架构风险评估情况	组织架构风险评估结果	《组织架构风险及其描述表》、《组织架构风险分析表》、《组织架构风险评价表》、《组织架构风险应对策略表》、《组织架构业务风险数据库》、《组织架构重大风险解决方案》等	审阅材料 访谈人员 抽样检查 重新执行			B1-2-1 B1-2-2 B1-2-3 B1-2-4
		控制要点	组织架构控制要点及关键控制落实情况	组织架构控制要点及关键控制确定结果	《组织架构控制要点及其关键控制表》等	审阅材料 访谈人员 抽样检查			B1-3-1 B1-3-2 B1-3-3
		控制目标	组织架构控制目标确定及其分解情况	组织架构控制目标确定及其分解结果	《组织架构内部控制目标表》等	审阅材料 访谈人员			B1-4-1 B1-4-2

续表

流程编号	测试范围	关键环节	测试要点及分值		证据材料	测试程序	测试结果	实际得分	交叉索引
			过程测试（50分）	结果测试（50分）					
组织架构3C01	内控设计	控制措施	组织架构控制措施落实情况	组织架构控制措施确定结果	《组织架构内部控制措施表》等	审阅材料 访谈人员 抽样检查 重新执行			B1－5－1 B1－5－2 B1－5－3 B1－5－4
		控制证据	组织架构控制证据设计情况	组织架构控制证据设计结果	《组织架构控制证据表》等	审阅材料 访谈人员			B1－6－1 B1－6－2
		制度优化	组织架构管理制度优化情况	组织架构管理制度优化结果	《组织架构制度完善建议表》等	审阅材料 访谈人员			B1－7－1 B1－7－2
		控制图表	组织架构控制流程图绘制情况	组织架构控制流程图绘制结果	《组织架构控制流程图》等	审阅材料 访谈人员			B1－8－1 B1－8－2
		控制矩阵	组织架构控制矩阵编制情况	组织架构控制矩阵编制结果	《组织架构控制矩阵》等	审阅材料 访谈人员			B1－1－1 B1－1－2
汇总						编制汇总表			

<table>
<tr><td rowspan="3">测试结论</td><td colspan="7">设计无效</td><td colspan="2" rowspan="2">设计有效</td></tr>
<tr><td rowspan="2">是</td><td colspan="6">控制薄弱环节说明</td></tr>
<tr><td>设计的控制不符合实际</td><td>应有的控制不存在</td><td>风险识别不准确</td><td>未设计控制证据</td><td>控制矩阵编制不规范</td><td>其他</td><td>是</td><td>良好实践</td></tr>
<tr><td></td><td></td><td></td><td></td><td></td><td></td><td></td><td></td><td></td><td></td></tr>
</table>

（2）组织架构内部控制运行有效性测试。评价人员在测试组织架构内部控制运行的有效性时，应当综合运用审阅文件资料、询问相关人员、观察业务活动以及重新执行控制等程序。在组织架构内部控制执行有效性评价过程中，评价人员应将组织架构每个业务流程的每个控制点的测试程序、方法和结果记录于内部控制执行有效性测试底稿。当组织架构业务流程测试结束后，评价人员应将各个流程和控制点的执行有效性测试结果进行汇总，记录于内部控制执行有效性评估

汇总表。组织架构内部控制运行有效性测试方式一般采用关键控制测试，即建立样本库，再按照样本发生频率、样本库总量的大小区分，抽取相应数量的样本进行测试。组织架构内部控制运行有效性测试重点是对关键控制测试。中天恒3C框架研究开发的组织架构内部控制运行有效性测试矩阵表见表3－5。

表3－5　　中天恒3C框架组织架构内部控制运行有效性测试矩阵表

被测试单位名称		被测试单位编码		索引编号	B2	页次	
业务流程名称	组织架构	业务流程编号	3C01	测试人		测试时间	
测试期间		截止日期		复核人		复核时间	

流程编号	测试范围	实施环节	测试要点及分值		证据材料	测试程序	测试结果	实际得分	交叉索引
			过程测试（50分）	结果测试（50分）					
组织架构3C01	内控运行	岗位设置	组织架构岗位设置情况	组织架构岗位设置结果	《组织架构岗位设置图》等	审阅材料 访谈人员			B2－1－1 B2－1－2
		职责分工	组织架构职责分工情况	组织架构职责分工结果	《组织架构职责分工制度》等	观察业务 抽样检查 重新执行			B2－2－1 B2－2－2 B2－2－3
		制度执行	组织架构控制制度执行情况	组织架构控制制度执行结果	《组织架构管理制度》等	审阅材料 访谈人员 抽样检查			B2－3－1 B2－3－2 B2－3－3
		措施落实	组织架构控制措施运行情况	组织架构控制措施运行结果	《组织架构控制措施表》等	审阅材料 访谈人员 抽样检查			B2－4－1 B2－4－2 B2－4－3
		内控监督	组织架构内控监督检查情况	组织架构内控监督检查结果	《组织架构内控监督情况报告》等	审阅材料 访谈人员			B2－5－1 B2－5－2
		信息系统	组织架构内控信息化建设情况	组织架构内控信息化建设结果	《组织架构内控信息化建设情况报告》等	审阅材料 访谈人员			B2－6－1 B2－6－2
		内控考核	组织架构内控考核情况	组织架构内控考核结果	《组织架构内控考核情况报告》等	审阅材料 访谈人员			B2－7－1 B2－7－2

续表

流程编号	测试范围	实施环节	测试要点及分值		证据材料	测试程序	测试结果	实际得分	交叉索引
			过程测试（50分）	结果测试（50分）					
组织架构3C01	内控运行	管理融合	组织架构内控与组织架构业务和管理相融合情况	组织架构内控与组织架构业务和管理相融合结果		审阅材料 访谈人员			B2－8－1 B2－8－2
		持续改进	组织架构内控持续改进情况	组织架构内控持续改进结果	《组织架构内控持续改进情况表》等	审阅材料 访谈人员			B2－9－1 B2－9－2
汇总						编制汇总表			

测试结论	运行无效							运行有效	
	是	控制薄弱环节说明						是	良好实践
		制度未执行	措施未落实	控制证据不足	设计不适应	监控不力	其他		

3.3　认定缺陷

组织架构内部控制认定缺陷，就是对组织架构内部控制设计缺陷和运行缺陷的认定，并要按照缺陷的影响程度把组织架构内部控制缺陷分为重大缺陷、重要缺陷和一般缺陷。在具体的组织架构内部控制缺陷认定过程，评价人员应将已经调查了解到的组织架构内部控制系统的现状与事先确定的内部控制标准模式进行对照，以揭示哪些法规规定的控制程序未被采用。对对照中发现的组织架构控制缺陷，应当按照不同内容分类，并汇集记录在内部控制内部控制缺陷认定矩阵表中，应当编制组织架构内部控制缺陷认定表。对认定的缺陷进行整改是十分重要的，组织架构评价人员要提出具体整改建议，并编制组织架构内部控制缺陷整改建议表。缺陷认定矩阵表、缺陷认定表见表3－6、表3－7。

表 3－6　　　　中天恒 3C 框架组织架构内部控制缺陷认定矩阵表

被评价单位名称		被评价单位编码		索引编号	C	页次	
业务流程名称	组织架构	业务流程编号	3C01	评价人		评价时间	
评价期间		截止日期		复核人		复核时间	

流程编号	一级流程	末级流程	关键控制	缺陷类型	缺陷描述	缺陷来源	缺陷性质			认定程序	认定索引	对报表影响	补偿性控制	整改意见
							一般缺陷	重大缺陷	重要缺陷					
3C01	组织架构									认定缺陷 提出建议	C－1 C－2			

表 3－7　　　　中天恒 3C 框架组织架构内部控制缺陷认定表

被评价单位名称		被评价单位编码		索引编号	C－1	页次	
业务流程名称	组织架构	业务流程编号	3C01	评价人		评价时间	
关键控制名称		关键控制编号		复核人		复核时间	
影响会计科目		评价期间				截止日期	

缺陷类型	缺陷描述	认定标准	评价组初步认定意见	评价部门或经理层或董事会认定意见
被评价单位（或当事人）意见及相关说明				
缺陷事项证据资料				

3.4　综合评价

组织架构综合评价，就是指在组织架构内部控制现场测试结果的基础上对组织架构内部控制有效性作出的最终评价，主要工作是汇总组织架构业务的评价结果。组织架构内部控制评价工作应遵循整理资料、分析影响、形成结论、反馈意见等综合评价的基本步骤。组织架构综合评价的方法很多，比较常用的是评分法。组织架构评分法可分别对组织架构内部控制设计有效性和运行有效性进行评分，也可以进行综合评分。组织架构内部控制综合评价结果可编制成评价结果汇总表或绘制成评价图。评分结果汇总表见表 3－8。

表 3－8　　中天恒 3C 框架组织架构内部控制评分结果汇总表

被评价单位名称		被评价单位编码		索引编号	D－1	页次	
业务流程名称	组织架构	业务流程编号	3C01	评价人		评价时间	
关键控制名称		关键控制编号		复核人		复核时间	
影响会计科目		评价期间				截止日期	

流程编号	一级流程	二级流程	评价要点	控制设计评分（50%）			控制执行评分（50%）			综合评分	
				标准分值	实际得分	评价结果	标注分值	实际得分	评价结果	实际得分	评价结果
3C01	组织架构										
3C01.01		组织架构的设计									
3C01.02		组织架构的运行									
3C01.03		组织架构的改进									

四、发展战略内部控制评价实务及其模板

1. 概述

1.1 评价概念

发展战略内部控制评价是内部控制评价业务层面的重要内容之一，是对发展战略内部控制设计及运行有效性的评价。因此，加强发展战略内部控制评价工作，有利于促使企业建立健全和有效执行发展战略内部控制，从而有效控制发展战略风险。

1.2 评价目标

发展战略内部控制评价目标，就是保证发展战略内部控制设计和运行的有效性，促使企业预防和控制发展战略风险。

1.3 评价依据

发展战略内部控制评价依据是国家关于发展战略管理方面的法律法规、企业制定的发展战略管理制度及其《企业内部控制手册》有关发展战略部分的内容。具体依据因评价单位的不同而有所不同。《企业内部控制应用指引第 2 号——发展战略》界定了发展战略的定义，描述了发展战略中重点应当关注的风险，提出了发展战略的基本要求，明确了发展战略关键控制点及其相应的控制措施，是企业构建与实施发展战略内部控制的最直接的依据。企业应认真学习领会《企业内部控制基本规范》、《企业内部控制应用指引第 2 号——发展战略》等法律法规的精神实质和原则要求，并以此为起点构建和实施发展战略内部控制。涉及评价单位层面的发展战略内部控制评价依据包括企业制定的《发展战略管理制度》、《发展战略授权制度和审核批准制度》、《发展战略的岗位责任制》等。在编制了《企业内部控制管理手册》的企业，该手册中的发展战略内部控制矩阵既是发展战略内部控制评价的对象，也是最为直接的评价依据。

2. 评价内容

关于发展战略内部控制评价内容，理论上包括以下四方面：一是定位控制评价，包括产业定位、技术定位、客户定位等的控制评价。二是增长控制评价，包

括增长方向、增长力、价值增长等控制评价。三是质量控制评价，包括竞争力、资产质量、损益质量等的控制评价。四是文化控制评价，包括对公司高管人员经营理念、价值观（对员工、社会责任的履行）、员工稳定度三方面的内容的评价。中天恒3C框架认为，发展战略内部控制评价内容总体来说就是评价发展战略内部控制的设计和运行的有效性，包括过程和结果两个层面，具体评价范围包括发展战略的制定、发展战略的实施。具体评价内容因评价单位开展发展战略情况的不同而不同，也因被评价单位内部控制成熟度的不同而不同。中天恒3C框架研究确定的发展战略内部控制评价内容分为发展战略内部控制设计和执行两个方面，分别包括了过程和结果两个层面，具体内容见表4－1。

表4－1　　　中天恒3C框架发展战略内部控制评价内容表

流程编号	一级流程	评价范围	关键环节	评价内容		评价重点
				过程评价	结果评价	
3C02	发展战略	内控设计	现状梳理	发展战略现状梳理情况	发展战略现状梳理结果	
			风险评估	发展战略风险评估情况	发展战略风险评估结果	
			控制要点	发展战略控制要点及关键控制确定情况	发展战略控制要点及关键控制确定结果	
			控制目标	发展战略控制目标的确定及其分解情况	发展战略控制目标的确定及其分解结果	
			控制措施	发展战略控制措施确定情况	发展战略控制措施确定结果	√
			控制证据	发展战略控制证据设计情况	发展战略控制证据设计结果	
			制度优化	发展战略管理制度优化情况	发展战略管理制度优化结果	
			控制图表	发展战略控制图表绘制情况	发展战略控制图表绘制结果	
			控制矩阵	发展战略控制矩阵编制情况	发展战略控制矩阵编制结果	√
		内控运行	岗位设置	发展战略岗位设置情况	发展战略岗位设置结果	
			职责分工	发展战略职责分工情况	发展战略职责分工结果	
			制度执行	发展战略制度执行情况	发展战略制度执行结果	√
			措施落实	发展战略控制措施落实情况	发展战略控制措施落实结果	
			内控监督	发展战略内控监督情况	发展战略内控监督结果	√
			内控考核	发展战略内控考核情况	发展战略内控考核结果	
			信息系统	发展战略内控信息化情况	发展战略内控信息化结果	
			管理融合	发展战略内控与业务管理融合情况	发展战略内控与业务管理融合结果	
			持续改进	发展战略内控持续改进情况	发展战略内控持续改进结果	

2.1 设计有效性评价

发展战略内部控制的设计有效性评价包括设计过程和设计结果两个层面。发展战略内部控制设计结果有效性的前提是设计过程要有效，因此，要重视发展战略内部控制设计过程有效性的评价，不能仅对发展战略内部控制设计结果有效性进行评价。

2.2 运行有效性评价

发展战略内部控制的运行有效性评价包括运行过程和运行结果两个层面。总体说来，发展战略内部控制运行评价的要点包括：已经设计完成的发展战略内部控制及其相关的管理制度是否有效执行，是否有效控制了发展战略风险；已经设计有效的发展战略各控制点的控制措施是否有效实施，是否有效防止了各控制环节的风险；是否建立发展战略内部控制执行情况文档；是否根据业务、监管要求或法律法规等的变化持续改进发展战略内部控制等。实践中，发展战略内部控制运行层面普遍存在已有的控制在实际中没有执行、内部控制形同虚设、发展战略风险未有效控制等问题，导致虚增发展战略的制定收入、人为调节利润、形成坏账等。发展战略内部控制运行有效性评价的重点是控制制度及其措施的执行情况。

3. 评价程序

发展战略内部控制评价程序，就实施阶段来说，主要包括对发展战略内部控制进行调查了解、控制测试、缺陷认定、综合评价等程序。中天恒3C框架研究设计的发展战略内部控制评价总体程序见表4-2。

表4-2　　中天恒3C框架发展战略内部控制评价总体程序表

被评价单位名称		被评价单位编码		索引编号	0	页次	
业务流程名称	发展战略	业务流程编号	3C02	编制人		编制时间	
评价期间		截止日期		复核人		复核时间	

序号	基本程序	细分程序	执行情况说明	工作底稿索引号
1	调查了解	发展战略内部控制有效性调查		A
2	控制测试	发展战略内部控制设计有效性测试		B1
		发展战略内部控制执行有效性测试		B2
3	缺陷认定	发展战略内部控制缺陷认定		C
4	综合评价	发展战略内部控制评分结果汇总		D1
		发展战略内部控制评价结果汇总		D2
说明	1. 每一个评价程序可细分若干具体程序。 2. 上述程序可结合进行，以提高评价工作效率。 3. 在执行每一步骤后，应填写“执行情况说明”一栏，以此作为对发展战略内部控制综合评价的依据。			

3.1 调查了解

调查了解发展战略内部控制设计和运行的情况，是对发展战略内部控制评价实施阶段的首要环节。调查了解仅作为了解发展战略内部控制设计和运行的情况的手段，不能直接形成发展战略内部控制设计和运行有效性的结论。这项工作是在内部控制评价总体工作的准备阶段的基础上进行的，涉及的具体内容很多，因单位的不同而不同。对发展战略内部控制调查了解的方法有文字叙述法、调查表法、流程图法、控制矩阵法等。这些方法各有其特点，经常综合运用。中天恒3C框架发展战略内部控制调查问卷见表4－3。

表4－3　　中天恒3C框架发展战略内部控制调查问卷

被调查单位名称		被调查单位编码		索引编号	A	页次	
业务流程名称	发展战略	业务流程编号	3C02	调查人		调查时间	
调查期间		截止日期		复核人		复核时间	

调查项目	调查范围	调查环节	调查内容	调查结果			证据名称	被调查部门	被调查人
				是	否	不适应			
发展战略	内控设计	现状梳理	是否进行了发展战略现状梳理				《发展战略内部管理制度或相关文件情况表》、《发展战略流程目录》、《发展战略业务现状流程图》等		
			发展战略现状梳理是否有效						
		风险评估	是否进行了发展战略风险评估				《发展战略风险及其描述表》、《发展战略风险分析表》、《发展战略风险评价表》、《发展战略风险应对策略表》、《发展战略业务风险数据库》、《发展战略重大风险解决方案》等		
			发展战略风险评估是否有效						
		控制要点	是否进行了发展战略控制要点及关键控制的确定				《发展战略控制要点及其关键控制表》等		
			发展战略控制要点及关键控制的确定是否有效						
		控制目标	是否进行了发展战略控制目标的确定及其分解				《发展战略内部控制目标表》等		
			发展战略控制目标的确定及其分解是否有效						

续表

调查项目	调查范围	调查环节	调查内容	调查结果			证据名称	被调查部门	被调查人
				是	否	不适应			
发展战略	内控设计	控制措施	是否进行了发展战略控制措施的确定				《发展战略内部控制措施表》等		
			发展战略控制措施的确定是否有效						
		控制证据	是否进行了发展战略控制证据的设计				《发展战略控制证据表》等		
			发展战略控制证据设计是否有效						
		制度优化	是否进行了发展战略管理的制度优化				《发展战略制度完善建议表》等		
			发展战略管理制度的优化是否有效						
		控制图表	是否绘制了发展战略控制流程图				《发展战略控制流程图》等		
			绘制的发展战略控制流程图是否有效						
		控制矩阵	是否编制了发展战略控制矩阵				《发展战略控制矩阵》等		
			编制的发展战略制矩阵是否有效						
		岗位设置	是否设置了必要的发展战略岗位				《发展战略岗位设置图》等		
			设置发展战略岗位是否有效						
		职责分工	是否有明确的发展战略职责分工				《发展战略职责分工制度》等		
			发展战略职责分工是否有效						
		制度执行	是否颁布实施了已经设计的发展战略控制制度				《发展战略管理制度》等		
			发展战略控制制度执行是否有效						

续表

调查项目	调查范围	调查环节	调查内容	调查结果			证据名称	被调查部门	被调查人
				是	否	不适应			
发展战略	内控运行	措施落实	是否实施了已经设计的发展战略控制措施				《发展战略控制措施表》等		
			发展战略控制措施运行是否有效						
		内控监督	是否进行发展战略内控监督检查				《发展战略内控监督情况报告》等		
			发展战略内控监督结果是否有效						
		信息系统	是否进行发展战略内控信息化建设				《发展战略内控信息化建设情况报告》等		
			发展战略内控信息化建设结果是否有效						
		内控考核	是否进行发展战略内控考核				《发展战略内控考核情况报告》等		
			发展战略内控考核结果是否有效						
		管理融合	发展战略内控是否与发展战略业务和管理相融合						
		持续改进	是否根据业务、监管要求或法律法规等的变化持续维护发展战略内部控制				《发展战略内控持续改进情况表》等		
			发展战略内控持续改进结果是否有效						

调查结论	内控可信赖度					是否需要作进一步测试	
	高	较高	中	较低	低	是	否
	简要描述						

3.2 现场测试

发展战略内部控制现场测试，就是测试发展战略内部控制设计和运行的有效性。对发展战略内部控制进行测试，可以根据具体情况实施详查或者抽样测试，具体测试方式包括跟单测试和关键控制测试等。

（1）发展战略内部控制设计有效性测试。

评价人员在测试发展战略控制设计的有效性时，应当综合运用询问适当人员、观察经营活动和检查相关文件等程序。发展战略内部控制设计有效性测试方式一般采用跟单测试方式。中天恒 3C 框架研究开发的发展战略内部控制设计有效性测试矩阵表见表 4－4。

表 4－4　　中天恒 3C 框架发展战略内部控制设计有效性测试矩阵表

被测试单位名称			被测试单位编码		索引编号		B1	页次		
业务流程名称		发展战略	业务流程编号		3C02	测试人		测试时间		
测试期间			截止日期			复核人		复核时间		
流程编号	测试范围	关键环节	测试要点及分值 过程测试（50 分）	测试要点及分值 结果测试（50 分）	证据材料		测试程序	测试结果	实际得分	交叉索引
发展战略 3C02	内控设计	现状梳理	发展战略现状梳理情况	发展战略现状梳理结果	《发展战略内部管理制度或相关文件情况表》、《发展战略流程目录》、《发展战略业务现状流程图》		审阅材料 访谈人员 抽样检查			B1－1－1 B1－1－2 B1－1－3
		风险评估	发展战略风险评估情况	发展战略风险评估结果	《发展战略风险及其描述表》、《发展战略风险分析表》、《发展战略风险评价表》、《发展战略风险应对策略表》、《发展战略业务风险数据库》、《发展战略重大风险解决方案》等		审阅材料 访谈人员 抽样检查 重新执行			B1－2－1 B1－2－2 B1－2－3 B1－2－4
		控制要点	发展战略控制要点及关键控制落实情况	发展战略控制要点及关键控制确定结果	《发展战略控制要点及其关键控制表》等		审阅材料 访谈人员 抽样检查			B1－3－1 B1－3－2 B1－3－3
		控制目标	发展战略控制目标确定及其分解情况	发展战略控制目标确定及其分解结果	《发展战略内部控制目标表》等		审阅材料 访谈人员			B1－4－1 B1－4－2

续表

流程编号	测试范围	关键环节	测试要点及分值 过程测试（50分）	 结果测试（50分）	证据材料	测试程序	测试结果	实际得分	交叉索引
发展战略3C02	内控设计	控制措施	发展战略控制措施落实情况	发展战略控制措施确定结果	《发展战略内部控制措施表》等	审阅材料 访谈人员 抽样检查 重新执行			B1－5－1 B1－5－2 B1－5－3 B1－5－4
		控制证据	发展战略控制证据设计情况	发展战略控制证据设计结果	《发展战略控制证据表》等	审阅材料 访谈人员			B1－6－1 B1－6－2
		制度优化	发展战略管理制度优化情况	发展战略管理制度优化结果	《发展战略制度完善建议表》等	审阅材料 访谈人员			B1－7－1 B1－7－2
		控制图表	发展战略控制流程图绘制情况	发展战略控制流程图绘制结果	《发展战略控制流程图》等	审阅材料 访谈人员			B1－8－1 B1－8－2
		控制矩阵	发展战略控制矩阵编制情况	发展战略控制矩阵编制结果	《发展战略控制矩阵》等	审阅材料 访谈人员			B1－9－1 B1－9－2
汇总						编制汇总表			

<table>
<tr><td rowspan="3">测试结论</td><td colspan="7">设计无效</td><td colspan="2" rowspan="2">设计有效</td></tr>
<tr><td rowspan="2">是</td><td colspan="6">控制薄弱环节说明</td></tr>
<tr><td>设计的控制不符合实际</td><td>应有的控制不存在</td><td>风险识别不准确</td><td>未设计控制证据</td><td>控制矩阵编制不规范</td><td>其他</td><td>是</td><td>良好实践</td></tr>
<tr><td></td><td></td><td></td><td></td><td></td><td></td><td></td><td></td><td></td><td></td></tr>
</table>

（2）发展战略内部控制运行有效性测试。

评价人员在测试发展战略内部控制运行的有效性时，应当综合运用审阅文件资料、询问相关人员、观察业务活动以及重新执行控制等程序。在发展战略内部控制执行有效性评价过程中，评价人员应将发展战略每个业务流程的每个控制点的测试程序、方法和结果记录于内部控制执行有效性测试底稿。当发展战略业务流程测试结束后，评价人员应将各个流程和控制点的执行有效性测试结果进行汇总，记录于内部控制执行有效性评估汇总表。发展战略内部控制运行有效性测试方式一般采用关键控制测试，即建立样本库，再按照样本发生频率、样本库总量的大小区分，抽取相应数量的样本进行测试。发展战略内部控制运行有效性测试重点是对关键控制测试。中天恒3C框架研究开发的发展战略内部控制运行有效性测试矩阵表见表4－5。

表4－5　　中天恒3C框架发展战略内部控制运行有效性测试矩阵表

被测试单位名称		被测试单位编码		索引编号	B2	页次	
业务流程名称	发展战略	业务流程编号	3C02	测试人		测试时间	
测试期间		截止日期		复核人		复核时间	

流程编号	测试范围	实施环节	测试要点及分值		证据材料	测试程序	测试结果	实际得分	交叉索引
			过程测试（50分）	结果测试（50分）					
发展战略3C02	内控运行	岗位设置	发展战略岗位设置情况	发展战略岗位设置结果	《发展战略岗位设置图》等	审阅材料 访谈人员			B2－1－1 B2－1－2
		职责分工	发展战略职责分工情况	发展战略职责分工结果	《发展战略职责分工制度》等	观察业务 抽样检查 重新执行			B2－2－1 B2－2－2 B2－2－3
		制度执行	发展战略控制制度执行情况	发展战略控制制度执行结果	《发展战略管理制度》等	审阅材料 访谈人员 抽样检查			B2－3－1 B2－3－2 B2－3－3
		措施落实	发展战略控制措施运行情况	发展战略控制措施运行结果	《发展战略控制措施表》等	审阅材料 访谈人员 抽样检查			B2－4－1 B2－4－2 B2－4－3
		内控监督	发展战略内控监督检查情况	发展战略内控监督检查结果	《发展战略内控监督情况报告》等	审阅材料 访谈人员			B2－5－1 B2－5－2
		信息系统	发展战略内控信息化建设情况	发展战略内控信息化建设结果	《发展战略内控信息化建设情况报告》等	审阅材料 访谈人员			B2－6－1 B2－6－2

续表

流程编号	测试范围	实施环节	测试要点及分值		证据材料	测试程序	测试结果	实际得分	交叉索引
			过程测试（50分）	结果测试（50分）					
发展战略3C02	内控运行	内控考核	发展战略内控考核情况	发展战略内控考核结果	《发展战略内控考核情况报告》等	审阅材料 访谈人员			B2-7-1 B2-7-2
		管理融合	发展战略内控与发展战略业务和管理相融合情况	发展战略内控与发展战略业务和管理相融合结果		审阅材料 访谈人员			B2-8-1 B2-8-2
		持续改进	发展战略内控持续改进情况	发展战略内控持续改进结果	《发展战略内控持续改进情况表》等	审阅材料 访谈人员			B2-9-1 B2-9-2
汇总						编制汇总表			

测试结论	运行无效							运行有效	
	是	控制薄弱环节说明							
		制度未执行	措施未落实	控制证据不足	设计不适应	监控不力	其他	是	良好实践

3.3 认定缺陷

发展战略内部控制认定缺陷，就是对发展战略内部控制设计缺陷和运行缺陷的认定，并要按照缺陷的影响程度把发展战略内部控制缺陷分为重大缺陷、重要缺陷和一般缺陷。在具体的发展战略内部控制缺陷认定过程，评价人员应将已经调查了解到的发展战略内部控制系统的现状与事先确定的内部控制标准模式进行对照，以揭示哪些法规规定的控制程序未被采用。对对照中发现的发展战略控制缺陷，应当按照不同内容分类，并汇集记录在内部控制内部控制缺陷认定矩阵表中，应当编制发展战略内部控制缺陷认定表，具体格式见表4-6、表4-7。

表 4-6　　中天恒 3C 框架发展战略内部控制缺陷认定矩阵表

<table>
<tr><td colspan="3">被评价单位名称</td><td colspan="3"></td><td colspan="2">被评价单位编码</td><td></td><td colspan="2">索引编号</td><td>C</td><td colspan="2">页次</td><td></td></tr>
<tr><td colspan="3">业务流程名称</td><td colspan="3">发展战略</td><td colspan="2">业务流程编号</td><td>3C02</td><td colspan="2">评价人</td><td></td><td colspan="2">评价时间</td><td></td></tr>
<tr><td colspan="3">评价期间</td><td colspan="3"></td><td colspan="2">截止日期</td><td></td><td colspan="2">复核人</td><td></td><td colspan="2">复核时间</td><td></td></tr>
<tr><td rowspan="2">流程编号</td><td rowspan="2">一级流程</td><td rowspan="2">末级流程</td><td rowspan="2">关键控制</td><td rowspan="2">缺陷类型</td><td rowspan="2">缺陷描述</td><td rowspan="2">缺陷来源</td><td colspan="3">缺陷性质</td><td rowspan="2">认定程序</td><td rowspan="2">认定索引</td><td rowspan="2">对报表影响</td><td rowspan="2">补偿性控制</td><td rowspan="2">整改意见</td></tr>
<tr><td>一般缺陷</td><td>重大缺陷</td><td>重要缺陷</td></tr>
<tr><td>3C02</td><td>发展战略</td><td></td><td></td><td></td><td></td><td></td><td></td><td></td><td></td><td>认定缺陷
提出建议</td><td>C-1
C-2</td><td></td><td></td><td></td></tr>
<tr><td></td><td></td><td></td><td></td><td></td><td></td><td></td><td></td><td></td><td></td><td></td><td></td><td></td><td></td><td></td></tr>
<tr><td></td><td></td><td></td><td></td><td></td><td></td><td></td><td></td><td></td><td></td><td></td><td></td><td></td><td></td><td></td></tr>
<tr><td></td><td></td><td></td><td></td><td></td><td></td><td></td><td></td><td></td><td></td><td></td><td></td><td></td><td></td><td></td></tr>
</table>

表 4-7　　中天恒 3C 框架发展战略内部控制缺陷认定表

<table>
<tr><td>被评价单位名称</td><td></td><td>被评价单位编码</td><td></td><td>索引编号</td><td>C-1</td><td>页次</td><td></td></tr>
<tr><td>业务流程名称</td><td>发展战略</td><td>业务流程编号</td><td>3C02</td><td>评价人</td><td></td><td>评价时间</td><td></td></tr>
<tr><td>关键控制名称</td><td></td><td>关键控制编号</td><td></td><td>复核人</td><td></td><td>复核时间</td><td></td></tr>
<tr><td>影响会计科目</td><td></td><td>评价期间</td><td colspan="3">截止日期</td><td></td><td></td></tr>
<tr><td colspan="2">缺陷类型</td><td>缺陷描述</td><td>认定标准</td><td colspan="2">评价组初步认定意见</td><td colspan="2">评价部门或经理层或董事会认定意见</td></tr>
<tr><td colspan="2"></td><td></td><td></td><td colspan="2"></td><td colspan="2"></td></tr>
<tr><td colspan="2">被评价单位（或当事人）意见及相关说明</td><td colspan="6"></td></tr>
<tr><td colspan="2">缺陷事项证据资料</td><td colspan="6"></td></tr>
</table>

3.4　综合评价

发展战略综合评价，就是指在发展战略内部控制现场测试结果的基础上对发展战略内部控制有效性作出的最终评价，主要工作是汇总发展战略业务的评价结果。发展战略内部控制评价工作应遵循整理资料、分析影响、形成结论、反馈意见等综合评价的基本步骤。发展战略综合评价的方法很多，比较常用的是评分法。发展战略评分法可分别对发展战略内部控制设计有效性和运行有效性进行评分，也可以进行综合评分。发展战略内部控制综合评价结果可编制评价结果汇总表或绘制成评价地图。评分结果汇总表见表 4-8。

表 4－8　　中天恒 3C 框架发展战略内部控制评分结果汇总表

被评价单位名称		被评价单位编码		索引编号	D－1	页次	
业务流程名称	发展战略	业务流程编号	3C02	评价人		评价时间	
关键控制名称		关键控制编号		复核人		复核时间	
影响会计科目		评价期间				截止日期	

流程编号	一级流程	二级流程	评价要点	控制设计评分（50%）			控制执行评分（50%）			综合评分	
				标准分值	实际得分	评价结果	标注分值	实际得分	评价结果	实际得分	评价结果
3C02	发展战略										
3C02.01		发展战略的制定									
3C02.02		发展战略的实施									

五、人力资源内部控制评价实务及其模板

1. 概述

1.1　评价概念

人力资源内部控制评价是内部控制评价业务层面的重要内容之一，是对人力资源内部控制设计及运行有效性的评价。因此，加强人力资源内部控制评价工作，有利于促使企业建立健全和有效执行人力资源内部控制，从而有效控制人力资源风险。

1.2　评价目标

人力资源内部控制评价目标，就是保证人力资源内部控制设计和运行的有效性，促使企业预防和控制人力资源风险。

1.3　评价依据

人力资源内部控制评价依据是国家关于人力资源管理方面的法律法规、企业制定的人力资源管理制度及其《企业内部控制手册》有关人力资源部分的内容。具体依据因评价单位的不同而有所不同。《企业内部控制应用指引第 3 号——人力资源》界定了人力资源的定义，描述了人力资源中重点应当关注的风险，提出了人力资源的基本要求，明确了人力资源关键控制点及其相应的控制措施，是企业构建与实施人力资源内部控制的最直接的依据。企业应认真学习领会《企业内部控制基本规范》、《企业内部控制应用指引第 3 号——人力资源》等法律法规的精神实质和原则要求，并以此为起点构建和实施人力资源内部控制。涉及评价单位层面的人力资源内部控制评价依据包括企业制定的《人力资源管理制度》、《人力资源授权制度和审核批准制度》、《人力资源的岗位责任制》等。在编制了《企业内部控制管理手册》的企业，该手册中的人力资源内部控制矩阵既是人力资源内部控制评价的对象，也是最为直接的评价依据。

2. 评价内容

人力资源内部控制评价内容，总体来说就是评价人力资源内部控制的设计和运行的有效性，包括过程和结果两个层面，具体评价范围包括人力资源政策的引

进与开发、人力资源政策的使用与退出。具体评价内容因评价单位开展人力资源情况的不同而不同，也因被评价单位内部控制成熟度的不同而不同。中天恒3C框架研究确定的人力资源内部控制评价内容分为人力资源内部控制设计和执行两个方面，分别包括了过程和结果两个层面，具体内容见表5-1。

表5-1　　中天恒3C框架人力资源内部控制评价内容表

流程编号	一级流程	评价范围	关键环节	评价内容		评价重点
				过程评价	结果评价	
3C02	人力资源	内控设计	现状梳理	人力资源现状梳理情况	人力资源现状梳理结果	
			风险评估	人力资源风险评估情况	人力资源风险评估结果	
			控制要点	人力资源控制要点及关键控制确定情况	人力资源控制要点及关键控制确定结果	
			控制目标	人力资源控制目标的确定及其分解情况	人力资源控制目标的确定及其分解结果	
			控制措施	人力资源控制措施确定情况	人力资源控制措施确定结果	√
			控制证据	人力资源控制证据设计情况	人力资源控制证据设计结果	
			制度优化	人力资源管理制度优化情况	人力资源管理制度优化结果	
			控制图表	人力资源控制图表绘制情况	人力资源控制图表绘制结果	
			控制矩阵	人力资源控制矩阵编制情况	人力资源控制矩阵编制结果	√
		内控运行	岗位设置	人力资源岗位设置情况	人力资源岗位设置结果	
			职责分工	人力资源职责分工情况	人力资源职责分工结果	
			制度执行	人力资源制度执行情况	人力资源制度执行结果	√
			措施落实	人力资源控制措施落实情况	人力资源控制措施落实结果	
			内控监督	人力资源内控监督情况	人力资源内控监督结果	√
			内控考核	人力资源内控考核情况	人力资源内控考核结果	
			信息系统	人力资源内控信息化情况	人力资源内控信息化结果	
			管理融合	人力资源内控与业务管理融合情况	人力资源内控与业务管理融合结果	
			持续改进	人力资源内控持续改进情况	人力资源内控持续改进结果	

2.1　设计有效性评价

人力资源内部控制的设计有效性评价包括设计过程和设计结果两个层面。人力资源内部控制设计结果有效性的前提是设计过程要有效，因此，要重视人力资源内部控制设计过程有效性的评价，不能仅对人力资源内部控制设计结果有效性进行评价。

2.2 运行有效性评价

人力资源内部控制的运行有效性评价包括运行过程和运行结果两个层面。总体说来，人力资源内部控制运行评价的要点包括：已经设计完成的人力资源内部控制及其相关的管理制度是否有效执行，是否有效控制了人力资源风险；已经设计有效的人力资源各控制点的控制措施是否有效实施，是否有效防止了各控制环节的风险；是否建立人力资源内部控制执行情况文档；是否根据业务、监管要求或法律法规等的变化持续改进人力资源内部控制等。实践中，人力资源内部控制运行层面普遍存在已有的控制在实际中没有执行、内部控制形同虚设、人力资源风险未有效控制等问题。人力资源内部控制的运行有效性评价的重点是控制制度及其措施的执行情况。

3. 评价程序

人力资源内部控制评价程序，就实施阶段来说，主要包括对人力资源内部控制进行调查了解、控制测试、缺陷认定、综合评价等程序。中天恒3C框架研究设计的人力资源内部控制评价总体程序见表5－2。

表5－2　　中天恒3C框架人力资源内部控制评价总体程序表

被评价单位名称		被评价单位编码		索引编号	0	页次	
业务流程名称	人力资源	业务流程编号	3C03	编制人		编制时间	
评价期间		截止日期		复核人		复核时间	

序号	基本程序	细分程序	执行情况说明	工作底稿索引号
1	调查了解	人力资源内部控制有效性调查		A
3	控制测试	人力资源内部控制设计有效性测试		B1
		人力资源内部控制执行有效性测试		B2
3	缺陷认定	人力资源内部控制缺陷认定		C
4	综合评价	人力资源内部控制评分结果汇总		D1
		人力资源内部控制评价结果汇总		D3
说明	1. 每一个评价程序可细分若干具体程序。 2. 上述程序可结合进行，以提高评价工作效率。 3. 在执行每一步骤后，应填写“执行情况说明”一栏，以此作为对人力资源内部控制综合评价的依据。			

3.1 调查了解

调查了解人力资源内部控制设计和运行的情况，是对人力资源内部控制评价实施阶段的首要环节。调查了解仅作为了解人力资源内部控制设计和运行的情况的手段，不能直接形成人力资源内部控制设计和运行有效性的结论。这项工作是在内部控制评价总体工作的准备阶段的基础上进行的，涉及具体内容很多，也因单位的不同而不同。对人力资源内部控制调查了解的方法有文字叙述法、调查表法、流程图法、控制矩阵法等。这些方法各有其特点，经常综合运用。中天恒3C框架人力资源内部控制调查问卷见表5－3。

表5－3　　中天恒3C框架人力资源内部控制调查问卷

被调查单位名称		被调查单位编码		索引编号	A	页次	
业务流程名称	人力资源	业务流程编号	3C03	调查人		调查时间	
调查期间		截止日期		复核人		复核时间	

调查项目	调查范围	调查环节	调查内容	调查结果			证据名称	被调查部门	被调查人
				是	否	不适应			
人力资源	内控设计	现状梳理	是否进行了人力资源现状梳理				《人力资源内部管理制度或相关文件情况表》、《人力资源流程目录》、《人力资源业务现状流程图》等		
			人力资源现状梳理是否有效						
		风险评估	是否进行了人力资源风险评估				《人力资源风险及其描述表》、《人力资源风险分析表》、《人力资源风险评价表》、《人力资源风险应对策略表》、《人力资源业务风险数据库》、《人力资源重大风险解决方案》等		
			人力资源风险评估是否有效						
		控制要点	是否进行了人力资源控制要点及关键控制的确定				《人力资源控制要点及其关键控制表》等		
			人力资源控制要点及关键控制的确定是否有效						
		控制目标	是否进行了人力资源控制目标的确定及其分解				《人力资源内部控制目标表》等		
			人力资源控制目标的确定及其分解是否有效						

续表

调查项目	调查范围	调查环节	调查内容	调查结果			证据名称	被调查部门	被调查人
				是	否	不适应			
人力资源	内控设计	控制措施	是否进行了人力资源控制措施的确定				《人力资源内部控制措施表》等		
			人力资源控制措施的确定是否有效						
		控制证据	是否进行了人力资源控制证据的设计				《人力资源控制证据表》等		
			人力资源控制证据设计是否有效						
		制度优化	是否进行了人力资源管理的制度优化				《人力资源制度完善建议表》等		
			人力资源管理制度的优化是否有效						
		控制图表	是否绘制了人力资源控制流程图				《人力资源控制流程图》等		
			绘制的人力资源控制流程图是否有效						
		控制矩阵	是否编制了人力资源控制流矩阵				《人力资源控制矩阵》等		
			编制的人力资源制矩阵是否有效						
		岗位设置	是否设置了必要的人力资源岗位				《人力资源岗位设置图》等		
			设置人力资源岗位是否有效						
		职责分工	是否有明确的人力资源职责分工				《人力资源职责分工制度》等		
			人力资源职责分工是否有效						
		制度执行	是否颁布实施了已经设计的人力资源控制制度				《人力资源管理制度》等		
			人力资源控制制度执行是否有效						

续表

调查项目	调查范围	调查环节	调查内容	调查结果			证据名称	被调查部门	被调查人
				是	否	不适应			
人力资源	内控运行	措施落实	是否实施了已经设计的人力资源控制措施				《人力资源控制措施表》等		
			人力资源控制措施运行是否有效						
		内控监督	是否进行人力资源内控监督检查				《人力资源内控监督情况报告》等		
			人力资源内控监督结果是否有效						
		信息系统	是否进行人力资源内控信息化建设				《人力资源内控信息化建设情况报告》等		
			人力资源内控信息化建设结果是否有效						
		内控考核	是否进行人力资源内控考核				《人力资源内控考核情况报告》等		
			人力资源内控考核结果是否有效						
		管理融合	人力资源内控是否与人力资源业务和管理相融合						
		持续改进	是否根据业务、监管要求或法律法规等的变化持续维护人力资源内部控制				《人力资源内控持续改进情况表》等		
			人力资源内控持续改进结果是否有效						

调查结论	内控可信赖度					是否需要作进一步测试	
	高	较高	中	较低	低	是	否
	简要描述						

3.2 现场测试

人力资源内部控制现场测试，就是测试人力资源内部控制设计和运行的有效性。对人力资源内部控制进行测试，可以根据具体情况实施详查或者抽样测试，具体测试方式包括跟单测试和关键控制测试等。

（1）人力资源内部控制设计有效性测试。

评价人员在测试人力资源控制设计的有效性时，应当综合运用询问适当人员、观察经营活动和检查相关文件等程序。人力资源内部控制设计有效性测试方式一般采用跟单测试方式。中天恒3C框架研究开发的人力资源内部控制设计有效性测试矩阵表见表5－4。

表5－4　中天恒3C框架人力资源内部控制设计有效性测试矩阵表

被测试单位名称		被测试单位编码		索引编号	B1	页次	
业务流程名称	人力资源	业务流程编号	3C03	测试人		测试时间	
测试期间		截止日期		复核人		复核时间	

流程编号	测试范围	关键环节	测试要点及分值		证据材料	测试程序	测试结果	实际得分	交叉索引
			过程测试（50分）	结果测试（50分）					
人力资源3C03	内控设计	现状梳理	人力资源现状梳理情况	人力资源现状梳理结果	《人力资源内部管理制度或相关文件情况表》、《人力资源流程目录》、《人力资源业务现状流程图》	审阅材料 访谈人员 抽样检查			B1－1－1 B1－1－2 B1－1－3
		风险评估	人力资源风险评估情况	人力资源风险评估结果	《人力资源风险及其描述表》、《人力资源风险分析表》、《人力资源风险评价表》、《人力资源风险应对策略表》、《人力资源业务风险数据库》、《人力资源重大风险解决方案》等	审阅材料 访谈人员 抽样检查 重新执行			B1－2－1 B1－2－2 B1－2－3 B1－2－4
		控制要点	人力资源控制要点及关键控制落实情况	人力资源控制要点及关键控制确定结果	《人力资源控制要点及其关键控制表》等	审阅材料 访谈人员 抽样检查			B1－3－1 B1－3－2 B1－3－3

续表

流程编号	测试范围	关键环节	测试要点及分值		证据材料	测试程序	测试结果	实际得分	交叉索引
			过程测试（50分）	结果测试（50分）					
人力资源3C03	内控设计	控制目标	人力资源控制目标确定及其分解情况	人力资源控制目标确定及其分解结果	《人力资源内部控制目标表》等	审阅材料 访谈人员			B1－4－1 B1－4－2
		控制措施	人力资源控制措施落实情况	人力资源控制措施确定结果	《人力资源内部控制措施表》等	审阅材料 访谈人员 抽样检查 重新执行			B1－5－1 B1－5－2 B1－5－3 B1－5－4
		控制证据	人力资源控制证据设计情况	人力资源控制证据设计结果	《人力资源控制证据表》等	审阅材料 访谈人员			B1－6－1 B1－6－2
		制度优化	人力资源管理制度优化情况	人力资源管理制度优化结果	《人力资源制度完善建议表》等	审阅材料 访谈人员			B1－7－1 B1－7－2
		控制图表	人力资源控制流程图绘制情况	人力资源控制流程图绘制结果	《人力资源控制流程图》等	审阅材料 访谈人员			B1－8－1 B1－8－2
		控制矩阵	人力资源控制矩阵编制情况	人力资源控制矩阵编制结果	《人力资源控制矩阵》等	审阅材料 访谈人员			B1－9－1 B1－9－2
汇总						编制汇总表			

测试结论	设计无效							设计有效	
	是	控制薄弱环节说明							
		设计的控制不符合实际	应有的控制不存在	风险识别不准确	未设计控制证据	控制矩阵编制不规范	其他	是	良好实践

（2）人力资源内部控制运行有效性测试。

评价人员在测试人力资源内部控制运行的有效性时，应当综合运用审阅文件资料、询问相关人员、观察业务活动以及重新执行控制等程序。在人力资源内部控制执行有效性评价过程中，评价人员应将人力资源每个业务流程的每个控制点的测试程序、方法和结果记录于内部控制执行有效性测试底稿。当人力资源业务流程测试结束后，评价人员应将各个流程和控制点的执行有效性测试结果进行汇总，记录于内部控制执行有效性评估汇总表。人力资源内部控制运行有效性测试方式一般采用关键控制测试，即建立样本库，再按照样本发生频率、样本库总量的大小区分，抽取相应数量的样本进行测试。人力资源内部控制运行有效性测试重点是对关键控制测试。中天恒3C框架研究开发的人力资源内部控制运行有效性测试矩阵表见表5－5。

表5－5　　中天恒3C框架人力资源内部控制运行有效性测试矩阵表

被测试单位名称		被测试单位编码		索引编号	B2	页次	
业务流程名称	人力资源	业务流程编号	3C03	测试人		测试时间	
测试期间		截止日期		复核人		复核时间	

流程编号	测试范围	实施环节	测试要点及分值		证据材料	测试程序	测试结果	实际得分	交叉索引
			过程测试（50分）	结果测试（50分）					
人力资源3C03	内控运行	岗位设置	人力资源岗位设置情况	人力资源岗位设置结果	《人力资源岗位设置图》等	审阅材料 访谈人员			B2－1－1 B2－1－2
		职责分工	人力资源职责分工情况	人力资源职责分工结果	《人力资源职责分工制度》等	观察业务 抽样检查 重新执行			B2－3－1 B2－3－2 B2－3－3
		制度执行	人力资源控制制度执行情况	人力资源控制制度执行结果	《人力资源管理制度》等	审阅材料 访谈人员 抽样检查			B2－3－1 B2－3－2 B2－3－3
		措施落实	人力资源控制措施运行情况	人力资源控制措施运行结果	《人力资源控制措施表》等	审阅材料 访谈人员 抽样检查			B2－4－1 B2－4－2 B2－4－3
		内控监督	人力资源内控监督检查情况	人力资源内控监督检查结果	《人力资源内控监督情况报告》等	审阅材料 访谈人员			B2－5－1 B2－5－2

续表

流程编号	测试范围	实施环节	测试要点及分值		证据材料	测试程序	测试结果	实际得分	交叉索引
			过程测试（50分）	结果测试（50分）					
人力资源3C03	内控运行	信息系统	人力资源内控信息化建设情况	人力资源内控信息化建设结果	《人力资源内控信息化建设情况报告》等	审阅材料 访谈人员			B2－6－1 B2－6－2
		内控考核	人力资源内控考核情况	人力资源内控考核结果	《人力资源内控考核情况报告》等	审阅材料 访谈人员			B2－7－1 B2－7－2
		管理融合	人力资源内控与人力资源业务和管理相融合情况	人力资源内控与人力资源业务和管理相融合结果		审阅材料 访谈人员			B2－8－1 B2－8－2
		持续改进	人力资源内控持续改进情况	人力资源内控持续改进结果	《人力资源内控持续改进情况表》等	审阅材料 访谈人员			B2－9－1 B2－9－3
汇总						编制汇总表			

测试结论	运行无效							运行有效	
	是	控制薄弱环节说明							
		制度未执行	措施未落实	控制证据不足	设计不适应	监控不力	其他	是	良好实践

3.3　认定缺陷

人力资源内部控制认定缺陷，就是对人力资源内部控制设计缺陷和运行缺陷的认定，并要按照缺陷的影响程度把人力资源内部控制缺陷分为重大缺陷、重要缺陷和一般缺陷。在具体的人力资源内部控制缺陷认定过程，评价人员应将已经调查了解到的人力资源内部控制系统的现状与事先确定的内部控制标准模式进行对照，以揭示哪些法规规定的控制程序未被采用。对对照中发现的人力资源控制缺陷，应当按照不同内容分类，并汇集记录在内部控制内部控制缺陷认定矩阵表中，应当编制人力资源内部控制缺陷认定表。具体见表5－6、表5－7。

表 5-6　　　　中天恒 3C 框架人力资源内部控制缺陷认定矩阵表

<table>
<tr><td colspan="2">被评价单位名称</td><td colspan="2"></td><td colspan="3">被评价单位编码</td><td colspan="2"></td><td colspan="2">索引编号</td><td>C</td><td colspan="2">页次</td><td></td></tr>
<tr><td colspan="2">业务流程名称</td><td colspan="2">人力资源</td><td colspan="3">业务流程编号</td><td colspan="2">3C03</td><td colspan="2">评价人</td><td></td><td colspan="2">评价时间</td><td></td></tr>
<tr><td colspan="2">评价期间</td><td colspan="2"></td><td colspan="3">截止日期</td><td colspan="2"></td><td colspan="2">复核人</td><td></td><td colspan="2">复核时间</td><td></td></tr>
<tr><td rowspan="2">流程编号</td><td rowspan="2">一级流程</td><td rowspan="2">末级流程</td><td rowspan="2">关键控制</td><td rowspan="2">缺陷类型</td><td rowspan="2">缺陷描述</td><td rowspan="2">缺陷来源</td><td colspan="3">缺陷性质</td><td rowspan="2">认定程序</td><td rowspan="2">认定索引</td><td rowspan="2">对报表影响</td><td rowspan="2">补偿性控制</td><td rowspan="2">整改意见</td></tr>
<tr><td>一般缺陷</td><td>重大缺陷</td><td>重要缺陷</td></tr>
<tr><td>3C03</td><td>人力资源</td><td></td><td></td><td></td><td></td><td></td><td></td><td></td><td></td><td>认定缺陷
提出建议</td><td>C-1
C-3</td><td></td><td></td><td></td></tr>
<tr><td></td><td></td><td></td><td></td><td></td><td></td><td></td><td></td><td></td><td></td><td></td><td></td><td></td><td></td><td></td></tr>
<tr><td></td><td></td><td></td><td></td><td></td><td></td><td></td><td></td><td></td><td></td><td></td><td></td><td></td><td></td><td></td></tr>
<tr><td></td><td></td><td></td><td></td><td></td><td></td><td></td><td></td><td></td><td></td><td></td><td></td><td></td><td></td><td></td></tr>
</table>

表 5-7　　　　中天恒 3C 框架人力资源内部控制缺陷认定表

<table>
<tr><td>被评价单位名称</td><td></td><td>被评价单位编码</td><td></td><td>索引编号</td><td>C-1</td><td>页次</td><td></td></tr>
<tr><td>业务流程名称</td><td>人力资源</td><td>业务流程编号</td><td>3C03</td><td>评价人</td><td></td><td>评价时间</td><td></td></tr>
<tr><td>关键控制名称</td><td></td><td>关键控制编号</td><td></td><td>复核人</td><td></td><td>复核时间</td><td></td></tr>
<tr><td>影响会计科目</td><td></td><td>评价期间</td><td colspan="3"></td><td>截止日期</td><td></td></tr>
<tr><td colspan="2">缺陷类型</td><td>缺陷描述</td><td>认定标准</td><td colspan="2">评价组初步认定意见</td><td colspan="2">评价部门或经理层或董事会认定意见</td></tr>
<tr><td colspan="2"></td><td></td><td></td><td colspan="2"></td><td colspan="2"></td></tr>
<tr><td colspan="2">被评价单位（或当事人）意见及相关说明</td><td colspan="6"></td></tr>
<tr><td colspan="2">缺陷事项证据资料</td><td colspan="6"></td></tr>
</table>

3.4　综合评价

人力资源综合评价，就是指在人力资源内部控制现场测试结果的基础上对人力资源内部控制有效性作出的最终评价，主要工作是汇总人力资源业务的评价结果。人力资源内部控制评价工作应遵循整理资料、分析影响、形成结论、反馈意见等综合评价的基本步骤。人力资源综合评价的方法很多，比较常用的是评分法。人力资源评分法可分别对人力资源内部控制设计有效性和运行有效性进行评分，也可以进行综合评分。人力资源内部控制综合评价结果可编制评价结果汇总表或绘制成评价地图。评分结果汇总表见 5-8。

表 5－8　　　　中天恒 3C 框架人力资源内部控制评分结果汇总表

被评价单位名称		被评价单位编码		索引编号	D－1	页次	
业务流程名称	人力资源	业务流程编号	3C03	评价人		评价时间	
关键控制名称		关键控制编号		复核人		复核时间	
影响会计科目		评价期间		截止日期			

流程编号	一级流程	二级流程	评价要点	控制设计评分（50%）			控制执行评分（50%）			综合评分	
				标准分值	实际得分	评价结果	标注分值	实际得分	评价结果	实际得分	评价结果
3C03	人力资源										
3C03.01		人力资源政策的引进与开发									
3C03.02		人力资源政策的使用与退出									

六、社会责任内部控制评价实务及其模板

1. 概述

1.1 评价概念

社会责任内部控制评价是内部控制评价业务层面的重要内容之一，是对社会责任内部控制设计及运行有效性的评价。因此，加强社会责任内部控制评价工作，有利于促使主体建立健全和有效执行社会责任内部控制，从而有效控制社会责任风险。

1.2 评价目标

社会责任内部控制评价目标，就是保证社会责任内部控制设计和运行的有效性，促使主体预防和控制社会责任风险。

1.3 评价依据

社会责任内部控制评价依据是国家关于社会责任管理方面的法律法规、企业制定的社会责任管理制度及其《企业内部控制手册》有关社会责任部分的内容。具体依据因评价单位的不同而有所不同。《企业内部控制应用指引第 4 号——社会责任》界定了社会责任的定义，描述了社会责任中重点应当关注的风险，提出了社会责任的基本要求，明确了社会责任关键控制点及其相应的控制措施，是企业构建与实施社会责任内部控制的最直接的依据。企业应认真学习领会《企业内部控制基本规范》、《企业内部控制应用指引第 4 号——社会责任》等法律法规的精神实质和原则要求，并以此为起点构建和实施社会责任内部控制。涉及评价单位层面的社会责任内部控制评价依据包括企业制定的《社会责任管理制度》、《社会责任授权制度和审核批准制度》、《社会责任的岗位责任制》等。在编制了《企业内部控制管理手册》的企业，该手册中的社会责任内部控制矩阵既是社会责任内部控制评价的对象，也是最为直接的评价依据。

2. 评价内容

社会责任内部控制评价内容，总体来说就是评价社会责任内部控制的设计和运行的有效性，包括过程和结果两个层面，具体评价范围包括安全生产、产品质

量等主要社会责任。具体评价内容因评价单位开展社会责任情况的不同而不同，也因被评价单位内部控制成熟度的不同而不同。中天恒3C框架研究确定的社会责任内部控制评价内容分为社会责任内部控制设计和执行两个方面，分别包括了过程和结果两个层面，具体内容见表6-1。

表6-1　中天恒3C框架社会责任内部控制评价内容表

流程编号	一级流程	评价范围	关键环节	评价内容		评价重点
				过程评价	结果评价	
3C04	社会责任	内控设计	现状梳理	社会责任现状梳理情况	社会责任现状梳理结果	
			风险评估	社会责任风险评估情况	社会责任风险评估结果	
			控制要点	社会责任控制要点及关键控制确定情况	社会责任控制要点及关键控制确定结果	
			控制目标	社会责任控制目标的确定及其分解情况	社会责任控制目标的确定及其分解结果	
			控制措施	社会责任控制措施确定情况	社会责任控制措施	√
			控制证据	社会责任控制证据设计情况	社会责任控制证据设计结果	
			制度优化	社会责任管理制度优化情况	社会责任管理制度优化结果	
			控制图表	社会责任控制图表绘制情况	社会责任控制图表绘制结果	
			控制矩阵	社会责任控制矩阵编制情况	社会责任控制矩阵编制结果	√
		内控运行	岗位设置	社会责任岗位设置情况	社会责任岗位设置结果	
			职责分工	社会责任职责分工情况	社会责任职责分工结果	
			制度执行	社会责任制度执行情况	社会责任制度执行结果	√
			措施落实	社会责任控制措施落实情况	社会责任控制措施落实结果	
			内控监督	社会责任内控监督情况	社会责任内控监督结果	√
			内控考核	社会责任内控考核情况	社会责任内控考核结果	
			信息系统	社会责任内控信息化情况	社会责任内控信息化结果	
			管理融合	社会责任内控与业务管理融合情况	社会责任内控与业务管理融合结果	
			持续改进	社会责任内控持续改进情况	社会责任内控持续改进结果	

2.1　设计有效性评价

社会责任内部控制的设计有效性评价包括设计过程和设计结果两个层面。社会责任内部控制设计结果有效性的前提是设计过程要有效，因此，要重视社会责任内部控制设计过程有效性的评价，不能仅对社会责任内部控制设计结果有效性进行评价。

2.2 运行有效性评价

社会责任内部控制的运行有效性评价包括运行过程和运行结果两个层面。总体说来，社会责任内部控制运行评价的要点包括：已经设计完成的社会责任内部控制及其相关的管理制度是否有效执行，是否有效控制了社会责任风险；已经设计有效的社会责任各控制点的控制措施是否有效实施，是否有效防止了各控制环节的风险；是否建立社会责任内部控制执行情况文档；是否根据业务、监管要求或法律法规等的变化持续改进社会责任内部控制等。实践中，社会责任内部控制运行层面普遍存在已有的控制在实际中没有执行、内部控制形同虚设、社会责任风险未有效控制等问题。社会责任内部控制的运行有效性评价的重点是控制制度及其措施的执行情况。

3. 评价程序

社会责任内部控制评价程序，就实施阶段来说，主要包括对社会责任内部控制进行调查了解、控制测试、缺陷认定、综合评价等程序。中天恒3C框架研究设计的社会责任内部控制评价总体程序见表6－2。

表6－2　　中天恒3C框架社会责任内部控制评价总体程序表

<table>
<tr><td>被评价单位名称</td><td></td><td>被评价单位编码</td><td></td><td>索引编号</td><td>0</td><td>页次</td><td></td></tr>
<tr><td>业务流程名称</td><td>社会责任</td><td>业务流程编号</td><td>3C04</td><td>编制人</td><td></td><td>编制时间</td><td></td></tr>
<tr><td>评价期间</td><td></td><td>截止日期</td><td></td><td>复核人</td><td></td><td>复核时间</td><td></td></tr>
<tr><th>序号</th><th>基本程序</th><th colspan="3">细分程序</th><th colspan="2">执行情况说明</th><th>工作底稿索引号</th></tr>
<tr><td>1</td><td>调查了解</td><td colspan="3">社会责任内部控制有效性调查</td><td colspan="2"></td><td>A</td></tr>
<tr><td rowspan="2">2</td><td rowspan="2">控制测试</td><td colspan="3">社会责任内部控制设计有效性测试</td><td colspan="2"></td><td>B1</td></tr>
<tr><td colspan="3">社会责任内部控制执行有效性测试</td><td colspan="2"></td><td>B2</td></tr>
<tr><td>3</td><td>缺陷认定</td><td colspan="3">社会责任内部控制缺陷认定</td><td colspan="2"></td><td>C</td></tr>
<tr><td rowspan="2">4</td><td rowspan="2">综合评价</td><td colspan="3">社会责任内部控制评分结果汇总</td><td colspan="2"></td><td>D1</td></tr>
<tr><td colspan="3">社会责任内部控制评价结果汇总</td><td colspan="2"></td><td>D2</td></tr>
<tr><td colspan="2">说明</td><td colspan="6">1. 每一个评价程序可细分若干具体程序。
4. 上述程序可结合进行，以提高评价工作效率。
4. 在执行每一步骤后，应填写“执行情况说明”一栏，以此作为对社会责任内部控制综合评价的依据。</td></tr>
</table>

3.1 调查了解

调查了解社会责任内部控制设计和运行的情况，是对社会责任内部控制评价实施阶段的首要环节。调查了解仅作为了解社会责任内部控制设计和运行的情况的手段，不能直接形成社会责任内部控制设计和运行有效性的结论。这项工作是在内部控制评价总体工作的准备阶段的基础上进行的，涉及具体内容很多，因单位的不同而不同。对社会责任内部控制调查了解的方法有文字叙述法、调查表法、流程图法、控制矩阵法等。这些方法各有其特点，经常综合运用。中天恒3C框架社会责任内部控制调查问卷见表6－3。

表6－3　　　　中天恒3C框架社会责任内部控制调查问卷

被调查单位名称		被调查单位编码		索引编号	A	页次			
业务流程名称	社会责任	业务流程编号	3C04	调查人		调查时间			
调查期间		截止日期		复核人		复核时间			
调查项目	调查范围	调查环节	调查内容	调查结果			证据名称	被调查部门	被调查人
				是	否	不适应			
社会责任	内控设计	现状梳理	是否进行了社会责任现状梳理				《社会责任内部管理制度或相关文件情况表》、《社会责任流程目录》、《社会责任业务现状流程图》等		
			社会责任现状梳理是否有效						
		风险评估	是否进行了社会责任风险评估				《社会责任风险及其描述表》、《社会责任风险分析表》、《社会责任风险评价表》、《社会责任风险应对策略表》、《社会责任业务风险数据库》、《社会责任重大风险解决方案》等		
			社会责任风险评估是否有效						
		控制要点	是否进行了社会责任控制要点及关键控制的确定				《社会责任控制要点及其关键控制表》等		
			社会责任控制要点及关键控制的确定是否有效						
		控制目标	是否进行了社会责任控制目标的确定及其分解				《社会责任内部控制目标表》等		
			社会责任控制目标的确定及其分解是否有效						
		控制措施	是否进行了社会责任控制措施的确定				《社会责任内部控制措施表》等		
			社会责任控制措施的确定是否有效						

续表

调查项目	调查范围	调查环节	调查内容	调查结果			证据名称	被调查部门	被调查人
				是	否	不适应			
社会责任	内控设计	控制证据	是否进行了社会责任控制证据的设计				《社会责任控制证据表》等		
			社会责任控制证据设计是否有效						
		制度优化	是否进行了社会责任管理的制度优化				《社会责任制度完善建议表》等		
			社会责任管理制度的优化是否有效						
		控制图表	是否绘制了社会责任控制流程图				《社会责任控制流程图》等		
			绘制的社会责任控制流程图是否有效						
		控制矩阵	是否编制了社会责任控制流矩阵				《社会责任控制矩阵》等		
			编制的社会责任制矩阵是否有效						
	内控运行	岗位设置	是否设置了必要的社会责任岗位				《社会责任岗位设置图》等		
			设置社会责任岗位是否有效						
		职责分工	是否有明确的社会责任职责分工				《社会责任职责分工制度》等		
			社会责任职责分工是否有效						
		制度执行	是否颁布实施了已经设计的社会责任控制制度				《社会责任管理制度》等		
			社会责任控制制度执行是否有效						

续表

调查项目	调查范围	调查环节	调查内容	调查结果			证据名称	被调查部门	被调查人
				是	否	不适应			
社会责任	内控运行	措施落实	是否实施了已经设计的社会责任控制措施				《社会责任控制措施表》等		
			社会责任控制措施运行是否有效						
		内控监督	是否进行社会责任内控监督检查				《社会责任内控监督情况报告》等		
			社会责任内控监督结果是否有效						
		信息系统	是否进行社会责任内控信息化建设				《社会责任内控信息化建设情况报告》等		
			社会责任内控信息化建设结果是否有效						
		内控考核	是否进行社会责任内控考核				《社会责任内控考核情况报告》等		
			社会责任内控考核结果是否有效						
		管理融合	社会责任内控是否与社会责任业务和管理相融合						
		持续改进	是否根据业务、监管要求或法律法规等的变化持续维护社会责任内部控制				《社会责任内控持续改进情况表》等		
			社会责任内控持续改进结果是否有效						

调查结论	内控可信赖度					是否需要作进一步测试	
	高	较高	中	较低	低	是	否
	简要描述						

3.2 现场测试

社会责任内部控制现场测试，就是测试社会责任内部控制设计和运行的有效性。对社会责任内部控制进行测试，可以根据具体情况实施详查或者抽样测试，具体测试方式包括跟单测试和关键控制测试等。

（1）社会责任内部控制设计有效性测试。

评价人员在测试社会责任控制设计的有效性时，应当综合运用询问适当人员、观察经营活动和检查相关文件等程序。社会责任内部控制设计有效性测试方式一般采用跟单测试方式。中天恒 3C 框架社会责任内部控制设计有效性测试矩阵表见表 6－4。

表 6－4　　中天恒 3C 框架社会责任内部控制设计有效性测试矩阵表

<table>
<tr><td colspan="3">被测试单位名称</td><td></td><td colspan="2">被测试单位编码</td><td>索引编号</td><td>B1</td><td>页次</td><td></td></tr>
<tr><td colspan="3">业务流程名称</td><td>社会责任</td><td colspan="2">业务流程编号</td><td>3C04</td><td>测试人</td><td>测试时间</td><td></td></tr>
<tr><td colspan="3">测试期间</td><td></td><td colspan="2">截止日期</td><td></td><td>复核人</td><td>复核时间</td><td></td></tr>
<tr><td rowspan="2">流程编号</td><td rowspan="2">测试范围</td><td rowspan="2">关键环节</td><td colspan="2">测试要点及分值</td><td rowspan="2">证据材料</td><td rowspan="2">测试程序</td><td rowspan="2">测试结果</td><td rowspan="2">实际得分</td><td rowspan="2">交叉索引</td></tr>
<tr><td>过程测试（50 分）</td><td>结果测试（50 分）</td></tr>
<tr><td rowspan="3">社会责任 3C04</td><td rowspan="3">内控设计</td><td>现状梳理</td><td>社会责任现状梳理情况</td><td>社会责任现状梳理结果</td><td>《社会责任内部管理制度或相关文件情况表》、《社会责任流程目录》、《社会责任业务现状流程图》</td><td>审阅材料
访谈人员
抽样检查</td><td></td><td></td><td>B1－1－1
B1－1－2
B1－1－3</td></tr>
<tr><td>风险评估</td><td>社会责任风险评估情况</td><td>社会责任风险评估结果</td><td>《社会责任风险及其描述表》、《社会责任风险分析表》、《社会责任风险评价表》、《社会责任风险应对策略表》、《社会责任业务风险数据库》、《社会责任重大风险解决方案》等</td><td>审阅材料
访谈人员
抽样检查
重新执行</td><td></td><td></td><td>B1－2－1
B1－2－2
B1－2－3
B1－2－4</td></tr>
<tr><td>控制要点</td><td>社会责任控制要点及关键控制落实情况</td><td>社会责任控制要点及关键控制确定结果</td><td>《社会责任控制要点及其关键控制表》等</td><td>审阅材料
访谈人员
抽样检查</td><td></td><td></td><td>B1－3－1
B1－3－2
B1－3－3</td></tr>
</table>

续表

流程编号	测试范围	关键环节	测试要点及分值		证据材料	测试程序	测试结果	实际得分	交叉索引
			过程测试（50分）	结果测试（50分）					
社会责任3C04	内控设计	控制目标	社会责任控制目标确定及其分解情况	社会责任控制目标确定及其分解结果	《社会责任内部控制目标表》等	审阅材料 访谈人员			B1－4－1 B1－4－2
		控制措施	社会责任控制措施落实情况	社会责任控制措施确定结果	《社会责任内部控制措施表》等	审阅材料 访谈人员 抽样检查 重新执行			B1－5－1 B1－5－2 B1－5－3 B1－5－4
		控制证据	社会责任控制证据设计情况	社会责任控制证据设计结果	《社会责任控制证据表》等	审阅材料 访谈人员			B1－6－1 B1－6－2
		制度优化	社会责任管理制度优化情况	社会责任管理制度优化结果	《社会责任制度完善建议表》等	审阅材料 访谈人员			B1－7－1 B1－7－2
		控制图表	社会责任控制流程图绘制情况	社会责任控制流程图绘制结果	《社会责任控制流程图》等	审阅材料 访谈人员			B1－8－1 B1－8－2
		控制矩阵	社会责任控制矩阵编制情况	社会责任控制矩阵编制结果	《社会责任控制矩阵》等	审阅材料 访谈人员			B1－9－1 B1－9－2
汇总						编制汇总表			

测试结论	设计无效							设计有效	
	是	控制薄弱环节说明							
		设计的控制不符合实际	应有的控制不存在	风险识别不准确	未设计控制证据	控制矩阵编制不规范	其他	是	良好实践

（2）社会责任内部控制运行有效性测试。

评价人员在测试社会责任内部控制运行的有效性时，应当综合运用审阅文件资料、询问相关人员、观察业务活动以及重新执行控制等程序。在社会责任内部控制执行有效性评价过程中，评价人员应将社会责任每个业务流程的每个控制点的测试程序、方法和结果记录于内部控制执行有效性测试底稿。当社会责任业务流程测试结束后，评价人员应将各个流程和控制点的执行有效性测试结果进行汇总，记录于内部控制执行有效性评估汇总表。社会责任内部控制运行有效性测试方式一般采用关键控制测试，即建立样本库，再按照样本发生频率、样本库总量的大小区分，抽取相应数量的样本进行测试。社会责任内部控制运行有效性测试重点是对关键控制测试。中天恒3C框架社会责任内部控制运行有效性测试矩阵表见表6－5。

表6－5　　中天恒3C框架社会责任内部控制运行有效性测试矩阵表

<table>
<tr><td colspan="3">被测试单位名称</td><td></td><td>被测试单位编码</td><td></td><td>索引编号</td><td>B2</td><td>页次</td><td></td></tr>
<tr><td colspan="3">业务流程名称</td><td>社会责任</td><td>业务流程编号</td><td>3C04</td><td>测试人</td><td></td><td>测试时间</td><td></td></tr>
<tr><td colspan="3">测试期间</td><td></td><td>截止日期</td><td></td><td>复核人</td><td></td><td>复核时间</td><td></td></tr>
<tr><td rowspan="2">流程编号</td><td rowspan="2">测试范围</td><td rowspan="2">实施环节</td><td colspan="2">测试要点及分值</td><td rowspan="2">证据材料</td><td rowspan="2">测试程序</td><td rowspan="2">测试结果</td><td rowspan="2">实际得分</td><td rowspan="2">交叉索引</td></tr>
<tr><td>过程测试（50分）</td><td>结果测试（50分）</td></tr>
<tr><td rowspan="5">社会责任3C04</td><td rowspan="5">内控运行</td><td>岗位设置</td><td>社会责任岗位设置情况</td><td>社会责任岗位设置结果</td><td>《社会责任岗位设置图》等</td><td>审阅材料
访谈人员</td><td></td><td></td><td>B2－1－1
B2－1－2</td></tr>
<tr><td>职责分工</td><td>社会责任职责分工情况</td><td>社会责任职责分工结果</td><td>《社会责任职责分工制度》等</td><td>观察业务
抽样检查
重新执行</td><td></td><td></td><td>B2－2－1
B2－2－2
B2－2－3</td></tr>
<tr><td>制度执行</td><td>社会责任控制制度执行情况</td><td>社会责任控制制度执行结果</td><td>《社会责任管理制度》等</td><td>审阅材料
访谈人员
抽样检查</td><td></td><td></td><td>B2－3－1
B2－3－2
B2－3－3</td></tr>
<tr><td>措施落实</td><td>社会责任控制措施运行情况</td><td>社会责任控制措施运行结果</td><td>《社会责任控制措施表》等</td><td>审阅材料
访谈人员
抽样检查</td><td></td><td></td><td>B2－4－1
B2－4－2
B2－4－3</td></tr>
<tr><td>内控监督</td><td>社会责任内控监督检查情况</td><td>社会责任内控监督检查结果</td><td>《社会责任内控监督情况报告》等</td><td>审阅材料
访谈人员</td><td></td><td></td><td>B2－5－1
B2－5－2</td></tr>
</table>

续表

流程编号	测试范围	实施环节	测试要点及分值		证据材料	测试程序	测试结果	实际得分	交叉索引
			过程测试（50分）	结果测试（50分）					
社会责任3C04	内控运行	信息系统	社会责任内控信息化建设情况	社会责任内控信息化建设结果	《社会责任内控信息化建设情况报告》等	审阅材料 访谈人员			B2－6－1 B2－6－2
		内控考核	社会责任内控考核情况	社会责任内控考核结果	《社会责任内控考核情况报告》等	审阅材料 访谈人员			B2－7－1 B2－7－2
		管理融合	社会责任内控与社会责任业务和管理相融合情况	社会责任内控与社会责任业务和管理相融合结果		审阅材料 访谈人员			B2－8－1 B2－8－2
		持续改进	社会责任内控持续改进情况	社会责任内控持续改进结果	《社会责任内控持续改进情况表》等	审阅材料 访谈人员			B2－9－1 B2－9－2
汇总						编制汇总表			

测试结论	设计无效							设计有效	
	是	控制薄弱环节说明							
		制度未执行	措施未落实	控制证据不足	设计不适应	监控不力	其他	是	良好实践

3.3 认定缺陷

社会责任内部控制认定缺陷，就是对社会责任内部控制设计缺陷和运行缺陷的认定，并要按照缺陷的影响程度把社会责任内部控制缺陷分为重大缺陷、重要缺陷和一般缺陷。在具体的社会责任内部控制缺陷认定过程，评价人员应将已经调查了解到的社会责任内部控制系统的现状与事先确定的内部控制标准模式进行对照，以揭示哪些法规规定的控制程序未被采用。对对照中发现的社会责任控制缺陷，应当按照不同内容分类，并汇集记录在内部控制内部控制缺陷认定矩阵表中，应当编制社会责任内部控制缺陷认定表。中天恒3C框架社会责任内部控制缺陷认定矩阵表、认定表见表6-6、表6-7。

表6-6　　中天恒3C框架社会责任内部控制缺陷认定矩阵表

被评价单位名称		被评价单位编码		索引编号	C	页次	
业务流程名称	社会责任	业务流程编号	3C04	评价人		评价时间	
评价期间		截止日期		复核人		复核时间	

流程编号	一级流程	末级流程	关键控制	缺陷类型	缺陷描述	缺陷来源	缺陷性质			认定程序	认定索引	对报表影响	补偿性控制	整改意见
							一般缺陷	重大缺陷	重要缺陷					
3C04	社会责任									认定缺陷 提出建议	C-1 C-2			

表6-7　　中天恒3C框架社会责任内部控制缺陷认定表

被评价单位名称		被评价单位编码		索引编号	C-1	页次	
业务流程名称	社会责任	业务流程编号	3C04	评价人		评价时间	
关键控制名称		关键控制编号		复核人		复核时间	
影响会计科目		评价期间				截止日期	

缺陷类型	缺陷描述	认定标准	评价组初步认定意见	评价部门或经理层或董事会认定意见
被评价单位（或当事人）意见及相关说明				
缺陷事项证据资料				

3.4　综合评价

社会责任综合评价，就是指在社会责任内部控制现场测试结果的基础上对社会责任内部控制有效性作出的最终评价，主要工作是汇总社会责任业务的评价结果。社会责任内部控制评价工作应遵循整理资料、分析影响、形成结论、反馈意见等综合评价的基本步骤。社会责任综合评价的方法很多，比较常用的是评分法。社会责任评分法可分别对社会责任内部控制设计有效性和运行有效性进行评分，也可以进行综合评分。社会责任内部控制综合评价结果可编制评价结果汇总表或绘制成评价地图。中天恒3C框架社会责任内部控制评分结果汇总表见表6-8。

表 6－8　　中天恒 3C 框架社会责任内部控制评分结果汇总表

被评价单位名称		被评价单位编码		索引编号	D－1	页次	
业务流程名称	社会责任	业务流程编号	3C04	评价人		评价时间	
关键控制名称		关键控制编号		复核人		复核时间	
影响会计科目		评价期间				截止日期	

流程编号	一级流程	二级流程	评价要点	控制设计评分（50%）			控制执行评分（50%）			综合评分	
				标准分值	实际得分	评价结果	标注分值	实际得分	评价结果	实际得分	评价结果
3C04	社会责任										
3C04.01		安全生产									
3C04.02		产品质量									
3C04.03		环境保护和资源节约									
3C04.04		促进就业与员工权益保护									

七、企业文化内部控制评价实务及其模板

1. 概述

1.1 评价概念

企业文化内部控制评价是内部控制评价业务层面的重要内容之一，是对企业文化内部控制设计及运行有效性的评价。因此，加强企业文化内部控制评价工作，有利于促使企业建立健全和有效执行企业文化内部控制，从而有效控制企业文化风险。

1.2 评价目标

企业文化内部控制评价目标，就是保证企业文化内部控制设计和运行的有效性，促使企业预防和控制企业文化风险。

1.3 评价依据

企业文化内部控制评价依据是国家关于企业文化管理方面的法律法规、企业制定的企业文化管理制度及其《企业内部控制手册》有关企业文化部分的内容。具体依据因评价单位的不同而有所不同。《企业内部控制应用指引第 5 号——企业文化》界定了企业文化的定义，描述了企业文化中重点应当关注的风险，提出了企业文化的基本要求，明确了企业文化关键控制点及其相应的控制措施，是企业构建与实施企业文化内部控制的最直接的依据。企业应认真学习领会《企业内部控制基本规范》、《企业内部控制应用指引第 5 号——企业文化》等法律法规的精神实质和原则要求，并以此为起点构建和实施企业文化内部控制。涉及评价单位层面的企业文化内部控制评价依据包括企业制定的《企业文化管理制度》、《企业文化授权制度和审核批准制度》、《企业文化的岗位责任制》等。在编制了《企业内部控制管理手册》的企业，该手册中的企业文化内部控制矩阵既是企业文化内部控制评价的对象，也是最为直接的评价依据。

2. 评价内容

企业文化内部控制评价内容，总体来说就是评价企业文化内部控制的设计和

运行的有效性，包括过程和结果两个层面，具体评价范围包括企业文化的建设、企业文化的评估等。具体评价内容因评价单位开展企业文化情况的不同而不同，也因被评价单位内部控制成熟度的不同而不同。中天恒 3C 框架研究确定的企业文化内部控制评价内容分为企业文化内部控制设计和执行两个方面，分别包括了过程和结果两个层面，具体内容见表 7－1。

表 7－1　　中天恒 3C 框架企业文化内部控制评价内容表

流程编号	一级流程	评价范围	关键环节	评价内容		评价重点
				过程评价	结果评价	
3C05	企业文化	内控设计	现状梳理	企业文化现状梳理情况	企业文化现状梳理结果	
			风险评估	企业文化风险评估情况	企业文化风险评估结果	
			控制要点	企业文化控制要点及关键控制确定情况	企业文化控制要点及关键控制确定结果	
			控制目标	企业文化控制目标的确定及其分解情况	企业文化控制目标的确定及其分解结果	
			控制措施	企业文化控制措施确定情况	企业文化控制措施确定结果	√
			控制证据	企业文化控制证据设计情况	企业文化控制证据设计结果	
			制度优化	企业文化管理制度优化情况	企业文化管理制度优化结果	
			控制图表	企业文化控制图表绘制情况	企业文化控制图表绘制结果	
			控制矩阵	企业文化控制矩阵编制情况	企业文化控制矩阵编制结果	√
		内控运行	岗位设置	企业文化岗位设置情况	企业文化岗位设置结果	
			职责分工	企业文化职责分工情况	企业文化职责分工结果	
			制度执行	企业文化制度执行情况	企业文化制度执行结果	√
			措施落实	企业文化控制措施落实情况	企业文化控制措施落实结果	
			内控监督	企业文化内控监督情况	企业文化内控监督结果	√
			内控考核	企业文化内控考核情况	企业文化内控考核结果	
			信息系统	企业文化内控信息化情况	企业文化内控信息化结果	
			管理融合	企业文化内控与业务管理融合情况	企业文化内控与业务管理融合结果	
			持续改进	企业文化内控持续改进情况	企业文化内控持续改进结果	

2.1　设计有效性评价

企业文化内部控制的设计有效性评价包括设计过程和设计结果两个层面。企业文化内部控制设计结果有效性的前提是设计过程要有效，因此，要重视企业文化内部控制设计过程有效性的评价，不能仅对企业文化内部控制设计结果有效性进行评价。

2.2 运行有效性评价

企业文化内部控制的运行有效性评价包括运行过程和运行结果两个层面。总体说来，企业文化内部控制运行评价的要点包括：已经设计完成的企业文化内部控制及其相关的管理制度是否有效执行，是否有效控制了企业文化风险；已经设计有效的企业文化各控制点的控制措施是否有效实施，是否有效防止了各控制环节的风险；是否建立企业文化内部控制执行情况文档；是否根据业务、监管要求或法律法规等的变化持续改进企业文化内部控制等。实践中，企业文化内部控制运行层面普遍存在已有的控制在实际中没有执行、内部控制形同虚设、企业文化风险未有效控制等问题。企业文化内部控制的运行有效性评价的重点是控制制度及其措施的执行情况。

3. 评价程序

企业文化内部控制评价程序，就实施阶段来说，主要包括对企业文化内部控制进行调查了解、控制测试、缺陷认定、综合评价等程序。中天恒3C框架研究设计的企业文化内部控制评价总体程序见表7－2。

表7－2　　中天恒3C框架企业文化内部控制评价总体程序表

被评价单位名称		被评价单位编码		索引编号	0	页次	
业务流程名称	企业文化	业务流程编号	3C05	编制人		编制时间	
评价期间		截止日期		复核人		复核时间	

序号	基本程序	细分程序	执行情况说明	工作底稿索引号
1	调查了解	企业文化内部控制有效性调查		A
2	控制测试	企业文化内部控制设计有效性测试		B1
		企业文化内部控制执行有效性测试		B2
3	缺陷认定	企业文化内部控制缺陷认定		C
4	综合评价	企业文化内部控制评分结果汇总		D1
		企业文化内部控制评价结果汇总		D2
说明	1. 每一个评价程序可细分若干具体程序。 5. 上述程序可结合进行，以提高评价工作效率。 5. 在执行每一步骤后，应填写“执行情况说明”一栏，以此作为对企业文化内部控制综合评价的依据。			

3.1 调查了解

调查了解企业文化内部控制设计和运行的情况，是对企业文化内部控制评价实施阶段的首要环节。调查了解仅作为了解企业文化内部控制设计和运行的情况的手段，不能直接形成企业文化内部控制设计和运行有效性的结论。这项工作是在内部控制评价总体工作的准备阶段的基础上进行的，涉及的具体内容很多，因单位的不同而不同。对企业文化内部控制调查了解的方法有文字叙述法、调查表法、流程图法、控制矩阵法等。这些方法各有其特点，经常综合运用。中天恒3C框架企业文化内部控制调查问卷见表7－3。

表7－3　　中天恒3C框架企业文化内部控制调查问卷

<table>
<tr><td colspan="2">被调查单位名称</td><td></td><td colspan="2">被调查单位编码</td><td></td><td>索引编号</td><td>A</td><td>页次</td><td></td></tr>
<tr><td colspan="2">业务流程名称</td><td>企业文化</td><td colspan="2">业务流程编号</td><td>3C05</td><td>调查人</td><td></td><td>调查时间</td><td></td></tr>
<tr><td colspan="2">调查期间</td><td></td><td colspan="2">截止日期</td><td></td><td>复核人</td><td></td><td>复核时间</td><td></td></tr>
<tr><td rowspan="2">调查项目</td><td rowspan="2">调查范围</td><td rowspan="2">调查环节</td><td rowspan="2">调查内容</td><td colspan="3">调查结果</td><td rowspan="2">证据名称</td><td rowspan="2">被调查部门</td><td rowspan="2">被调查人</td></tr>
<tr><td>是</td><td>否</td><td>不适应</td></tr>
<tr><td rowspan="8">企业文化</td><td rowspan="8">内控设计</td><td rowspan="2">现状梳理</td><td>是否进行了企业文化现状梳理</td><td></td><td></td><td></td><td rowspan="2">《企业文化内部管理制度或相关文件情况表》、《企业文化流程目录》、《企业文化业务现状流程图》等</td><td rowspan="2"></td><td rowspan="2"></td></tr>
<tr><td>企业文化现状梳理是否有效</td><td></td><td></td><td></td></tr>
<tr><td rowspan="2">风险评估</td><td>是否进行了企业文化风险评估</td><td></td><td></td><td></td><td rowspan="2">《企业文化风险及其描述表》、《企业文化风险分析表》、《企业文化风险评价表》、《企业文化风险应对策略表》、《企业文化业务风险数据库》、《企业文化重大风险解决方案》等</td><td rowspan="2"></td><td rowspan="2"></td></tr>
<tr><td>企业文化风险评估是否有效</td><td></td><td></td><td></td></tr>
<tr><td rowspan="2">控制要点</td><td>是否进行了企业文化控制要点及关键控制的确定</td><td></td><td></td><td></td><td rowspan="2">《企业文化控制要点及其关键控制表》等</td><td rowspan="2"></td><td rowspan="2"></td></tr>
<tr><td>企业文化控制要点及关键控制的确定是否有效</td><td></td><td></td><td></td></tr>
<tr><td rowspan="2">控制目标</td><td>是否进行了企业文化控制目标的确定及其分解</td><td></td><td></td><td></td><td rowspan="2">《企业文化内部控制目标表》等</td><td rowspan="2"></td><td rowspan="2"></td></tr>
<tr><td>企业文化控制目标的确定及其分解是否有效</td><td></td><td></td><td></td></tr>
</table>

续表

调查项目	调查范围	调查环节	调查内容	调查结果			证据名称	被调查部门	被调查人
				是	否	不适应			
企业文化	内控设计	控制措施	是否进行了企业文化控制措施的确定				《企业文化内部控制措施表》等		
			企业文化控制措施的确定是否有效						
		控制证据	是否进行了企业文化控制证据的设计				《企业文化控制证据表》等		
			企业文化控制证据设计是否有效						
		制度优化	是否进行了企业文化管理制度的优化				《企业文化制度完善建议表》等		
			企业文化管理制度的优化是否有效						
		控制图表	是否绘制了企业文化控制流程图				《企业文化控制流程图》等		
			绘制的企业文化控制流程图是否有效						
		控制矩阵	是否编制了企业文化控制流矩阵				《企业文化控制矩阵》等		
			编制的企业文化制矩阵是否有效						
	内控运行	岗位设置	是否设置了必要的企业文化岗位				《企业文化岗位设置图》等		
			设置企业文化岗位是否有效						
		职责分工	是否有明确的企业文化职责分工				《企业文化职责分工制度》等		
			企业文化职责分工是否有效						

续表

调查项目	调查范围	调查环节	调查内容	调查结果			证据名称	被调查部门	被调查人
				是	否	不适应			
企业文化	内控运行	制度执行	是否颁布实施了已经设计的企业文化控制制度				《企业文化管理制度》等		
			企业文化控制制度执行是否有效						
		措施落实	是否实施了已经设计的企业文化控制措施				《企业文化控制措施表》等		
			企业文化控制措施运行是否有效						
		内控监督	是否进行企业文化内控监督检查				《企业文化内控监督情况报告》等		
			企业文化内控监督结果是否有效						
		信息系统	是否进行企业文化内控信息化建设				《企业文化内控信息化建设情况报告》等		
			企业文化内控信息化建设结果是否有效						
		内控考核	是否进行企业文化内控考核				《企业文化内控考核情况报告》等		
			企业文化内控考核结果是否有效						
		持续改进	是否根据业务、监管要求或法律法规等的变化持续维护企业文化内部控制				《企业文化内控持续改进情况表》等		
			企业文化内控持续改进结果是否有效						

调查结论	内控可信赖度					是否需要作进一步测试	
	高	较高	中	较低	低	是	否
	简要描述						

3.2 现场测试

企业文化内部控制现场测试，就是测试企业文化内部控制设计和运行的有效性。对企业文化内部控制进行测试，可以根据具体情况实施详查或者抽样测试，具体测试方式包括跟单测试和关键控制测试等。

（1）企业文化内部控制设计有效性测试。

评价人员在测试企业文化控制设计的有效性时，应当综合运用询问适当人员、观察经营活动和检查相关文件等程序。企业文化内部控制设计有效性测试方式一般采用跟单测试方式。中天恒3C框架研究开发的企业文化内部控制设计有效性测试矩阵表见表7－4。

表7－4　　中天恒3C框架企业文化内部控制设计有效性测试矩阵表

被测试单位名称		被测试单位编码		索引编号	B1	页次	
业务流程名称	企业文化	业务流程编号	3C05	测试人		测试时间	
测试期间		截止日期		复核人		复核时间	

流程编号	测试范围	关键环节	测试要点及分值		证据材料	测试程序	测试结果	实际得分	交叉索引
			过程测试（50分）	结果测试（50分）					
企业文化3C05	内控设计	现状梳理	企业文化现状梳理情况	企业文化现状梳理结果	《企业文化内部管理制度或相关文件情况表》、《企业文化流程目录》、《企业文化业务现状流程图》	审阅材料 访谈人员 抽样检查			B1－1－1 B1－1－2 B1－1－3
		风险评估	企业文化风险评估情况	企业文化风险评估结果	《企业文化风险及其描述表》、《企业文化风险分析表》、《企业文化风险评价表》、《企业文化风险应对策略表》、《企业文化业务风险数据库》、《企业文化重大风险解决方案》等	审阅材料 访谈人员 抽样检查 重新执行			B1－2－1 B1－2－2 B1－2－3 B1－2－4
		控制要点	企业文化控制要点及关键控制落实情况	企业文化控制要点及关键控制确定结果	《企业文化控制要点及其关键控制表》等	审阅材料 访谈人员 抽样检查			B1－3－1 B1－3－2 B1－3－3

续表

流程编号	测试范围	关键环节	测试要点及分值		证据材料	测试程序	测试结果	实际得分	交叉索引
			过程测试（50 分）	结果测试（50 分）					
企业文化 3C05	内控设计	控制目标	企业文化控制目标确定及其分解情况	企业文化控制目标确定及其分解结果	《企业文化内部控制目标表》等	审阅材料 访谈人员			B1－4－1 B1－4－2
		控制措施	企业文化控制措施落实情况	企业文化控制措施确定结果	《企业文化内部控制措施表》等	审阅材料 访谈人员 抽样检查 重新执行			B1－5－1 B1－5－2 B1－5－3 B1－5－4
		控制证据	企业文化控制证据设计情况	企业文化控制证据设计结果	《企业文化控制证据表》等	审阅材料 访谈人员			B1－6－1 B1－6－2
		制度优化	企业文化管理制度优化情况	企业文化管理制度优化结果	《企业文化制度完善建议表》等	审阅材料 访谈人员			B1－7－1 B1－7－2
		控制图表	企业文化控制流程图绘制情况	企业文化控制流程图绘制结果	《企业文化控制流程图》等	审阅材料 访谈人员			B1－8－1 B1－8－2
		控制矩阵	企业文化控制矩阵编制情况	企业文化控制矩阵编制结果	《企业文化控制矩阵》等	审阅材料 访谈人员			B1－9－1 B1－9－2
汇总						编制汇总表			

测试结论	设计无效							设计有效	
	是	控制薄弱环节说明						是	良好实践
		设计的控制不符合实际	应有的控制不存在	风险识别不准确	未设计控制证据	控制矩阵编制不规范	其他		

（2）化内部控制运行有效性测试。

评价人员在测试企业文化内部控制运行的有效性时，应当综合运用审阅文件资料、询问相关人员、观察业务活动以及重新执行控制等程序。在企业文化内部控制执行有效性评价过程中，评价人员应将企业文化每个业务流程的每个控制点的测试程序、方法和结果记录于内部控制执行有效性测试底稿。当企业文化业务流程测试结束后，评价人员应将各个流程和控制点的执行有效性测试结果进行汇总，记录于内部控制执行有效性评估汇总表。企业文化内部控制运行有效性测试方式一般采用关键控制测试，即建立样本库，再按照样本发生频率、样本库总量的大小区分，抽取相应数量的样本进行测试。企业文化内部控制运行有效性测试重点是对关键控制测试。中天恒 3C 框架研究开发的企业文化内部控制运行有效性测试矩阵表见表 7 – 5。

表 7 – 5　　中天恒 3C 框架企业文化内部控制运行有效性测试矩阵表

被测试单位名称			被测试单位编码		索引编号	B2	页次		
业务流程名称			企业文化	业务流程编号	3C05	测试人		测试时间	
测试期间				截止日期		复核人		复核时间	
流程编号	测试范围	实施环节	测试要点及分值		证据材料	测试程序	测试结果	实际得分	交叉索引
			过程测试（50 分）	结果测试（50 分）					
企业文化 3C05	内控运行	岗位设置	企业文化岗位设置情况	企业文化岗位设置结果	《企业文化岗位设置图》等	审阅材料 访谈人员			B2 – 1 – 1 B2 – 1 – 2
		职责分工	企业文化职责分工情况	企业文化职责分工结果	《企业文化职责分工制度》等	观察业务 抽样检查 重新执行			B2 – 2 – 1 B2 – 2 – 2 B2 – 2 – 3
		制度执行	企业文化控制制度执行情况	企业文化控制制度执行结果	《企业文化管理制度》等	审阅材料 访谈人员 抽样检查			B2 – 3 – 1 B2 – 3 – 2 B2 – 3 – 3
		措施落实	企业文化控制措施运行情况	企业文化控制措施运行结果	《企业文化控制措施表》等	审阅材料 访谈人员 抽样检查			B2 – 4 – 1 B2 – 4 – 2 B2 – 4 – 3
		内控监督	企业文化内控监督检查情况	企业文化内控监督检查结果	《企业文化内控监督情况报告》等	审阅材料 访谈人员			B2 – 5 – 1 B2 – 5 – 2
		信息系统	企业文化内控信息化建设情况	企业文化内控信息化建设结果	《企业文化内控信息化建设情况报告》等	审阅材料 访谈人员			B2 – 6 – 1 B2 – 6 – 2

续表

流程编号	测试范围	实施环节	测试要点及分值		证据材料	测试程序	测试结果	实际得分	交叉索引
			过程测试（50分）	结果测试（50分）					
企业文化3C05	内控运行	内控考核	企业文化内控考核情况	企业文化内控考核结果	《企业文化内控考核情况报告》等	审阅材料 访谈人员			B2－7－1 B2－7－2
		管理融合	企业文化内控与企业文化业务和管理相融合情况	企业文化内控与企业文化业务和管理相融合结果		审阅材料 访谈人员			B2－8－1 B2－8－2
		持续改进	企业文化内控持续改进情况	企业文化内控持续改进结果	《企业文化内控持续改进情况表》等	审阅材料 访谈人员			B2－9－1 B2－9－2
汇总						编制汇总表			

测试结论	设计无效							设计有效	
	是	控制薄弱环节说明							
		制度未执行	措施未落实	控制证据不足	设计不适应	监控不力	其他	是	良好实践

3.3　认定缺陷

企业文化内部控制认定缺陷，就是对企业文化内部控制设计缺陷和运行缺陷的认定，并要按照缺陷的影响程度把企业文化内部控制缺陷分为重大缺陷、重要缺陷和一般缺陷。在具体的企业文化内部控制缺陷认定过程，评价人员应将已经调查了解到的企业文化内部控制系统的现状与事先确定的内部控制标准模式进行对照，以揭示哪些法规规定的控制程序未被采用。对对照中发现的企业文化控制缺陷，应当按照不同内容分类，汇集记录在内部控制内部控制缺陷认定矩阵表中，并编制企业文化内部控制缺陷认定表。控制缺陷认定矩阵表、认定表见表7－6、表7－7。

表 7－6　　中天恒 3C 框架企业文化内部控制缺陷认定矩阵表

被评价单位名称		被评价单位编码		索引编号	C	页次	
业务流程名称	企业文化	业务流程编号	3C05	评价人		评价时间	
评价期间		截止日期		复核人		复核时间	

流程编号	一级流程	末级流程	关键控制	缺陷类型	缺陷描述	缺陷来源	缺陷性质			认定程序	认定索引	对报表影响	补偿性控制	整改意见
							一般缺陷	重大缺陷	重要缺陷					
3C05	企业文化									认定缺陷 提出建议	C－1 C－2			

表 7－7　　中天恒 3C 框架企业文化内部控制缺陷认定表

被评价单位名称		被评价单位编码		索引编号	C－1	页次	
业务流程名称	企业文化	业务流程编号	3C05	评价人		评价时间	
关键控制名称		关键控制编号		复核人		复核时间	
影响会计科目		评价期间				截止日期	

缺陷类型	缺陷描述	认定标准	评价组初步认定意见	评价部门或经理层或董事会认定意见
被评价单位（或当事人）意见及相关说明				
缺陷事项证据资料				

3.4　综合评价

企业文化综合评价，就是指在企业文化内部控制现场测试结果的基础上对企业文化内部控制有效性作出的最终评价，主要工作是汇总企业文化业务的评价结果。企业文化内部控制评价工作应遵循整理资料、分析影响、形成结论、反馈意见等综合评价的基本步骤。企业文化综合评价的方法很多，比较常用的是评分法。企业文化评分法可分别对企业文化内部控制设计有效性和运行有效性进行评分，也可以进行综合评分。企业文化内部控制综合评价结果可编制评价结果汇总表或绘制成评价图。中天恒 3C 框架企业文化内部控制评分结果汇总表见表 7－8。

表 7-8　　中天恒 3C 框架企业文化内部控制评分结果汇总表

被评价单位名称		被评价单位编码		索引编号	D-1	页次	
业务流程名称	企业文化	业务流程编号	3C05	评价人		评价时间	
关键控制名称		关键控制编号		复核人		复核时间	
影响会计科目		评价期间				截止日期	

流程编号	一级流程	二级流程	评价要点	控制设计评分（50%）			控制执行评分（50%）			综合评分	
				标准分值	实际得分	评价结果	标注分值	实际得分	评价结果	实际得分	评价结果
3C05	企业文化										
3C05.01		企业文化的建设									
3C05.05		企业文化的评估									

八、资金活动内部控制评价实务及其模板

1. 概述

1.1 评价概念

资金活动内部控制评价是内部控制评价业务层面的重要内容之一，是对资金活动内部控制设计及运行有效性的评价。因此，加强资金活动内部控制评价工作，有利于促使企业建立健全和有效执行资金活动内部控制，从而有效控制资金活动风险。

1.2 评价目标

资金活动内部控制评价目标，就是保证资金活动内部控制设计和运行的有效性，促使企业预防和控制资金活动风险。

1.3 评价依据

资金活动内部控制评价依据是国家关于货币资金管理方面的法律法规、企业制定的货币资金管理制度及其《企业内部控制手册》有关货币资金部分的内容。具体依据因评价单位的不同而有所不同。一般来说，涉及国家法律法规层面的资金活动内部控制评价依据包括《中国人民共和国会计法》、《企业内部控制基本规范》、《企业内部控制应用指引第6号——资金活动》等。涉及评价单位层面的资金活动内部控制评价依据包括企业制定的《会计核算办法》、《会计基础工作标准》、《资金管理办法》、《货币资金管理制度》、《资金授权制度和审核批准制度》、《资金业务的岗位责任制》、《财务岗位轮换制度》、《强制休假制度》、《内部稽核制度》、《报销审批审核制度》、《现金管理办法》、《支付结算细则》、《银行对账细则》、《票据管理办法》、《印章管理办法》、《监督检查制度》等。在编制了《企业内部控制管理手册》的企业，该手册中的资金活动内部控制矩阵既是资金活动内部控制评价的对象，也是最为直接的评价依据。

2. 评价内容

资金活动内部控制评价内容，总体来说就是评价资金活动内部控制的设计和运行的有效性，包括过程和结果两个层面，具体评价范围包括筹资、投资、营运

等主要资金活动业务。具体评价内容因评价单位开展资金活动业务情况的不同而不同，也因被评价单位内部控制成熟度的不同而不同。这里需要特别说明的是，对还没有进行内部控制系统设计的评价单位，并不能说就不存在资金活动内部控制的设计，可能是有意无意在相关制度中体现了资金活动内部控制设计，可结合资金活动执行的测试，重点评价资金活动内部控制设计结果的有效性。中天恒3C框架研究确定的资金活动内部控制评价内容分为资金活动内部控制设计和执行两个方面，分别包括了过程和结果两个层面，具体内容见表8－1。

表8－1　　中天恒3C框架资金活动内部控制评价内容表

流程编号	一级流程	评价范围	关键环节	评价内容		评价重点
				过程评价	结果评价	
3C06	资金活动	内控设计	现状梳理	资金活动现状梳理情况	资金活动现状梳理结果	
			风险评估	资金活动风险评估情况	资金活动风险评估结果	
			控制要点	资金活动控制要点及关键控制确定情况	资金活动控制要点及关键控制确定结果	
			控制目标	资金活动控制目标的确定及其分解情况	资金活动控制目标的确定及其分解结果	
			控制措施	资金活动控制措施确定情况	资金活动控制措施确定结果	√
			控制证据	资金活动控制证据设计情况	资金活动控制证据设计结果	
			制度优化	资金活动管理制度优化情况	资金活动管理制度优化结果	
			控制图表	资金活动控制图表绘制情况	资金活动控制图表绘制结果	
			控制矩阵	资金活动控制矩阵编制情况	资金活动控制矩阵编制结果	√
		内控运行	岗位设置	资金活动岗位设置情况	资金活动岗位设置结果	
			职责分工	资金活动职责分工情况	资金活动职责分工结果	
			制度执行	资金活动制度执行情况	资金活动制度执行结果	√
			措施落实	资金活动控制措施落实情况	资金活动控制措施落实结果	
			内控监督	资金活动内控监督情况	资金活动内控监督结果	√
			内控考核	资金活动内控考核情况	资金活动内控考核结果	
			信息系统	资金活动内控信息化情况	资金活动内控信息化结果	
			管理融合	资金活动内控与业务管理融合情况	资金活动内控与业务管理融合结果	
			持续改进	资金活动内控持续改进情况	资金活动内控持续改进结果	

2.1 设计有效性评价

资金活动内部控制的设计有效性评价包括设计过程和设计结果两个层面。资金活动内部控制设计结果有效性的前提是设计过程要有效，因此，要重视资金活动内部控制设计过程有效性的评价，不能仅对资金活动内部控制设计结果有效性进行评价。理论上，资金活动内部控制设计评价的要点包括：是否有明确的规章制度、工作手册等详细描述资金活动内部控制；关于资金活动内部控制设计是否全面、合理，是否可以涵盖企业的所有资金活动业务活动，是否与企业经营规模及业务复杂程度相一致；关键业务的控制设计是否包括筹资、投资和营运等。实践中，内部控制设计层面普遍存在的问题主要有：应有的控制不存在或不完善；不相容岗位未进行分离；已有的控制没有要求必要的实施证据；已有的控制缺乏必要的规章制度或制度不完善；已有的控制没有在流程图中进行描述等。

2.2 运行有效性评价

资金活动内部控制的运行有效性评价包括运行过程和运行结果两个层面。总体说来，资金活动内部控制运行评价的要点包括：已经设计完成的资金活动内部控制及其相关的管理制度是否有效执行，是否有效控制了资金活动风险；已经设计有效的资金活动各控制点的控制措施是否有效实施，是否有效防止了各控制环节的风险；是否建立资金活动内部控制执行情况文档；是否根据业务、监管要求或法律法规等的变化持续改进资金活动内部控制等。实践中，资金活动内部控制运行层面普遍存在的问题是已有的控制在实际中没有执行、内部控制形同虚设、资金活动风险未有效控制，导致资金活动被挪用、贪污等。资金活动内部控制的运行有效性评价重点是控制制度及其措施的执行情况。

3. 评价程序

资金活动内部控制评价程序，就实施阶段来说，主要包括对资金活动内部控制进行调查了解、控制测试、缺陷认定、综合评价等程序。中天恒3C框架研究设计的资金活动内部控制评价总体程序见表8－2。

表8－2　　中天恒3C框架资金活动内部控制评价总体程序表

被评价单位名称		被评价单位编码		索引编号	0	页次	
业务流程名称	资金活动	业务流程编号	3C06	编制人		编制时间	
评价期间		截止日期		复核人		复核时间	

序号	基本程序	细分程序	执行情况说明	工作底稿索引号
1	调查了解	资金活动内部控制有效性调查		A

续表

序号	基本程序	细分程序	执行情况说明	工作底稿索引号
2	控制测试	资金活动内部控制设计有效性测试		B1
		资金活动内部控制执行有效性测试		B2
3	缺陷认定	资金活动内部控制缺陷认定		C
4	综合评价	资金活动内部控制评分结果汇总		D1
		资金活动内部控制评价结果汇总		D2
说明	1. 每一个评价程序可细分若干具体程序。 2. 上述程序可结合进行，以提高评价工作效率。 3. 在执行每一步骤后，应填写“执行情况说明”一栏，以此作为对资金活动内部控制综合评价的依据。			

3.1 调查了解

调查了解资金活动内部控制设计和运行的情况，是对资金活动内部控制评价实施阶段的首要环节。调查了解仅作为了解资金活动内部控制设计和运行的情况的手段，不能直接形成资金活动内部控制设计和运行有效性的结论。这项工作是在内部控制评价总体工作的准备阶段的基础上进行的，涉及具体内容很多，因单位的不同而不同。对资金活动内部控制调查了解的方法有文字叙述法、调查表法、流程图法、控制矩阵法等。这些方法各有其特点，经常综合运用。在资金活动内部控制评价的实践中，比较常用的是调查表法，控制矩阵法的应用还在探索之中。

资金活动内部控制调查表内容因单位不同而不同，但基本格式是比较统一的，包括调查内容、调查时间、被调查人、调查结论等。中天恒3C框架研制的资金活动内部控制调查表将调查范围分为资金活动内部控制设计和执行两个方面，包括了过程和结果两个层面，强调了要提供控制证据，具体格式及要素见表8－3。评价人员在实际应用该表时可按筹资、投资、营运等具体业务分别进行调查，这样更具有针对性。在实际评价工作中，为提高资金活动内部控制评价效率，调查了解工作应同资金活动现场测试工作一并进行，不宜为满足调查而走形式。

用控制矩阵来调查了解并描述资金活动内部控制现状，可同现行的内部控制设计工具相衔接，与后续的资金活动内部控制测试底稿相一致，是个比较好的工具。中天恒3C框架资金活动内部控制调查问卷见表8－3。

表 8－3　　　　中天恒 3C 框架资金活动内部控制调查问卷

被调查单位名称		被调查单位编码		索引编号	A	页次	
业务流程名称	资金活动	业务流程编号	3C06	调查人		调查时间	
调查期间		截止日期		复核人		复核时间	

调查项目	调查范围	调查环节	调查内容	调查结果			证据名称	被调查部门	被调查人
				是	否	不适应			
资金活动	内控设计	现状梳理	是否进行了资金活动现状梳理				《资金活动内部管理制度或相关文件情况表》、《资金活动流程目录》、《资金活动业务现状流程图》等		
			资金活动现状梳理是否有效						
		风险评估	是否进行了资金活动风险评估				《资金活动风险及其描述表》、《资金活动风险分析表》、《资金活动风险评价表》、《资金活动风险应对策略表》、《资金活动业务风险数据库》、《资金活动重大风险解决方案》等		
			资金活动风险评估是否有效						
		控制要点	是否进行了资金活动控制要点及关键控制的确定				《资金活动控制要点及其关键控制表》等		
			资金活动控制要点及关键控制的确定是否有效						
		控制目标	是否进行了资金活动控制目标的确定及其分解				《资金活动内部控制目标表》等		
			资金活动控制目标的确定及其分解是否有效						
		控制措施	是否进行了资金活动控制措施的确定				《资金活动内部控制措施表》等		
			资金活动控制措施的确定是否有效						

续表

调查项目	调查范围	调查环节	调查内容	调查结果			证据名称	被调查部门	被调查人
				是	否	不适应			
资金活动	内控设计	控制证据	是否进行了资金活动控制证据的设计				《资金活动控制证据表》等		
			资金活动控制证据设计是否有效						
		制度优化	是否进行了资金活动管理的制度优化				《资金活动制度完善建议表》等		
			资金活动管理制度的优化是否有效						
		控制图表	是否绘制了资金活动控制流程图				《资金活动控制流程图》等		
			绘制的资金活动控制流程图是否有效						
		控制矩阵	是否编制了资金活动控制流矩阵				《资金活动控制矩阵》等		
			编制的资金活动制矩阵是否有效						
	内控运行	岗位设置	是否设置了必要的资金活动岗位				《资金活动岗位设置图》等		
			设置资金活动岗位是否有效						
		职责分工	是否有明确的资金活动职责分工				《资金活动职责分工制度》等		
			资金活动职责分工是否有效						
		制度执行	是否颁布实施了已经设计的资金活动控制制度				《资金活动管理制度》等		
			资金活动控制制度执行是否有效						

续表

调查项目	调查范围	调查环节	调查内容	调查结果			证据名称	被调查部门	被调查人
				是	否	不适应			
资金活动	内控运行	措施落实	是否实施了已经设计的资金活动控制措施				《资金活动控制措施表》等		
			资金活动控制措施运行是否有效						
		内控监督	是否进行资金活动内控监督检查				《资金活动内控监督情况报告》等		
			资金活动内控监督结果是否有效						
		信息系统	是否进行资金活动内控信息化建设				《资金活动内控信息化建设情况报告》等		
			资金活动内控信息化建设结果是否有效						
		内控考核	是否进行资金活动内控考核				《资金活动内控考核情况报告》等		
			资金活动内控考核结果是否有效						
		管理融合	资金活动内控是否与资金活动业务和管理相融合						
		持续改进	是否根据业务、监管要求或法律法规等的变化持续维护资金活动内部控制				《资金活动内控持续改进情况表》等		
			资金活动内控持续改进结果是否有效						

调查结论	内控可信赖度					是否需要作进一步测试	
	高	较高	中	较低	低	是	否
	简要描述						

3.2 现场测试

资金活动内部控制现场测试，就是测试资金活动内部控制设计和运行的有效性。对资金活动内部控制进行测试，可以根据具体情况实施详查或者抽样测试，具体测试方式包括跟单测试和关键控制测试等。

（1）资金活动内部控制设计有效性测试。

评价人员在测试资金活动控制设计的有效性时，应当综合运用询问适当人员、观察经营活动和检查相关文件等程序。资金活动内部控制设计有效性测试方式一般采用跟单测试方式。中天恒3C框架研究开发资金活动内部控制设计有效性测试矩阵表见表8－4。

表8－4　　中天恒3C框架资金活动内部控制设计有效性测试矩阵表

被测试单位名称		被测试单位编码		索引编号	B1	页次	
业务流程名称	关键环节	业务流程编号	3C06	测试人		测试时间	
测试期间		截止日期		复核人		复核时间	

流程编号	测试范围	关键环节	测试要点及分值 过程测试（50分）	 结果测试（50分）	证据材料	测试程序	测试结果	实际得分	交叉索引
资金活动3C06	内控设计	现状梳理	资金活动现状梳理情况	资金活动现状梳理结果	《资金活动内部管理制度或相关文件情况表》、《资金活动流程目录》、《资金活动业务现状流程图》	审阅材料 访谈人员 抽样检查			B1－1－1 B1－1－2 B1－1－3
		风险评估	资金活动风险评估情况	资金活动风险评估结果	《资金活动风险及其描述表》、《资金活动风险分析表》、《资金活动风险评价表》、《资金活动风险应对策略表》、《资金活动业务风险数据库》、《资金活动重大风险解决方案》等	审阅材料 访谈人员 抽样检查 重新执行			B1－2－1 B1－2－2 B1－2－3 B1－2－4
		控制要点	资金活动控制要点及关键控制确定情况	资金活动控制要点及关键控制确定结果	《资金活动控制要点及其关键控制表》等	审阅材料 访谈人员 抽样检查			B1－3－1 B1－3－2 B1－3－3
		控制目标	资金活动控制目标确定及其分解情况	资金活动控制目标确定及其分解结果	《资金活动内部控制目标表》等	审阅材料 访谈人员			B1－4－1 B1－4－2

续表

流程编号	测试范围	关键环节	测试要点及分值		证据材料	测试程序	测试结果	实际得分	交叉索引
			过程测试（50分）	结果测试（50分）					
资金活动3C06	内控设计	控制措施	资金活动控制措施确定情况	资金活动控制措施确定结果	《资金活动内部控制措施表》等	审阅材料 访谈人员 抽样检查 重新执行			B1－5－1 B1－5－2 B1－5－3 B1－5－4
		控制证据	资金活动控制证据设计情况	资金活动控制证据设计结果	《资金活动控制证据表》等	审阅材料 访谈人员			B1－6－1 B1－6－2
		制度优化	资金活动管理制度优化情况	资金活动管理制度优化结果	《资金活动制度完善建议表》等	审阅材料 访谈人员			B1－7－1 B1－7－2
		控制图表	资金活动控制流程图绘制情况	资金活动控制流程图绘制结果	《资金活动控制流程图》等	审阅材料 访谈人员			B1－8－1 B1－8－2
		控制矩阵	资金活动控制矩阵编制情况	资金活动控制矩阵编制结果	《资金活动控制矩阵》等	审阅材料 访谈人员			B1－9－1 B1－9－2
汇总						编制汇总表			

测试结论	设计无效							设计有效	
	是	控制薄弱环节说明							
		设计的控制不符合实际	应有的控制不存在	风险识别不准确	未设计控制证据	控制矩阵编制不规范	其他	是	良好实践

（2）资金活动内部控制运行有效性测试。

评价人员在测试资金活动内部控制运行的有效性时，应当综合运用审阅文件资料、询问相关人员、观察业务活动以及重新执行控制等程序。在资金活动内部控制执行有效性评价过程中，评价人员应将资金活动每个业务流程的每个控制点的测试程序、方法和结果记录于内部控制执行有效性测试底稿。当资金活动业务流程测试结束后，评价人员应将各个流程和控制点的执行有效性测试结果进行汇总，记录于内部控制执行有效性评估汇总表。资金活动内部控制运行有效性测试方式一般采用关键控制测试，即建立样本库，再按照样本发生频率、样本库总量的大小区分，抽取相应数量的样本进行测试。资金活动内部控制运行有效性测试的重点是对关键控制测试。中天恒3C框架研究开发的资金活动内部控制运行有效性测试矩阵表见表8-5。

表8-5　中天恒3C框架资金活动内部控制运行有效性测试矩阵表

<table>
<tr><td colspan="3">被测试单位名称</td><td></td><td>被测试单位编码</td><td></td><td>索引编号</td><td>B2</td><td>页次</td><td></td></tr>
<tr><td colspan="3">业务流程名称</td><td>资金活动</td><td>业务流程编号</td><td>3C06</td><td>测试人</td><td></td><td>测试时间</td><td></td></tr>
<tr><td colspan="3">测试期间</td><td></td><td>截止日期</td><td></td><td>复核人</td><td></td><td>复核时间</td><td></td></tr>
<tr><td rowspan="2">流程编号</td><td rowspan="2">测试范围</td><td rowspan="2">关键环节</td><td colspan="2">测试要点及分值</td><td rowspan="2">证据材料</td><td rowspan="2">测试程序</td><td rowspan="2">测试结果</td><td rowspan="2">实际得分</td><td rowspan="2">交叉索引</td></tr>
<tr><td>过程测试（50分）</td><td>结果测试（50分）</td></tr>
<tr><td rowspan="7">资金活动3C06</td><td rowspan="7">内控运行</td><td>岗位设置</td><td>资金活动岗位设置情况</td><td>资金活动岗位设置结果</td><td>《资金活动岗位设置图》等</td><td>审阅材料
访谈人员</td><td></td><td></td><td>B2-1-1
B2-1-2</td></tr>
<tr><td>职责分工</td><td>资金活动职责分工情况</td><td>资金活动职责分工结果</td><td>《资金活动职责分工制度》等</td><td>观察业务
抽样检查
重新执行</td><td></td><td></td><td>B2-2-1
B2-2-2
B2-2-3</td></tr>
<tr><td>制度执行</td><td>资金活动控制制度执行情况</td><td>资金活动控制制度执行结果</td><td>《资金活动管理制度》等</td><td>审阅材料
访谈人员
抽样检查</td><td></td><td></td><td>B2-3-1
B2-3-2
B2-3-3</td></tr>
<tr><td>措施落实</td><td>资金活动控制措施运行情况</td><td>资金活动控制措施运行结果</td><td>《资金活动控制措施表》等</td><td>审阅材料
访谈人员
抽样检查</td><td></td><td></td><td>B2-4-1
B2-4-2
B2-4-3</td></tr>
<tr><td>内控监督</td><td>资金活动内控监督检查情况</td><td>资金活动内控监督检查结果</td><td>《资金活动内控监督情况报告》等</td><td>审阅材料
访谈人员</td><td></td><td></td><td>B2-5-1
B2-5-2</td></tr>
<tr><td>信息系统</td><td>资金活动内控信息化建设情况</td><td>资金活动内控信息化建设结果</td><td>《资金活动内控信息化建设情况报告》等</td><td>审阅材料
访谈人员</td><td></td><td></td><td>B2-6-1
B2-6-2</td></tr>
<tr><td>内控考核</td><td>资金活动内控考核情况</td><td>资金活动内控考核结果</td><td>《资金活动内控考核情况报告》等</td><td>审阅材料
访谈人员</td><td></td><td></td><td>B2-7-1
B2-7-2</td></tr>
</table>

续表

流程编号	测试范围	关键环节	测试要点及分值		证据材料	测试程序	测试结果	实际得分	交叉索引
			过程测试（50分）	结果测试（50分）					
资金活动3C06	内控运行	管理融合	资金活动内控与资金活动业务和管理相融合情况	资金活动内控与资金活动业务和管理相融合结果		审阅材料 访谈人员			B2－8－1 B2－8－2
		持续改进	资金活动内控持续改进情况	资金活动内控持续改进结果	《资金活动内控持续改进情况表》等	审阅材料 访谈人员			B2－9－1 B2－9－2
汇总						编制汇总表			B2－10

测试结论	设计无效							设计有效	
	是	控制薄弱环节说明							
		制度未执行	措施未落实	控制证据不足	设计不适应	监控不力	其他	是	良好实践

3.3 认定缺陷

资金活动内部控制认定缺陷，就是对资金活动内部控制设计缺陷和运行缺陷的认定，并要按照缺陷的影响程度把资金活动内部控制缺陷分为重大缺陷、重要缺陷和一般缺陷。在具体的资金活动内部控制缺陷认定过程，评价人员应将已经调查了解到的资金活动内部控制系统的现状与事先确定的内部控制标准模式进行对照，以揭示哪些法规规定的控制程序未被采用。对对照中发现的资金活动控制缺陷，应当按照不同内容分类，并汇集在记录内部控制内部控制缺陷认定矩阵表中，应当编制资金活动内部控制缺陷认定表。

资金活动内部控制缺陷也因资金活动业务的不同而不同，对资金活动内部缺陷的认定应针对具体资金活动业务进行。

（1）筹资业务。根据中天恒管理咨询公司内部控制与风险管理咨询服务的实践，筹资业务中常见的缺陷主要包括：

➢ 缺乏必要审批，形成账外资金。有些企业对筹资缺乏起码的控制，筹资未经过严格的授权批准和必要的复核，从而给内部人员利用职权贪污筹集的资金提供了机会，而且早晚会形成账外资产，影响报表的可靠性。

➢ 未发行的证券保管不严。对已核准但未发行的证券没有进行妥善的保管，给不法分子贪污盗窃提供了机会。

➢ 已收回的证券处理不当。收回的证券未及时注销，可能会被重复利用，给企业带来不必要的财务风险。

➢ 筹资会计记录有误。对筹资的账务处理出现有意或无意的错误，如债券溢折价的摊销不符合会计准则的规定，导致账实不符。

（2）投资业务。根据中天恒管理咨询公司内部控制与风险管理咨询服务的实践，投资业务中常见的缺陷主要包括：

➢ 截留投资收益，形成账外资金。对企业应收的股票股利控制不严，内部人员可能将收到的股利不入账，或者少入账，形成账外资金，私设小金库，不仅会引发贪污股票收益的行为，而且违反会计法的规定，造成报表反映失实。

➢ 证券投资"黑箱"操作。由于投资业务中不相容职务没有分离等原因，会造成不法分子利用职务之便，挪用公款炒股，所形成的亏损由企业负担，而盈利被个人截留。

➢ 证券保管不善。证券作为流动性仅次于现金的流动资产，若对其缺乏适当的控制，则会为不法分子挪用或盗窃带来可乘之机，导致账实不符。

➢ 投资账务处理不当。一方面，由于会计人员业务素质不高，可能会使投资账务处理出现错误；另一方面，管理层可能会授意会计人员多计或少计投资收益，人为调节利润。

（3）营运业务。根据中天恒管理咨询公司内部控制与风险管理咨询服务的实践，营运业务中常见的缺陷主要包括：

➢ 截留收入。收入不入账为私设小金库、贪污挪用提供了资金上的方便。常采用的手段如截留各种收入款项，非法侵占其他收入，主要形式有：主营业务收入不入账，如将售出的产品报盘亏，销售收入进小金库；其他业务收入不入账，如出租单位房屋收入不入账，将应收取的商标使用费、场地出租或实物租金收入、出借资金的占用费收入、各种服务费收入存放在对方单位，不入本单位账；营业外收入不入账，如出售固定资产变价收入不入账、非货币性交易收到的补价收入不入账、取得的罚款收入不入账、没收的押金收入不入账；补贴收入不入账，如企业收到的先征后返的增值税不入账，收到的财政扶持补贴收人不入账；收到的投资收益不入账；其他收入不入账，如接受现金捐赠不入账、厂家让利折扣不入账、未理赔返还保险金不入账、下属单位上缴的管理费不入账；隐匿佣金、回扣、好处费等。

➢ 虚报冒领。虚报是指在列支费用时，有关人员虚开或涂改发票、报销单据等以虚报费用，谋取私利，这不仅会造成资金管理上的混乱，引发舞弊和腐败，而且会使成本和费用相关账户金额不实；冒领是指有关人员虚开或更改相关凭证，冒充他人领取款项。虚报冒领的手段可谓五花八门，主要是虚列费用、虚列成本、多报费用入小金库，形式有：以预付款投资等名义，将资金转入小金库；建设单位向施工单位多拨工程款，虚报当年投资完成额，事后再将款项从施工单位退回小金库；行政机关将预算资金以经费支出名义，转入账外银行账户；将基建款先拨入下属单位，并在本单位列作支出，以后再从下属单位收回，存入小金库；多领原材料，然后变卖，所得资金入小金库，等等。

➢ 挪用资金。企业内部有关人员相互勾结，违反国家法规和企业相关制度的规定，将有特定用途的资金挪作他用。例如，将生产资金或建设资金投资到股市，谋取私利；挪用库存现金，出纳人员打白条顶库存现金；经单位领导批准用于个人生活或其他需要等。

➢ 贪污腐败。现金资产流动性强，在监管不到位的情况下最容易被贪污，形成腐败。贪污手段可谓各行其道，如私设小金库为贪污提供便利，主要手段有：利用收入现金不开发票或开收据的形式贪污现金；以涂改、撕毁发票或收据的形式贪污；利用假发票、假收据贪污；利用凭证副本重复报销或用白条虚报支出；开现金支票取款后不入现金账进行贪污，等等。

➢ 管理薄弱。营运资金管理中最为常见的管理问题有：一是现金超额存放。企业对现金应设立库存限额，超过限额的现金应及时存入银行。若违规超额存放现金，则会导致财务核算混乱，不仅会引发贪污舞弊行为，而且会导致报表反映不实。二是出借账号。有关人员利用银行和单位账户管理上的漏洞，将单位的银行账号借给其他单位或个人。将账户出借，势必会导致银行账户管理的混乱，从而为自身的资金管理带来不便和风险。

中天恒3C框架研究开发的资金活动内部控制缺陷认定矩阵表、认定表见表8－6、表8－7。

表8－6　　中天恒3C框架资金活动内部控制缺陷认定矩阵表

被评价单位名称		被评价单位编码		索引编号	C	页次	
业务流程名称	资金活动	业务流程编号	3C06	评价人		评价时间	
评价期间		截止日期		复核人		复核时间	

流程编号	一级流程	末级流程	关键控制	缺陷类型	缺陷描述	缺陷来源	缺陷性质			认定程序	认定索引	对报表影响	补偿性控制	整改意见
							一般缺陷	重大缺陷	重要缺陷					
3C06	资金活动									认定缺陷 提出建议	C－1 C－2			

表 8－7　　　　中天恒 3C 框架资金活动内部控制缺陷认定表

被评价单位名称		被评价单位编码		索引编号	C－1	页次	
业务流程名称	资金活动	业务流程编号	3C06	评价人		评价时间	
关键控制名称		关键控制编号		复核人		复核时间	
影响会计科目		评价期间				截止日期	
缺陷类型		缺陷描述	认定标准	评价组初步认定意见		评价部门或经理层或董事会认定意见	
被评价单位（或当事人）意见及相关说明							
缺陷事项证据资料							

3.4　综合评价

资金活动综合评价，就是指在资金活动内部控制现场测试结果的基础上对资金活动内部控制有效性作出的最终评价，主要工作是汇总资金活动业务的评价结果。资金活动内部控制评价工作应遵循整理资料、分析影响、形成结论、反馈意见等综合评价的基本步骤。资金活动综合评价的方法很多，比较常用的是评分法。资金活动评分法可分别对资金活动内部控制设计有效性和运行有效性进行评分，也可以进行综合评分。资金活动内部控制综合评价结果可编制评价结果汇总表或绘制成评价图。中天恒 3C 框架资金活动内部控制评分结果汇总表见表 8－8。

表 8－8　　　　中天恒 3C 框架资金活动内部控制评分结果汇总表

被评价单位名称		被评价单位编码		索引编号	D－1	页次	
业务流程名称	资金活动	业务流程编号	3C06	评价人		评价时间	
关键控制名称		关键控制编号		复核人		复核时间	
影响会计科目		评价期间		截止日期			

流程编号	一级流程	二级流程	评价要点	控制设计评分（50%）			控制执行评分（50%）			综合评分	
				标准分值	实际得分	评价结果	标注分值	实际得分	评价结果	实际得分	评价结果
3C06	资金活动										
3C06.01		筹资									
3C06.02		投资									
3C06.03		营运									

九、采购业务内部控制评价实务及其模板

1. 概述

1.1 评价概念

采购业务内部控制评价是内部控制评价业务层面的重要内容之一，是对采购业务内部控制设计及运行有效性的评价。因此，加强采购业务内部控制评价工作，有利于促使企业建立健全和有效执行采购业务内部控制，从而有效控制采购业务风险，保障企业生产经营有序进行。

1.2 评价目标

采购业务内部控制评价目标，就是保证采购业务内部控制设计和运行的有效性，促使企业预防和控制采购业务风险。

1.3 评价依据

采购业务内部控制评价依据是国家关于采购业务管理方面的法律法规、企业制定的采购业务管理制度及其《企业内部控制手册》有关采购业务部分的内容。具体依据因评价单位的不同而有所不同。一般来说，涉及国家法律法规层面的采购业务内部控制评价依据包括《中国人民共和国会计法》、《企业内部控制基本规范》、《企业内部控制应用指引第 7 号——采购业务》等。涉及评价单位层面的采购业务内部控制评价依据包括企业制定的《采购业务管理制度》、《采购业务授权制度和审核批准制度》、《采购业务的岗位责任制》等。在编制了《企业内部控制管理手册》的企业，该手册中的采购业务内部控制矩阵既是采购业务内部控制评价的对象，也是最为直接的评价依据。

2. 评价内容

采购业务内部控制评价内容，总体来说就是评价采购业务内部控制的设计和运行的有效性，包括过程和结果两个层面，具体评价范围包括购买、付款等主要采购业务。具体评价内容因评价单位开展采购业务业务情况的不同而不同，也因被评价单位内部控制成熟度的不同而不同。中天恒 3C 框架研究确定的采购业务内部控制评价内容分为采购业务内部控制设计和执行两个方面，分别包括了过程

和结果两个层面，具体内容见表9－1。

表9－1　　中天恒3C框架采购业务内部控制评价内容表

流程编号	一级流程	评价范围	关键环节	评价内容		评价重点
				过程评价	结果评价	
3C07	采购业务	内控设计	现状梳理	采购业务现状梳理情况	采购业务现状梳理结果	
			风险评估	采购业务风险评估情况	采购业务风险评估结果	
			控制要点	采购业务控制要点及关键控制确定情况	采购业务控制要点及关键控制确定结果	
			控制目标	采购业务控制目标的确定及其分解情况	采购业务控制目标的确定及其分解结果	
			控制措施	采购业务控制措施确定情况	采购业务控制措施确定结果	√
			控制证据	采购业务控制证据设计情况	采购业务控制证据设计结果	
			制度优化	采购业务管理制度优化情况	采购业务管理制度优化结果	
			控制图表	采购业务控制图表绘制情况	采购业务控制图表绘制结果	
			控制矩阵	采购业务控制矩阵编制情况	采购业务控制矩阵编制结果	√
		内控运行	岗位设置	采购业务岗位设置情况	采购业务岗位设置结果	
			职责分工	采购业务职责分工情况	采购业务职责分工结果	
			制度执行	采购业务制度执行情况	采购业务制度执行结果	√
			措施落实	采购业务控制措施落实情况	采购业务控制措施落实结果	
			内控监督	采购业务内控监督情况	采购业务内控监督结果	√
			内控考核	采购业务内控考核情况	采购业务内控考核结果	
			信息系统	采购业务内控信息化情况	采购业务内控信息化结果	
			管理融合	采购业务内控与业务管理融合情况	采购业务内控与业务管理融合结果	
			持续改进	采购业务内控持续改进情况	采购业务内控持续改进结果	

2.1　设计有效性评价

采购业务内部控制的设计有效性评价包括设计过程和设计结果两个层面。采购业务内部控制设计结果有效性的前提是设计过程要有效，因此，要重视采购业务内部控制设计过程有效性的评价，不能仅对采购业务内部控制设计结果有效性进行评价。

2.2　运行有效性评价

采购业务内部控制的运行有效性评价包括运行过程和运行结果两个层面。总体说来，采购业务内部控制运行评价的要点包括：已经设计完成的采购业务内部控制及其相关的管理制度是否有效执行，是否有效控制了采购业务风险；已经设计有效的采购业务各控制点的控制措施是否有效实施，是否有效防止了各控制环节的风险；是否建立采购业务内部控制执行情况文档；是否根据业务、监管要求或法律法规等的变化持续改进采购业务内部控制等。实践中，采购业务内部控制运行层面普遍存在已有的控制在实际中没有执行、内部控制形同虚设、采购业务风险未有效控制等问题。采购业务内部控制的运行有效性评价的重点是控制制度及其措施的执行情况。

3. 评价程序

采购业务内部控制评价程序，就实施阶段来说，主要包括对采购业务内部控制进行调查了解、控制测试、缺陷认定、综合评价等程序。中天恒3C框架研究设计的采购业务内部控制评价总体程序见表9－2。

表9－2　　中天恒3C框架采购业务内部控制评价总体程序表

被评价单位名称		被评价单位编码		索引编号	0	页次	
业务流程名称	采购业务	业务流程编号	3C07	编制人		编制时间	
评价期间		截止日期		复核人		复核时间	

序号	基本程序	细分程序	执行情况说明	工作底稿索引号
1	调查了解	采购业务内部控制有效性调查		A
2	控制测试	采购业务内部控制设计有效性测试		B1
		采购业务内部控制执行有效性测试		B2
3	缺陷认定	采购业务内部控制缺陷认定		C
4	综合评价	采购业务内部控制评分结果汇总		D1
		采购业务内部控制评价结果汇总		D2
说明	1. 每一个评价程序可细分若干具体程序。 2. 上述程序可结合进行，以提高评价工作效率。 3. 在执行每一步骤后，应填写“执行情况说明”一栏，以此作为对采购业务内部控制综合评价的依据。			

3.1　调查了解

调查了解采购业务内部控制设计和运行的情况，是对采购业务内部控制评价实施阶段的首要环节。调查了解仅作为了解采购业务内部控制设计和运行的情况的手段，不能直接形成采购业务内部控制设计和运行有效性的结论。这项工作是在内部控制评价总体工作的准备阶段的基础上进行的，涉及具体内容很多，因单位的不同而不同。对采购业务内部控制调查了解的方法有文字叙述法、调查表法、流程图法、控制矩阵法等。这些方法各有其特点，经常综合运用。中天恒3C框架采购业务内部控制调查问卷见表9-3。

表9-3　　中天恒3C框架采购业务内部控制调查问卷

被调查单位名称		被调查单位编码		索引编号	A	页次	
业务流程名称	采购业务	业务流程编号	3C07	调查人		调查时间	
调查期间		截止日期		复核人		复核时间	

调查项目	调查范围	调查环节	调查内容	调查结果			证据名称	被调查部门	被调查人
				是	否	不适应			
采购业务	内控设计	现状梳理	是否进行了采购业务现状梳理				《采购业务内部管理制度或相关文件情况表》、《采购业务流程目录》、《采购业务业务现状流程图》等		
			采购业务现状梳理是否有效						
		风险评估	是否进行了采购业务风险评估				《采购业务风险及其描述表》、《采购业务风险分析表》、《采购业务风险评价表》、《采购业务风险应对策略表》、《采购业务业务风险数据库》、《采购业务重大风险解决方案》等		
			采购业务风险评估是否有效						
		控制要点	是否进行了采购业务控制要点及关键控制的确定				《采购业务控制要点及其关键控制表》等		
			采购业务控制要点及关键控制的确定是否有效						
		控制目标	是否进行了采购业务控制目标的确定及其分解				《采购业务内部控制目标表》等		
			采购业务控制目标的确定及其分解是否有效						
		控制措施	是否进行了采购业务控制措施的确定				《采购业务内部控制措施表》等		
			采购业务控制措施的确定是否有效						

续表

调查项目	调查范围	调查环节	调查内容	调查结果			证据名称	被调查部门	被调查人
				是	否	不适应			
采购业务	内控设计	控制证据	是否进行了采购业务控制证据的设计				《采购业务控制证据表》等		
			采购业务控制证据设计是否有效						
		制度优化	是否进行了采购业务管理的制度优化				《采购业务制度完善建议表》等		
			采购业务管理制度的优化是否有效						
		控制图表	是否绘制了采购业务控制流程图				《采购业务控制流程图》等		
			绘制的采购业务控制流程图是否有效						
		控制矩阵	是否编制了采购业务控制流矩阵				《采购业务控制矩阵》等		
			编制的采购业务制矩阵是否有效						
	内控运行	岗位设置	是否设置了必要的采购业务岗位				《采购业务岗位设置图》等		
			设置采购业务岗位是否有效						
		职责分工	是否有明确的采购业务职责分工				《采购业务职责分工制度》等		
			采购业务职责分工是否有效						
		制度执行	是否颁布实施了已经设计的采购业务控制制度				《采购业务管理制度》等		
			采购业务控制制度执行是否有效						

续表

调查项目	调查范围	调查环节	调查内容	调查结果			证据名称	被调查部门	被调查人
				是	否	不适应			
采购业务	内控运行	措施落实	是否实施了已经设计的采购业务控制措施				《采购业务控制措施表》等		
			采购业务控制措施运行是否有效						
		内控监督	是否进行采购业务内控监督检查				《采购业务内控监督情况报告》等		
			采购业务内控监督结果是否有效						
		信息系统	是否进行采购业务内控信息化建设				《采购业务内控信息化建设情况报告》等		
			采购业务内控信息化建设结果是否有效						
		内控考核	是否进行采购业务内控考核				《采购业务内控考核情况报告》等		
			采购业务内控考核结果是否有效						
		管理融合	采购业务内控是否与采购业务业务和管理相融合						
		持续改进	是否根据业务、监管要求或法律法规等的变化持续维护采购业务内部控制				《采购业务内控持续改进情况表》等		
			采购业务内控持续改进结果是否有效						

调查结论	内控可信赖度					是否需要作进一步测试	
	高	较高	中	较低	低	是	否
	简要描述						

3.2 现场测试

采购业务内部控制现场测试，就是测试采购业务内部控制设计和运行的有效性。对采购业务内部控制进行测试，可以根据具体情况实施详查或者抽样测试，具体测试方式包括跟单测试和关键控制测试等。

(1) 采购业务内部控制设计有效性测试。

评价人员在测试采购业务控制设计的有效性时，应当综合运用询问适当人员、观察经营活动和检查相关文件等程序。采购业务内部控制设计有效性测试方式一般采用跟单测试方式。中天恒 3C 框架研究开发的采购业务内部控制设计有效性测试矩阵表见表 9－4。

表 9－4　中天恒 3C 框架采购业务内部控制设计有效性测试矩阵表

被测试单位名称		被测试单位编码		索引编号	B1	页次	
业务流程名称	采购业务	业务流程编号	3C07	测试人		测试时间	
测试期间		截止日期		复核人		复核时间	

流程编号	测试范围	关键环节	测试要点及分值		证据材料	测试程序	测试结果	实际得分	交叉索引
			过程测试（50 分）	结果测试（50 分）					
采购业务 3C07	内控设计	现状梳理	采购业务现状梳理情况	采购业务现状梳理结果	《采购业务内部管理制度或相关文件情况表》、《采购业务流程目录》、《采购业务业务现状流程图》	审阅材料 访谈人员 抽样检查			B1－1－1 B1－1－2 B1－1－3
		风险评估	采购业务风险评估情况	采购业务风险评估结果	《采购业务风险及其描述表》、《采购业务风险分析表》、《采购业务风险评价表》、《采购业务风险应对策略表》、《采购业务业务风险数据库》、《采购业务重大风险解决方案》等	审阅材料 访谈人员 抽样检查 重新执行			B1－2－1 B1－2－2 B1－2－3 B1－2－4
		控制要点	采购业务控制要点及关键控制确定情况	采购业务控制要点及关键控制确定结果	《采购业务控制要点及其关键控制表》等	审阅材料 访谈人员 抽样检查			B1－3－1 B1－3－2 B1－3－3

续表

流程编号	测试范围	关键环节	测试要点及分值		证据材料	测试程序	测试结果	实际得分	交叉索引
			过程测试（50分）	结果测试（50分）					
采购业务3C07	内控设计	控制目标	采购业务控制目标确定及其分解情况	采购业务控制目标确定及其分解结果	《采购业务内部控制目标表》等	审阅材料 访谈人员			B1－4－1 B1－4－2
		控制措施	采购业务控制措施确定情况	采购业务控制措施确定结果	《采购业务内部控制措施表》等	审阅材料 访谈人员 抽样检查 重新执行			B1－5－1 B1－5－2 B1－5－3 B1－5－4
		控制证据	采购业务控制证据设计情况	采购业务控制证据设计结果	《采购业务控制证据表》等	审阅材料 访谈人员			B1－6－1 B1－6－2
		制度优化	采购业务管理制度优化情况	采购业务管理制度优化结果	《采购业务制度完善建议表》等	审阅材料 访谈人员			B1－7－1 B1－7－2
		控制图表	采购业务控制流程图绘制情况	采购业务控制流程图绘制结果	《采购业务控制流程图》等	审阅材料 访谈人员			B1－8－1 B1－8－2
		控制矩阵	采购业务控制矩阵编制情况	采购业务控制矩阵编制结果	《采购业务控制矩阵》等	审阅材料 访谈人员			B1－9－1 B1－9－2
汇总						编制汇总表			

测试结论	设计无效							设计有效	
	是	控制薄弱环节说明							
		设计的控制不符合实际	应有的控制不存在	风险识别不准确	未设计控制证据	控制矩阵编制不规范	其他	是	良好实践

（2）采购业务内部控制运行有效性测试。

评价人员在测试采购业务内部控制运行的有效性时，应当综合运用审阅文件资料、询问相关人员、观察业务活动以及重新执行控制等程序。在采购业务内部控制执行有效性评价过程中，评价人员应将采购业务每个业务流程的每个控制点的测试程序、方法和结果记录于内部控制执行有效性测试底稿。当采购业务业务流程测试结束后，评价人员应将各个流程和控制点的执行有效性测试结果进行汇总，记录于内部控制执行有效性评估汇总表。采购业务内部控制运行有效性测试方式一般采用关键控制测试，即建立样本库，再按照样本发生频率、样本库总量的大小区分，抽取相应数量的样本进行测试。采购业务内部控制运行有效性测试重点是对关键控制测试。中天恒3C框架研究开发的采购业务内部控制运行有效性测试矩阵表见表9－5。

表9－5　　中天恒3C框架采购业务内部控制运行有效性测试矩阵表

<table>
<tr><td colspan="3">被测试单位名称</td><td></td><td>被测试单位编码</td><td></td><td>索引编号</td><td>B2</td><td>页次</td><td></td></tr>
<tr><td colspan="3">业务流程名称</td><td>采购业务</td><td>业务流程编号</td><td>3C07</td><td>测试人</td><td></td><td>测试时间</td><td></td></tr>
<tr><td colspan="3">测试期间</td><td></td><td>截止日期</td><td></td><td>复核人</td><td></td><td>复核时间</td><td></td></tr>
<tr><td rowspan="2">流程编号</td><td rowspan="2">测试范围</td><td rowspan="2">实施环节</td><td colspan="2">测试要点及分值</td><td rowspan="2">证据材料</td><td rowspan="2">测试程序</td><td rowspan="2">测试结果</td><td rowspan="2">实际得分</td><td rowspan="2">交叉索引</td></tr>
<tr><td>过程测试（50分）</td><td>结果测试（50分）</td></tr>
<tr><td rowspan="5">采购业务3C07</td><td rowspan="5">内控运行</td><td>岗位设置</td><td>采购业务岗位设置情况</td><td>采购业务岗位设置结果</td><td>《采购业务岗位设置图》等</td><td>审阅材料
访谈人员</td><td></td><td></td><td>B2－1－1
B2－1－2</td></tr>
<tr><td>职责分工</td><td>采购业务职责分工情况</td><td>采购业务职责分工结果</td><td>《采购业务职责分工制度》等</td><td>观察业务
抽样检查
重新执行</td><td></td><td></td><td>B2－2－1
B2－2－2
B2－2－3</td></tr>
<tr><td>制度执行</td><td>采购业务控制制度执行情况</td><td>采购业务控制制度执行结果</td><td>《采购业务管理制度》等</td><td>审阅材料
访谈人员
抽样检查</td><td></td><td></td><td>B2－3－1
B2－3－2
B2－3－3</td></tr>
<tr><td>措施落实</td><td>采购业务控制措施运行情况</td><td>采购业务控制措施运行结果</td><td>《采购业务控制措施表》等</td><td>审阅材料
访谈人员
抽样检查</td><td></td><td></td><td>B2－4－1
B2－4－2
B2－4－3</td></tr>
<tr><td>内控监督</td><td>采购业务内控监督检查情况</td><td>采购业务内控监督检查结果</td><td>《采购业务内控监督情况报告》等</td><td>审阅材料
访谈人员</td><td></td><td></td><td>B2－5－1
B2－5－2</td></tr>
</table>

续表

流程编号	测试范围	实施环节	测试要点及分值		证据材料	测试程序	测试结果	实际得分	交叉索引
			过程测试（50分）	结果测试（50分）					
采购业务3C07	内控运行	信息系统	采购业务内控信息化建设情况	采购业务内控信息化建设结果	《采购业务内控信息化建设情况报告》等	审阅材料 访谈人员			B2-6-1 B2-6-2
		内控考核	采购业务内控考核情况	采购业务内控考核结果	《采购业务内控考核情况报告》等	审阅材料 访谈人员			B2-7-1 B2-7-2
		管理融合	采购业务内控与采购业务管理相融合情况	采购业务内控与采购业务管理相融合结果		审阅材料 访谈人员			B2-8-1 B2-8-2
		持续改进	采购业务内控持续改进情况	采购业务内控持续改进结果	《采购业务内控持续改进情况表》等	审阅材料 访谈人员			B2-9-1 B2-9-2
汇总						编制汇总表			B2-2
测试结论	运行无效							运行有效	
	是	控制薄弱环节说明							
		制度未执行	措施未落实	控制证据不足	设计不适应	监控不力	其他	是	良好实践

3.3 认定缺陷

采购业务内部控制认定缺陷，就是对采购业务内部控制设计缺陷和运行缺陷的认定，并要按照缺陷的影响程度把采购业务内部控制缺陷分为重大缺陷、重要缺陷和一般缺陷。在具体的采购业务内部控制缺陷认定过程，评价人员应将已经调查了解到的采购业务内部控制系统的现状与事先确定的内部控制标准模式进行对照，以揭示哪些法规规定的控制程序未被采用。对对照中发现的采购业务控制缺陷，应当按照不同内容分类，并汇集记录在内部控制内部控制缺陷认定矩阵表中，编制采购业务内部控制缺陷认定表。

采购业务内部控制缺陷也因采购业务业务的不同而不同，对采购业务内部缺陷的认定应针对具体采购业务进行。根据中天恒管理咨询公司内部控制与风险管理咨询服务的实践，采购业务中常见的缺陷主要包括：

➢ 采购员不根据已批准的采购计划或请购单采购，而是盲目采购造成积压，或采购不及时造成供应不足。

➢ 采购中收取回扣，造成采购货物质量得不到保证或者采购价格高于市价。

➢ 采购货物的会计记录不实，没有遵照相关会计法规的要求。

➢ 采购和验收职责没有进行适当的分离，导致验收不严，可能以少报多、以次充好，导致账面记录资产不实。

➢ 发生的采购行为没有及时记录，少计负债。

➢ 付款控制不严，可能会对同一笔采购业务重复付款，账面记录相应受到影响。

采购业务内部控制缺陷认定矩阵表、认定表见表9－6、表9－7。

表9－6　　中天恒3C框架采购业务内部控制缺陷认定矩阵表

被评价单位名称		被评价单位编码		索引编号	C	页次	
业务流程名称	采购业务	业务流程编号	3C07	评价人		评价时间	
评价期间		截止日期		复核人		复核时间	

流程编号	一级流程	末级流程	关键控制	缺陷类型	缺陷描述	缺陷来源	缺陷性质			认定程序	认定索引	对报表影响	补偿性控制	整改意见
							一般缺陷	重大缺陷	重要缺陷					
3C07	采购业务									认定缺陷 提出建议	C－1 C－2			

表 9-7　　　　中天恒 3C 框架采购业务内部控制缺陷认定表

被评价单位名称		被评价单位编码		索引编号	C-1	页次	
业务流程名称	采购业务	业务流程编号	3C07	评价人		评价时间	
关键控制名称		关键控制编号		复核人		复核时间	
影响会计科目		评价期间				截止日期	
缺陷类型		缺陷描述	认定标准	评价组初步认定意见		评价部门或经理层或董事会认定意见	
被评价单位（或当事人）意见及相关说明							
缺陷事项证据资料							

3.4　综合评价

采购业务综合评价，就是指在采购业务内部控制现场测试结果的基础上对采购业务内部控制有效性作出的最终评价，主要工作是汇总采购业务的评价结果。采购业务内部控制评价工作应遵循整理资料、分析影响、形成结论、反馈意见等综合评价的基本步骤。采购业务综合评价的方法很多，比较常用的是评分法。采购业务评分法可分别对采购业务内部控制设计有效性和运行有效性进行评分，也可以进行综合评分。采购业务内部控制综合评价结果可编制评价结果汇总表或绘制成评价图。中天恒 3C 框架采购业务内部控制评分结果汇总表见表 9-8。

表 9-8　　　　中天恒 3C 框架采购业务内部控制评分结果汇总表

被评价单位名称		被评价单位编码		索引编号	D-1	页次						
业务流程名称	采购业务	业务流程编号	3C07	评价人		评价时间						
关键控制名称		关键控制编号		复核人		复核时间						
影响会计科目		评价期间				截止日期						
流程编号	一级流程	二级流程	评价要点	控制设计评分（50%）			控制执行评分（50%）			综合评分	
				标准分值	实际得分	评价结果	标注分值	实际得分	评价结果	实际得分	评价结果
3C07	采购业务										
3C07.01		购买									
3C07.02		付款									

十、资产管理内部控制评价实务及其模板

1. 概述

1.1 评价概念

资产管理内部控制评价是内部控制评价业务层面的重要内容之一，是对资产管理内部控制设计及运行有效性的评价。因此，加强资产管理内部控制评价工作，有利于促使企业建立健全和有效执行资产管理内部控制，从而有效控制资产管理风险，保障企业生产经营有序进行。

1.2 评价目标

资产管理内部控制评价目标，就是保证资产管理内部控制设计和运行的有效性，促使企业预防和控制资产管理风险。

1.3 评价依据

资产管理内部控制评价依据是国家关于资产管理管理方面的法律法规、企业制定的资产管理管理制度及其《企业内部控制手册》有关资产管理部分的内容。具体依据因评价单位的不同而有所不同。一般来说，涉及国家法律法规层面的资产管理内部控制评价依据包括《中国人民共和国会计法》、《企业内部控制基本规范》、《企业内部控制应用指引第 8 号——资产管理》等。涉及评价单位层面的资产管理内部控制评价依据包括企业制定的《资产管理管理制度》、《资产管理授权制度和审核批准制度》、《资产管理的岗位责任制》等。在编制了《企业内部控制管理手册》的企业，该手册中的资产管理内部控制矩阵既是资产管理内部控制评价的对象，也是最为直接的评价依据。

2. 评价内容

资产管理内部控制评价内容，总体来说就是评价资产管理内部控制的设计和运行的有效性，包括过程和结果两个层面，具体评价范围包括存货、固定资产、无形资产等主要资产管理业务。具体评价内容因评价单位开展资产管理业务情况的不同而不同，也因被评价单位内部控制成熟度的不同而不同。中天恒 3C 框架研究确定的资产管理内部控制评价内容分为资产管理内部控制设计和执行两个方

面，分别包括了过程和结果两个层面，具体内容见表10－1。

表10－1　　中天恒3C框架资产管理内部控制评价内容表

流程编号	一级流程	评价范围	关键环节	评价内容		评价重点
				过程评价	结果评价	
3C08	资产管理	内控设计	现状梳理	资产管理现状梳理情况	资产管理现状梳理结果	
			风险评估	资产管理风险评估情况	资产管理风险评估结果	
			控制要点	资产管理控制要点及关键控制确定情况	资产管理控制要点及关键控制确定结果	
			控制目标	资产管理控制目标的确定及其分解情况	资产管理控制目标的确定及其分解结果	
			控制措施	资产管理控制措施确定情况	资产管理控制措施确定结果	√
			控制证据	资产管理控制证据设计情况	资产管理控制证据设计结果	
			制度优化	资产管理管理制度优化情况	资产管理管理制度优化结果	
			控制图表	资产管理控制图表绘制情况	资产管理控制图表绘制结果	
			控制矩阵	资产管理控制矩阵编制情况	资产管理控制矩阵编制结果	√
		内控运行	岗位设置	资产管理岗位设置情况	资产管理岗位设置结果	
			职责分工	资产管理职责分工情况	资产管理职责分工结果	
			制度执行	资产管理制度执行情况	资产管理制度执行结果	√
			措施落实	资产管理控制措施落实情况	资产管理控制措施落实结果	
			内控监督	资产管理内控监督情况	资产管理内控监督结果	√
			内控考核	资产管理内控考核情况	资产管理内控考核结果	
			信息系统	资产管理内控信息化情况	资产管理内控信息化结果	
			管理融合	资产管理内控与业务管理融合情况	资产管理内控与业务管理融合结果	
			持续改进	资产管理内控持续改进情况	资产管理内控持续改进结果	

2.1　设计有效性评价

资产管理内部控制的设计有效性评价包括设计过程和设计结果两个层面。资产管理内部控制设计结果有效性的前提是设计过程要有效，因此，要重视资产管理内部控制设计过程有效性的评价，不能仅对资产管理内部控制设计结果有效性进行评价。

2.2　运行有效性评价

资产管理内部控制的运行有效性评价包括运行过程和运行结果两个层面。总体说来，资产管理内部控制运行评价的要点包括：已经设计完成的资产管理内部控制及其相关的管理制度是否有效执行，是否有效控制了资产管理风险；已经设计有效的资产管理各控制点的控制措施是否有效实施，是否有效防止了各控制环节的风险；是否建立资产管理内部控制执行情况文档；是否根据业务、监管要求或法律法规等的变化持续改进资产管理内部控制等。实践中，资产管理内部控制运行层面普遍存在已有的控制在实际中没有执行、内部控制形同虚设、资产管理风险未有效控制等问题。资产管理内部控制的运行有效性评价重点是控制制度及其措施的执行情况。

3. 评价程序

资产管理内部控制评价程序，就实施阶段来说，主要包括对资产管理内部控制进行调查了解、控制测试、缺陷认定、综合评价等程序。中天恒3C框架研究设计的资产管理内部控制评价总体程序见表10－2。

表10－2　　中天恒3C框架资产管理内部控制评价总体程序表

被评价单位名称		被评价单位编码		索引编号	0	页次	
业务流程名称	资产管理	业务流程编号	3C08	编制人		编制时间	
评价期间		截止日期		复核人		复核时间	

序号	基本程序	细分程序	执行情况说明	工作底稿索引号
1	调查了解	资产管理内部控制有效性调查		A
2	控制测试	资产管理内部控制设计有效性测试		B1
		资产管理内部控制执行有效性测试		B2
3	缺陷认定	资产管理内部控制缺陷认定		C
4	综合评价	资产管理内部控制评分结果汇总		D1
		资产管理内部控制评价结果汇总		D2
说明	1. 每一个评价程序可细分若干具体程序。 2. 上述程序可结合进行，以提高评价工作效率。 3. 在执行每一步骤后，应填写“执行情况说明”一栏，以此作为对资产管理内部控制综合评价的依据。			

3.1　调查了解

调查了解资产管理内部控制设计和运行的情况，是对资产管理内部控制评价实施阶段的首要环节。调查了解仅作为了解资产管理内部控制设计和运行的情况的手段，不能直接形成资产管理内部控制设计和运行有效性的结论。这项工作是在内部控制评价总体工作的准备阶段的基础上进行的，涉及具体内容很多，因单位的不同而不同。对资产管理内部控制调查了解的方法有文字叙述法、调查表法、流程图法、控制矩阵法等。这些方法各有其特点，经常综合运用。中天恒3C框架资产管理内部控制调查问卷见表10－3。

表10－3　　　　中天恒3C框架资产管理内部控制调查问卷

被调查单位名称		被调查单位编码		索引编号	A	页次	
业务流程名称	资产管理	业务流程编号	3C08	调查人		调查时间	
调查期间		截止日期		复核人		复核时间	

调查项目	调查范围	调查环节	调查内容	调查结果			证据名称	被调查部门	被调查人
				是	否	不适应			
资产管理	内控设计	现状梳理	是否进行了资产管理现状梳理				《资产管理内部管理制度或相关文件情况表》、《资产管理流程目录》、《资产管理业务现状流程图》等		
			资产管理现状梳理是否有效						
		风险评估	是否进行了资产管理风险评估				《资产管理风险及其描述表》、《资产管理风险分析表》、《资产管理风险评价表》、《资产管理风险应对策略表》、《资产管理业务风险数据库》、《资产管理重大风险解决方案》等		
			资产管理风险评估是否有效						
		控制要点	是否进行了资产管理控制要点及关键控制的确定				《资产管理控制要点及其关键控制表》等		
			资产管理控制要点及关键控制的确定是否有效						
		控制目标	是否进行了资产管理控制目标的确定及其分解				《资产管理内部控制目标表》等		
			资产管理控制目标的确定及其分解是否有效						
		控制措施	是否进行了资产管理控制措施的确定				《资产管理内部控制措施表》等		
			资产管理控制措施的确定是否有效						

续表

调查项目	调查范围	调查环节	调查内容	调查结果			证据名称	被调查部门	被调查人
				是	否	不适应			
资产管理	内控设计	控制证据	是否进行了资产管理控制证据的设计				《资产管理控制证据表》等		
			资产管理控制证据设计是否有效						
		制度优化	是否进行了资产管理管理的制度优化				《资产管理制度完善建议表》等		
			资产管理管理制度的优化是否有效						
		控制图表	是否绘制了资产管理控制流程图				《资产管理控制流程图》等		
			绘制的资产管理控制流程图是否有效						
		控制矩阵	是否编制了资产管理控制流矩阵				《资产管理控制矩阵》等		
			编制的资产管理制矩阵是否有效						
	内控运行	岗位设置	是否设置了必要的资产管理岗位				《资产管理岗位设置图》等		
			设置资产管理岗位是否有效						
		职责分工	是否有明确的资产管理职责分工				《资产管理职责分工制度》等		
			资产管理职责分工是否有效						
		制度执行	是否颁布实施了已经设计的资产管理控制制度				《资产管理管理制度》等		
			资产管理控制制度执行是否有效						

续表

调查项目	调查范围	调查环节	调查内容	调查结果：是	调查结果：否	调查结果：不适应	证据名称	被调查部门	被调查人
资产管理	内控运行	措施落实	是否实施了已经设计的资产管理控制措施				《资产管理控制措施表》等		
			资产管理控制措施运行是否有效						
		内控监督	是否进行资产管理内控监督检查				《资产管理内控监督情况报告》等		
			资产管理内控监督结果是否有效						
		信息系统	是否进行资产管理内控信息化建设				《资产管理内控信息化建设情况报告》等		
			资产管理内控信息化建设结果是否有效						
		内控考核	是否进行资产管理内控考核				《资产管理内控考核情况报告》等		
			资产管理内控考核结果是否有效						
		管理融合	资产管理内控是否与资产管理业务和管理相融合						
		持续改进	是否根据业务、监管要求或法律法规等的变化持续维护资产管理内部控制				《资产管理内控持续改进情况表》等		
			资产管理内控持续改进结果是否有效						

调查结论	内控可信赖度					是否需要作进一步测试	
	高	较高	中	较低	低	是	否
	简要描述						

3.2 现场测试

资产管理内部控制现场测试，就是测试资产管理内部控制设计和运行的有效性。对资产管理内部控制进行测试，可以根据具体情况实施详查或者抽样测试，具体测试方式包括跟单测试和关键控制测试等。

（1）资产管理内部控制设计有效性测试。

评价人员在测试资产管理控制设计的有效性时，应当综合运用询问适当人员、观察经营活动和检查相关文件等程序。资产管理内部控制设计有效性测试方式一般采用跟单测试方式。中天恒 3C 框架资产管理内部控制设计有效性测试矩阵表见表 10－4。

表 10－4　中天恒 3C 框架资产管理内部控制设计有效性测试矩阵表

被测试单位名称			被测试单位编码		索引编号	B1	页次		
业务流程名称	资产管理		业务流程编号	3C08	测试人		测试时间		
测试期间			截止日期		复核人		复核时间		
流程编号	测试范围	关键环节	测试要点及分值		证据材料	测试程序	测试结果	实际得分	交叉索引
			过程测试（50 分）	结果测试（50 分）					
资产管理 3C08	内控设计	现状梳理	资产管理现状梳理情况	资产管理现状梳理结果	《资产管理内部管理制度或相关文件情况表》、《资产管理流程目录》、《资产管理业务现状流程图》	审阅材料 访谈人员 抽样检查			B1－1－1 B1－1－2 B1－1－3
		风险评估	资产管理风险评估情况	资产管理风险评估结果	《资产管理风险及其描述表》、《资产管理风险分析表》、《资产管理风险评价表》、《资产管理风险应对策略表》、《资产管理业务风险数据库》、《资产管理重大风险解决方案》等	审阅材料 访谈人员 抽样检查 重新执行			B1－2－1 B1－2－2 B1－2－3 B1－2－4
		控制要点	资产管理控制要点及关键控制落实情况	资产管理控制要点及关键控制确定结果	《资产管理控制要点及其关键控制表》等	审阅材料 访谈人员 抽样检查			B1－3－1 B1－3－2 B1－3－3

续表

流程编号	测试范围	关键环节	测试要点及分值		证据材料	测试程序	测试结果	实际得分	交叉索引
			过程测试（50分）	结果测试（50分）					
资产管理3C08	内控设计	控制目标	资产管理控制目标确定及其分解情况	资产管理控制目标确定及其分解结果	《资产管理内部控制目标表》等	审阅材料 访谈人员			B1－4－1 B1－4－2
		控制措施	资产管理控制措施落实情况	资产管理控制措施确定结果	《资产管理内部控制措施表》等	审阅材料 访谈人员 抽样检查 重新执行			B1－5－1 B1－5－2 B1－5－3 B1－5－4
		控制证据	资产管理控制证据设计情况	资产管理控制证据设计结果	《资产管理控制证据表》等	审阅材料 访谈人员			B1－6－1 B1－6－2
		制度优化	资产管理管理制度优化情况	资产管理管理制度优化结果	《资产管理制度完善建议表》等	审阅材料 访谈人员			B1－7－1 B1－7－2
		控制图表	资产管理控制流程图绘制情况	资产管理控制流程图绘制结果	《资产管理控制流程图》等	审阅材料 访谈人员			B1－8－1 B1－8－2
		控制矩阵	资产管理控制矩阵编制情况	资产管理控制矩阵编制结果	《资产管理控制矩阵》等	审阅材料 访谈人员			B1－9－1 B1－9－2
汇总						编制汇总表			

测试结论	设计无效							设计有效	
	是	控制薄弱环节说明						是	良好实践
		设计的控制不符合实际	应有的控制不存在	风险识别不准确	未设计控制证据	控制矩阵编制不规范	其他		

（2）资产管理内部控制运行有效性测试。

评价人员在测试资产管理内部控制运行的有效性时，应当综合运用审阅文件资料、询问相关人员、观察业务活动以及重新执行控制等程序。在资产管理内部控制执行有效性评价过程中，评价人员应将资产管理每个业务流程的每个控制点的测试程序、方法和结果记录于内部控制执行有效性测试底稿。当资产管理业务流程测试结束后，评价人员应将各个流程和控制点的执行有效性测试结果进行汇总，记录于内部控制执行有效性评估汇总表。资产管理内部控制运行有效性测试方式一般采用关键控制测试，即建立样本库，再按照样本发生频率、样本库总量的大小区分，抽取相应数量的样本进行测试。资产管理内部控制运行有效性测试重点是对关键控制测试。中天恒 3C 框架资产管理内部控制运行有效性测试矩阵表见表 10－5。

表 10－5　中天恒 3C 框架资产管理内部控制运行有效性测试矩阵表

被测试单位名称			被测试单位编码		索引编号		B2		页次	
业务流程名称	资产管理		业务流程编号		3C08	测试人			测试时间	
测试期间			截止日期			复核人			复核时间	
流程编号	测试范围	实施环节	测试要点及分值		证据材料	测试程序	测试结果	实际得分	交叉索引	
			过程测试（50 分）	结果测试（50 分）						
资产管理 3C08	内控运行	岗位设置	资产管理岗位设置情况	资产管理岗位设置结果	《资产管理岗位设置图》等	审阅材料 访谈人员			B2－1－1 B2－1－2	
		职责分工	资产管理职责分工情况	资产管理职责分工结果	《资产管理职责分工制度》等	观察业务 抽样检查 重新执行			B2－2－1 B2－2－2 B2－2－3	
		制度执行	资产管理控制制度执行情况	资产管理控制制度执行结果	《资产管理管理制度》等	审阅材料 访谈人员 抽样检查			B2－3－1 B2－3－2 B2－3－3	
		措施落实	资产管理控制措施运行情况	资产管理控制措施运行结果	《资产管理控制措施表》等	审阅材料 访谈人员 抽样检查			B2－4－1 B2－4－2 B2－4－3	
		内控监督	资产管理内控监督检查情况	资产管理内控监督检查结果	《资产管理内控监督情况报告》等	审阅材料 访谈人员			B2－5－1 B2－5－2	

续表

流程编号	测试范围	实施环节	测试要点及分值		证据材料	测试程序	测试结果	实际得分	交叉索引
			过程测试（50分）	结果测试（50分）					
资产管理3C08	内控运行	信息系统	资产管理内控信息化建设情况	资产管理内控信息化建设结果	《资产管理内控信息化建设情况报告》等	审阅材料 访谈人员			B2－6－1 B2－6－2
		内控考核	资产管理内控考核情况	资产管理内控考核结果	《资产管理内控考核情况报告》等	审阅材料 访谈人员			B2－7－1 B2－7－2
		管理融合	资产管理内控与资产管理业务和管理相融合情况	资产管理内控与资产管理业务和管理相融合结果		审阅材料 访谈人员			B2－8－1 B2－8－2
		持续改进	资产管理内控持续改进情况	资产管理内控持续改进结果	《资产管理内控持续改进情况表》等	审阅材料 访谈人员			B2－9－1 B2－9－2
汇总						编制汇总表			

测试结论	运行无效							运行有效	
	是	控制薄弱环节说明							
		制度未执行	措施未落实	控制证据不足	设计不适应	监控不力	其他	是	良好实践

3.3 认定缺陷

资产管理内部控制认定缺陷，就是对资产管理内部控制设计缺陷和运行缺陷的认定，并要按照缺陷的影响程度把资产管理内部控制缺陷分为重大缺陷、重要缺陷和一般缺陷。在具体的资产管理内部控制缺陷认定过程，评价人员应将已经调查了解到的资产管理内部控制系统的现状与事先确定的内部控制标准模式进行对照，以揭示哪些法规规定的控制程序未被采用。对对照中发现的资产管理控制缺陷，应当按照不同内容分类，并汇集记录在内部控制内部控制缺陷认定矩阵表中，编制资产管理内部控制缺陷认定表。

资产管理内部控制缺陷因资产管理业务的不同而不同，对资产管理内部缺陷的认定应针对具体资产管理业务进行。根据中天恒管理咨询公司内部控制与风险管理咨询服务的实践，资产管理中常见的缺陷主要包括盲目购置或建造资产、工程项目决策失控、混淆资本性支出与收益性支出、资产变动业务不入账、调整固定资产折旧、虚列修理费和工程项目支出、人为调节成本费用、账实不符等。

中天恒3C框架资产管理内部控制缺陷认定矩阵表、认定表见表10－6、表10－7。

表10－6　　中天恒3C框架资产管理内部控制缺陷认定矩阵表

被评价单位名称			被评价单位编码				索引编号		C		页次			
业务流程名称	资产管理		业务流程编号			3C08	评价人				评价时间			
评价期间			截止日期				复核人				复核时间			
流程编号	一级流程	末级流程	关键控制	缺陷类型	缺陷描述	缺陷来源	缺陷性质			认定程序	认定索引	对报表影响	补偿性控制	整改意见
							一般缺陷	重大缺陷	重要缺陷					
3C08	资产管理									认定缺陷 提出建议	C－1 C－2			

表10－7　　中天恒3C框架资产管理内部控制缺陷认定表

被评价单位名称		被评价单位编码		索引编号	C－1	页次	
业务流程名称	资产管理	业务流程编号	3C08	评价人		评价时间	
关键控制名称		关键控制编号		复核人		复核时间	
影响会计科目		评价期间				截止日期	
缺陷类型		缺陷描述	认定标准	评价组初步认定意见		评价部门或经理层或董事会认定意见	
被评价单位（或当事人）意见及相关说明							
缺陷事项证据资料							

3.4 综合评价

资产管理综合评价，就是指在资产管理内部控制现场测试结果的基础上对资产管理内部控制有效性作出的最终评价，主要工作是汇总资产管理业务的评价结果。资产管理内部控制评价工作应遵循整理资料、分析影响、形成结论、反馈意见等综合评价的基本步骤。资产管理综合评价的方法很多，比较常用的是评分法。资产管理评分法可分别对资产管理内部控制设计有效性和运行有效性进行评分，也可以进行综合评分。资产管理内部控制综合评价结果可编制评价结果汇总表或绘制成评价图。资产管理内部控制评分结果汇总表见表10－8。

表10－8 中天恒3C框架资产管理内部控制评分结果汇总表

被评价单位名称		被评价单位编码		索引编号	D－1	页次	
业务流程名称	资产管理	业务流程编号	3C08	评价人		评价时间	
关键控制名称		关键控制编号		复核人		复核时间	
影响会计科目		评价期间				截止日期	

流程编号	一级流程	二级流程	评价要点	控制设计评分（50%）			控制执行评分（50%）			综合评分	
				标准分值	实际得分	评价结果	标注分值	实际得分	评价结果	实际得分	评价结果
3C08	资产管理										
3C08.01		存货									
3C08.02		固定资产									
3C08.03		无形资产									

十一、销售业务内部控制评价实务及其模板

1. 概述

1.1 评价概念

销售和收款业务是企业的主要经营业务之一，也是决定企业收入的重要环节。为了保证销售和收款业务的有序进行，防止和揭露错误和舞弊，保证销售和收款业务会计记录的真实可靠，企业有必要建立、健全销售和收款业务的内部控制。

销售业务内部控制评价是内部控制评价业务层面的重要内容之一，是对销售业务内部控制设计及运行有效性的评价。因此，加强销售业务内部控制评价工作，有利于促使企业建立健全和有效执行销售业务内部控制，从而有效控制销售业务风险，保障企业生产经营有序进行。

1.2 评价目标

销售业务内部控制评价目标，就是保证销售业务内部控制设计和运行的有效性，促使企业预防和控制销售业务风险。

1.3 评价依据

销售业务内部控制评价依据是国家关于销售业务管理方面的法律法规、企业制定的销售业务管理制度及其《企业内部控制手册》有关销售业务部分的内容。具体依据因评价单位的不同而有所不同。一般来说，涉及国家法律法规层面的销售业务内部控制评价依据包括《企业内部控制基本规范》、《企业内部控制应用指引第9号——销售业务》等。涉及评价单位层面的销售业务内部控制评价依据包括企业制定的《销售业务管理制度》、《销售业务授权制度和审核批准制度》、《销售业务的岗位责任制》等。在编制了《企业内部控制管理手册》的企业，该手册中的销售业务内部控制矩阵既是销售业务内部控制评价的对象，也是最为直接的评价依据。

2. 评价内容

销售业务内部控制评价内容，总体来说就是评价销售业务内部控制的设计和

运行的有效性，包括过程和结果两个层面，具体评价范围包括销售、收款等主要销售业务。具体评价内容因评价单位开展销售业务情况的不同而不同，也因被评价单位内部控制成熟度的不同而不同。中天恒 3C 框架研究确定的销售业务内部控制评价内容分为销售业务内部控制设计和执行两个方面，分别包括了过程和结果两个层面，具体内容见表 11－1。

表 11－1　　中天恒 3C 框架销售业务内部控制评价内容表

流程编号	一级流程	评价范围	关键环节	评价内容		评价重点
				过程评价	结果评价	
3C09	销售业务	内控设计	现状梳理	销售业务现状梳理情况	销售业务现状梳理结果	
			风险评估	销售业务风险评估情况	销售业务风险评估结果	
			控制要点	销售业务控制要点及关键控制确定情况	销售业务控制要点及关键控制确定结果	
			控制目标	销售业务控制目标的确定及其分解情况	销售业务控制目标的确定及其分解结果	
			控制措施	销售业务控制措施确定情况	销售业务控制措施确定结果	√
			控制证据	销售业务控制证据设计情况	销售业务控制证据设计结果	
			制度优化	销售业务管理制度优化情况	销售业务管理制度优化结果	
			控制图表	销售业务控制图表绘制情况	销售业务控制图表绘制结果	
			控制矩阵	销售业务控制矩阵编制情况	销售业务控制矩阵编制结果	√
		内控运行	岗位设置	销售业务岗位设置情况	销售业务岗位设置结果	
			职责分工	销售业务职责分工情况	销售业务职责分工结果	
			制度执行	销售业务制度执行情况	销售业务制度执行结果	√
			措施落实	销售业务控制措施落实情况	销售业务控制措施落实结果	
			内控监督	销售业务内控监督情况	销售业务内控监督结果	√
			内控考核	销售业务内控考核情况	销售业务内控考核结果	
			信息系统	销售业务内控信息化情况	销售业务内控信息化结果	
			管理融合	销售业务内控与业务管理融合情况	销售业务内控与业务管理融合结果	
			持续改进	销售业务内控持续改进情况	销售业务内控持续改进结果	

2.1　设计有效性评价

销售业务内部控制的设计有效性评价包括设计过程和设计结果两个层面。销售业务内部控制设计结果有效性的前提是设计过程要有效，因此，要重视销售业务内部控制设计过程有效性的评价，不能仅对销售业务内部控制设计结果有效性进行评价。

2.2 运行有效性评价

销售业务内部控制的运行有效性评价包括运行过程和运行结果两个层面。总体说来，销售业务内部控制运行评价的要点包括：已经设计完成的销售业务内部控制及其相关的管理制度是否有效执行，是否有效控制了销售业务风险；已经设计有效的销售业务各控制点的控制措施是否有效实施，是否有效防止了各控制环节的风险；是否建立销售业务内部控制执行情况文档；是否根据业务、监管要求或法律法规等的变化持续改进销售业务内部控制等。实践中，销售业务内部控制运行层面普遍存在已有的控制在实际中没有执行、内部控制形同虚设、销售业务风险未有效控制等问题。销售业务内部控制的运行有效性评价的重点是控制制度及其措施的执行情况。

3. 评价程序

销售业务内部控制评价程序，就实施阶段来说，主要包括对销售业务内部控制进行调查了解、控制测试、缺陷认定、综合评价等程序。中天恒3C框架研究设计的销售业务内部控制评价总体程序见表11－2。

表11－2　　中天恒3C框架销售业务内部控制评价总体程序表

<table>
<tr><td>被评价单位名称</td><td></td><td>被评价单位编码</td><td></td><td>索引编号</td><td>0</td><td>页次</td><td></td></tr>
<tr><td>业务流程名称</td><td>销售业务</td><td>业务流程编号</td><td>3C09</td><td>编制人</td><td></td><td>编制时间</td><td></td></tr>
<tr><td>评价期间</td><td></td><td>截止日期</td><td></td><td>复核人</td><td></td><td>复核时间</td><td></td></tr>
<tr><td>序号</td><td>基本程序</td><td colspan="3">细分程序</td><td colspan="2">执行情况说明</td><td>工作底稿索引号</td></tr>
<tr><td>1</td><td>调查了解</td><td colspan="3">销售业务内部控制有效性调查</td><td colspan="2"></td><td>A</td></tr>
<tr><td rowspan="2">2</td><td rowspan="2">控制测试</td><td colspan="3">销售业务内部控制设计有效性测试</td><td colspan="2"></td><td>B1</td></tr>
<tr><td colspan="3">销售业务内部控制执行有效性测试</td><td colspan="2"></td><td>B2</td></tr>
<tr><td>3</td><td>缺陷认定</td><td colspan="3">销售业务内部控制缺陷认定</td><td colspan="2"></td><td>C</td></tr>
<tr><td rowspan="2">4</td><td rowspan="2">综合评价</td><td colspan="3">销售业务内部控制评分结果汇总</td><td colspan="2"></td><td>D1</td></tr>
<tr><td colspan="3">销售业务内部控制评价结果汇总</td><td colspan="2"></td><td>D2</td></tr>
<tr><td colspan="2">说明</td><td colspan="6">1. 每一个评价程序可细分若干具体程序。
2. 上述程序可结合进行，以提高评价工作效率。
3. 在执行每一步骤后，应填写“执行情况说明”一栏，以此作为对销售业务内部控制综合评价的依据。</td></tr>
</table>

3.1　调查了解

调查了解销售业务内部控制设计和运行的情况，是对销售业务内部控制评价实施阶段的首要环节。调查了解仅作为了解销售业务内部控制设计和运行的情况的手段，不能直接形成销售业务内部控制设计和运行有效性的结论。这项目工作是在内部控制评价总体工作的准备阶段的基础上进行的，涉及具体内容很多，也因单位的不同而不同。对销售业务内部控制调查了解的方法有文字叙述法、调查表法、流程图法、控制矩阵法等。这些方法各有其特点，经常综合运用。中天恒3C框架销售业务内部控制调查问卷见表11－3。

表11－3　　中天恒3C框架销售业务内部控制调查问卷

被调查单位名称		被调查单位编码		索引编号	A	页次	
业务流程名称	销售业务	业务流程编号	3C09	调查人		调查时间	
调查期间		截止日期		复核人		复核时间	

调查项目	调查范围	调查环节	调查内容	调查结果			证据名称	被调查部门	被调查人
				是	否	不适应			
销售业务	内控设计	现状梳理	是否进行了销售业务现状梳理				《销售业务内部管理制度或相关文件情况表》、《销售业务流程目录》、《销售业务业务现状流程图》等		
			销售业务现状梳理是否有效						
		风险评估	是否进行了销售业务风险评估				《销售业务风险及其描述表》、《销售业务风险分析表》、《销售业务风险评价表》、《销售业务风险应对策略表》、《销售业务业务风险数据库》、《销售业务重大风险解决方案》等		
			销售业务风险评估是否有效						
		控制要点	是否进行了销售业务控制要点及关键控制的确定				《销售业务控制要点及其关键控制表》等		
			销售业务控制要点及关键控制的确定是否有效						
		控制目标	是否进行了销售业务控制目标的确定及其分解				《销售业务内部控制目标表》等		
			销售业务控制目标的确定及其分解是否有效						

续表

调查项目	调查范围	调查环节	调查内容	调查结果			证据名称	被调查部门	被调查人
				是	否	不适应			
销售业务	内控设计	控制措施	是否进行了销售业务控制措施的确定				《销售业务内部控制措施表》等		
			销售业务控制措施的确定是否有效						
		控制证据	是否进行了销售业务控制证据的设计				《销售业务控制证据表》等		
			销售业务控制证据设计是否有效						
		制度优化	是否进行了销售业务管理的制度优化				《销售业务制度完善建议表》等		
			销售业务管理制度的优化是否有效						
		控制图表	是否绘制了销售业务控制流程图				《销售业务控制流程图》等		
			绘制的销售业务控制流程图是否有效						
		控制矩阵	是否编制了销售业务控制流矩阵				《销售业务控制矩阵》等		
			编制的销售业务制矩阵是否有效						
	内控运行	岗位设置	是否设置了必要的销售业务岗位				《销售业务岗位设置图》等		
			设置销售业务岗位是否有效						
		职责分工	是否有明确的销售业务职责分工				《销售业务职责分工制度》等		
			销售业务职责分工是否有效						
		制度执行	是否颁布实施了已经设计的销售业务控制制度				《销售业务管理制度》等		
			销售业务控制制度执行是否有效						

续表

调查项目	调查范围	调查环节	调查内容	调查结果			证据名称	被调查部门	被调查人
				是	否	不适应			
销售业务	内控运行	措施落实	是否实施了已经设计的销售业务控制措施				《销售业务控制措施表》等		
			销售业务控制措施运行是否有效						
		内控监督	是否进行销售业务内控监督检查				《销售业务内控监督情况报告》等		
			销售业务内控监督结果是否有效						
		信息系统	是否进行销售业务内控信息化建设				《销售业务内控信息化建设情况报告》等		
			销售业务内控信息化建设结果是否有效						
		内控考核	是否进行销售业务内控考核				《销售业务内控考核情况报告》等		
			销售业务内控考核结果是否有效						
		管理融合	销售业务内控是否与销售业务和管理相融合						
		持续改进	是否根据业务、监管要求或法律法规等的变化持续维护销售业务内部控制				《销售业务内控持续改进情况表》等		
			销售业务内控持续改进结果是否有效						

调查结论	内控可信赖度					是否需要作进一步测试	
	高	较高	中	较低	低	是	否
	简要描述						

3.2 现场测试

销售业务内部控制现场测试，就是测试销售业务内部控制设计和运行的有效性。对销售业务内部控制进行测试，可以根据具体情况实施详查或者抽样测试，具体测试方式包括跟单测试和关键控制测试等。

（1）销售业务内部控制设计有效性测试。

评价人员在测试销售业务控制设计的有效性时，应当综合运用询问适当人员、观察经营活动和检查相关文件等程序。销售业务内部控制设计有效性测试方式一般采用跟单测试方式。中天恒 3C 框架销售业务内部控制设计有效性测试矩阵表见表 11－4。

表 11－4　中天恒 3C 框架销售业务内部控制设计有效性测试矩阵表

被测试单位名称			被测试单位编码		索引编号	B1	页次		
业务流程名称		销售业务	业务流程编号	3C09	测试人		测试时间		
测试期间			截止日期		复核人		复核时间		
流程编号	测试范围	关键环节	测试要点及分值		证据材料	测试程序	测试结果	实际得分	交叉索引
			过程测试（50 分）	结果测试（50 分）					
销售业务 3C09	内控设计	现状梳理	销售业务现状梳理情况	销售业务现状梳理结果	《销售业务内部管理制度或相关文件情况表》、《销售业务流程目录》、《销售业务业务现状流程图》	审阅材料 访谈人员 抽样检查			B1－1－1 B1－1－2 B1－1－3
		风险评估	销售业务风险评估情况	销售业务风险评估结果	《销售业务风险及其描述表》、《销售业务风险分析表》、《销售业务风险评价表》、《销售业务风险应对策略表》、《销售业务业务风险数据库》、《销售业务重大风险解决方案》等	审阅材料 访谈人员 抽样检查 重新执行			B1－2－1 B1－2－2 B1－2－3 B1－2－4
		控制要点	销售业务控制要点及关键控制落实情况	销售业务控制要点及关键控制确定结果	《销售业务控制要点及其关键控制表》等	审阅材料 访谈人员 抽样检查			B1－3－1 B1－3－2 B1－3－3

续表

流程编号	测试范围	关键环节	测试要点及分值		证据材料	测试程序	测试结果	实际得分	交叉索引
			过程测试（50分）	结果测试（50分）					
销售业务3C09	内控设计	控制目标	销售业务控制目标确定及其分解情况	销售业务控制目标确定及其分解结果	《销售业务内部控制目标表》等	审阅材料 访谈人员			B1－4－1 B1－4－2
		控制措施	销售业务控制措施落实情况	销售业务控制措施确定结果	《销售业务内部控制措施表》等	审阅材料 访谈人员 抽样检查 重新执行			B1－5－1 B1－5－2 B1－5－3 B1－5－4
		控制证据	销售业务控制证据设计情况	销售业务控制证据设计结果	《销售业务控制证据表》等	审阅材料 访谈人员			B1－6－1 B1－6－2
		制度优化	销售业务管理制度优化情况	销售业务管理制度优化结果	《销售业务制度完善建议表》等	审阅材料 访谈人员			B1－7－1 B1－7－2
		控制图表	销售业务控制流程图绘制情况	销售业务控制流程图绘制结果	《销售业务控制流程图》等	审阅材料 访谈人员			B1－8－1 B1－8－2
		控制矩阵	销售业务控制矩阵编制情况	销售业务控制矩阵编制结果	《销售业务控制矩阵》等	审阅材料 访谈人员			B1－9－1 B1－9－2
汇总						编制汇总表			

<table>
<tr><td rowspan="4">测试结论</td><td colspan="7">设计无效</td><td colspan="2" rowspan="2">设计有效</td></tr>
<tr><td rowspan="2">是</td><td colspan="6">控制薄弱环节说明</td></tr>
<tr><td>设计的控制不符合实际</td><td>应有的控制不存在</td><td>风险识别不准确·</td><td>未设计控制证据</td><td>控制矩阵编制不规范</td><td>其他</td><td>是</td><td>良好实践</td></tr>
<tr><td></td><td></td><td></td><td></td><td></td><td></td><td></td><td></td><td></td></tr>
</table>

（2）销售业务内部控制运行有效性测试。

评价人员在测试销售业务内部控制运行的有效性时，应当综合运用审阅文件资料、询问相关人员、观察业务活动以及重新执行控制等程序。在销售业务内部控制执行有效性评价过程中，评价人员应将销售业务每个业务流程的每个控制点的测试程序、方法和结果记录于内部控制执行有效性测试底稿。当销售业务业务流程测试结束后，评价人员应将各个流程和控制点的执行有效性测试结果进行汇总，记录于内部控制执行有效性评估汇总表。销售业务内部控制运行有效性测试方式一般采用关键控制测试，即建立样本库，再按照样本发生频率、样本库总量的大小区分，抽取相应数量的样本进行测试。销售业务内部控制运行有效性测试重点是对关键控制测试。中天恒 3C 框架销售业务内部控制运行有效性测试矩阵表见表 11－5。

表 11－5　中天恒 3C 框架销售业务内部控制运行有效性测试矩阵表

被测试单位名称		被测试单位编码		索引编号	B2	页次	
业务流程名称	销售业务	业务流程编号	3C09	测试人		测试时间	
测试期间		截止日期		复核人		复核时间	

流程编号	测试范围	实施环节	测试要点及分值		证据材料	测试程序	测试结果	实际得分	交叉索引
			过程测试（50 分）	结果测试（50 分）					
销售业务 3C09	内控运行	岗位设置	销售业务岗位设置情况	销售业务岗位设置结果	《销售业务岗位设置图》等	审阅材料 访谈人员			B2－1－1 B2－1－2
		职责分工	销售业务职责分工情况	销售业务职责分工结果	《销售业务职责分工制度》等	观察业务 抽样检查 重新执行			B2－2－1 B2－2－2 B2－2－3
		制度执行	销售业务控制制度执行情况	销售业务控制制度执行结果	《销售业务管理制度》等	审阅材料 访谈人员 抽样检查			B2－3－1 B2－3－2 B2－3－3
		措施落实	销售业务控制措施运行情况	销售业务控制措施运行结果	《销售业务控制措施表》等	审阅材料 访谈人员 抽样检查			B2－4－1 B2－4－2 B2－4－3
		内控监督	销售业务内控监督检查情况	销售业务内控监督检查结果	《销售业务内控监督情况报告》等	审阅材料 访谈人员			B2－5－1 B2－5－2

续表

流程编号	测试范围	实施环节	测试要点及分值		证据材料	测试程序	测试结果	实际得分	交叉索引
			过程测试（50分）	结果测试（50分）					
销售业务3C09	内控运行	信息系统	销售业务内控信息化建设情况	销售业务内控信息化建设结果	《销售业务内控信息化建设情况报告》等	审阅材料 访谈人员			B2－6－1 B2－6－2
		内控考核	销售业务内控考核情况	销售业务内控考核结果	《销售业务内控考核情况报告》等	审阅材料 访谈人员			B2－7－1 B2－7－2
		管理融合	销售业务内控与业务和管理相融合情况	销售业务内控与业务和管理相融合结果		审阅材料 访谈人员			B2－8－1 B2－8－2
		持续改进	销售业务内控持续改进情况	销售业务内控持续改进结果	《销售业务内控持续改进情况表》等	审阅材料 访谈人员			B2－9－1 B2－9－2
汇总						编制汇总表			

测试结论	运行无效							运行有效	
	是	控制薄弱环节说明							
		制度未执行	措施未落实	控制证据不足	设计不适应	监控不力	其他	是	良好实践

3.3 认定缺陷

销售业务内部控制认定缺陷，就是对销售业务内部控制设计缺陷和运行缺陷的认定，并要按照缺陷的影响程度把销售业务内部控制缺陷分为重大缺陷、重要缺陷和一般缺陷。在具体的销售业务内部控制缺陷认定过程，评价人员应将已经调查了解到的销售业务内部控制系统的现状与事先确定的内部控制标准模式进行对照，以揭示哪些法规规定的控制程序未被采用。对对照中发现的销售业务控制缺陷，应当按照不同内容进行分类，并汇集记录在内部控制内部控制缺陷认定矩阵表中，编制销售业务内部控制缺陷认定表。

销售业务内部控制缺陷因销售业务的不同而不同，对销售业务内部控制缺陷的认定应针对具体销售业务进行。根据中天恒管理咨询公司内部控制与风险管理咨询服务的实践，销售业务中常见的缺陷主要包括：

➢ 虚假确认销售收入，调节利润。这主要是指企业不遵循收入实现原则来确认收入，而是根据需要提前或推后确认收入甚至虚构收入。虚假确认收入的方法有多种，如伪造虚假的购销合同、销售发票、发货单等原始凭证和相应的应收账款余额；重复开具发票从而多计销售；不按照收入实现原则，将本应由下期实现的收入提前至本期确认，或将本年“多余”的利润推迟到下期确认；确认一年中的部分费用但确认全年的收入以提高利润等。

➢ 销售价格失去控制，导致企业商品的价格体系混乱，对公司形象造成不良影响。

➢ 没有进行严格的信用审查，造成坏账。在赊销时，没有履行必要的信用审查程序，或者仅由个别人员决定赊销，没有经过适当的复查程序，导致应收账款发生大量坏账，企业不仅面临巨大的财务风险，而且应收账款的账面价值与实际严重不符，企业可能虚盈实亏。

➢ 销售凭证控制不严。没有对销售单、装运凭证、发票等进行连续编号，而且没有建立完善的凭证保管制度，导致多计或少计销售，内部人员擅自涂改、销毁、伪造凭证，为记录不实、贪污舞弊行为创造了机会。

➢ 不相容职位未严格或实质分离，导致串通舞弊、欺诈，造成企业的经济损失。

中天恒 3C 框架销售业务内部控制缺陷认定矩阵表、认定表见表 11－6、表 11－7。

表 11－6　　中天恒 3C 框架销售业务内部控制缺陷认定矩阵表

<table>
<tr><td colspan="2">被评价单位名称</td><td colspan="2"></td><td colspan="3">被评价单位编码</td><td colspan="2"></td><td>索引编号</td><td>C</td><td colspan="2">页次</td><td></td></tr>
<tr><td colspan="2">业务流程名称</td><td colspan="2">销售业务</td><td colspan="3">业务流程编号</td><td colspan="2">3C09</td><td>评价人</td><td></td><td colspan="2">评价时间</td><td></td></tr>
<tr><td colspan="2">评价期间</td><td colspan="2"></td><td colspan="3">截止日期</td><td colspan="2"></td><td>复核人</td><td></td><td colspan="2">复核时间</td><td></td></tr>
<tr><td rowspan="2">流程编号</td><td rowspan="2">一级流程</td><td rowspan="2">末级流程</td><td rowspan="2">关键控制</td><td rowspan="2">缺陷类型</td><td rowspan="2">缺陷描述</td><td rowspan="2">缺陷来源</td><td colspan="3">缺陷性质</td><td rowspan="2">认定程序</td><td rowspan="2">认定索引</td><td rowspan="2">对报表影响</td><td rowspan="2">补偿性控制</td><td rowspan="2">整改意见</td></tr>
<tr><td>一般缺陷</td><td>重大缺陷</td><td>重要缺陷</td></tr>
<tr><td>3C09</td><td>销售业务</td><td></td><td></td><td></td><td></td><td></td><td></td><td></td><td></td><td>认定缺陷
提出建议</td><td>C－1
C－2</td><td></td><td></td><td></td></tr>
<tr><td></td><td></td><td></td><td></td><td></td><td></td><td></td><td></td><td></td><td></td><td></td><td></td><td></td><td></td><td></td></tr>
<tr><td></td><td></td><td></td><td></td><td></td><td></td><td></td><td></td><td></td><td></td><td></td><td></td><td></td><td></td><td></td></tr>
<tr><td></td><td></td><td></td><td></td><td></td><td></td><td></td><td></td><td></td><td></td><td></td><td></td><td></td><td></td><td></td></tr>
</table>

表 11－7　　　　中天恒 3C 框架销售业务内部控制缺陷认定表

被评价单位名称		被评价单位编码		索引编号	C－1	页次	
业务流程名称	销售业务	业务流程编号	3C09	评价人		评价时间	
关键控制名称		关键控制编号		复核人		复核时间	
影响会计科目		评价期间				截止日期	

缺陷类型	缺陷描述	认定标准	评价组初步认定意见	评价部门或经理层或董事会认定意见
被评价单位（或当事人）意见及相关说明				
缺陷事项证据资料				

3.4　综合评价

销售业务综合评价，就是指在销售业务内部控制现场测试结果的基础上对销售业务内部控制有效性作出的最终评价，主要工作是汇总销售业务的评价结果。销售业务内部控制评价工作应遵循整理资料、分析影响、形成结论、反馈意见等综合评价的基本步骤。销售业务综合评价的方法很多，比较常用的是评分法。销售业务评分法可分别对销售业务内部控制设计有效性和运行有效性进行评分，也可以进行综合评分。销售业务内部控制综合评价结果可编制评价结果汇总表或绘制成评价图。

中天恒 3C 框架销售业务内部控制评分结果汇总表见表 11－8。

表 11－8　　　　中天恒 3C 框架销售业务内部控制评分结果汇总表

被评价单位名称		被评价单位编码		索引编号	D－1	页次	
业务流程名称	销售业务	业务流程编号	3C09	评价人		评价时间	
关键控制名称		关键控制编号		复核人		复核时间	
影响会计科目		评价期间				截止日期	

流程编号	一级流程	二级流程	评价要点	控制设计评分（50%）			控制执行评分（50%）			综合评分	
				标准分值	实际得分	评价结果	标注分值	实际得分	评价结果	实际得分	评价结果
3C09	销售业务										
3C09.01		销售									
3C09.02		收款									

十二、研究与开发内部控制评价实务及其模板

1. 概述

1.1 评价概念

研究与开发内部控制评价是内部控制评价业务层面的重要内容之一，是对研究与开发内部控制设计及运行有效性的评价。因此，加强研究与开发内部控制评价工作，有利于促使企业建立健全和有效执行研究与开发内部控制，从而有效控制研究与开发风险，促进企业自主创新，增强企业核心竞争力。

1.2 评价目标

研究与开发内部控制评价目标，就是保证研究与开发内部控制设计和运行的有效性，促使企业预防和控制研究与开发风险。

1.3 评价依据

研究与开发内部控制评价依据是国家关于研究与开发管理方面的法律法规、企业制定的研究与开发管理制度及其《企业内部控制手册》有关研究与开发部分的内容。具体依据因评价单位的不同而有所不同。一般来说，涉及国家法律法规层面的研究与开发内部控制评价依据包括《企业内部控制基本规范》、《企业内部控制应用指引第 10 号——研究与开发》等。涉及评价单位层面的研究与开发内部控制评价依据包括企业制定的《研究与开发管理制度》、《研究与开发授权制度和审核批准制度》、《研究与开发的岗位责任制》等。在编制了《企业内部控制管理手册》的企业，该手册中的研究与开发内部控制矩阵既是研究与开发内部控制评价的对象，也是最为直接的依据。

2. 评价内容

研究与开发内部控制评价内容，总体来说就是评价研究与开发内部控制的设计和运行的有效性，包括过程和结果两个层面，具体评价范围包括立项与研究、开发与保护等。具体评价内容因评价单位开展研究与开发情况的不同而不同，也因被评价单位内部控制成熟度的不同而不同。中天恒 3C 框架研究确定的研究与开发内部控制评价内容分为研究与开发内部控制设计和执行两个方面，分别包括

了过程和结果两个层面，具体内容见表12－1。

表12－1　　中天恒3C框架研究与开发内部控制评价内容表

流程编号	一级流程	评价范围	关键环节	评价内容		评价重点
				过程评价	结果评价	
3C010	研究与开发	内控设计	现状梳理	研究与开发现状梳理情况	研究与开发现状梳理结果	
			风险评估	研究与开发风险评估情况	研究与开发风险评估结果	
			控制要点	研究与开发控制要点及关键控制确定情况	研究与开发控制要点及关键控制确定结果	
			控制目标	研究与开发控制目标的确定及其分解情况	研究与开发控制目标的确定及其分解结果	
			控制措施	研究与开发控制措施确定情况	研究与开发控制措施确定结果	√
			控制证据	研究与开发控制证据设计情况	研究与开发控制证据设计结果	
			制度优化	研究与开发管理制度优化情况	研究与开发管理制度优化结果	
			控制图表	研究与开发控制图表绘制情况	研究与开发控制图表绘制结果	
			控制矩阵	研究与开发控制矩阵编制情况	研究与开发控制矩阵编制结果	√
		内控运行	岗位设置	研究与开发岗位设置情况	研究与开发岗位设置结果	
			职责分工	研究与开发职责分工情况	研究与开发职责分工结果	
			制度执行	研究与开发制度执行情况	研究与开发制度执行结果	√
			措施落实	研究与开发控制措施落实情况	研究与开发控制措施落实结果	
			内控监督	研究与开发内控监督情况	研究与开发内控监督结果	√
			内控考核	研究与开发内控考核情况	研究与开发内控考核结果	
			信息系统	研究与开发内控信息化情况	研究与开发内控信息化结果	
			管理融合	研究与开发内控与业务管理融合情况	研究与开发内控与业务管理融合结果	
			持续改进	研究与开发内控持续改进情况	研究与开发内控持续改进结果	

2.1　设计有效性评价

研究与开发内部控制的设计有效性评价包括设计过程和设计结果两个层面。研究与开发内部控制设计结果有效性的前提是设计过程要有效，因此，要重视研究与开发内部控制设计过程有效性的评价，不能仅对研究与开发内部控制设计结果有效性进行评价。

2.2　运行有效性评价

研究与开发内部控制的运行有效性评价包括运行过程和运行结果两个层面。

总体说来，研究与开发内部控制运行评价的要点包括：已经设计完成的研究与开发内部控制及其相关的管理制度是否有效执行，是否有效控制了研究与开发风险；已经设计有效的研究与开发各控制点的控制措施是否有效实施，是否有效防止了各控制环节的风险；是否建立研究与开发内部控制执行情况文档；是否根据业务、监管要求或法律法规等的变化持续改进研究与开发内部控制等。实践中，研究与开发内部控制运行层面普遍存在的问题是已有的控制在实际中没有执行，内部控制形同虚设，研究与开发风险未有效控制，导致虚增立项与研究收入、人为调节利润、形成坏账等。研究与开发内部控制的运行有效性评价的重点是控制制度及其措施的执行情况。

3. 评价程序

研究与开发内部控制评价程序，就实施阶段来说，主要包括对研究与开发内部控制进行调查了解、控制测试、缺陷认定、综合评价等程序。中天恒3C框架研究设计的研究与开发内部控制评价总体程序见表12－2。

表12－2　　中天恒3C框架研究与开发内部控制评价总体程序表

<table>
<tr><td>被评价单位名称</td><td colspan="2"></td><td>被评价单位编码</td><td></td><td>索引编号</td><td>0</td><td>页次</td><td></td></tr>
<tr><td>业务流程名称</td><td colspan="2">研究与开发</td><td>业务流程编号</td><td>3C010</td><td>编制人</td><td></td><td>编制时间</td><td></td></tr>
<tr><td>评价期间</td><td colspan="2"></td><td>截止日期</td><td></td><td>复核人</td><td></td><td>复核时间</td><td></td></tr>
<tr><td>序号</td><td colspan="2">基本程序</td><td colspan="3">细分程序</td><td colspan="2">执行情况说明</td><td>工作底稿索引号</td></tr>
<tr><td>1</td><td colspan="2">调查了解</td><td colspan="3">研究与开发内部控制有效性调查</td><td colspan="2"></td><td>A</td></tr>
<tr><td rowspan="2">2</td><td colspan="2" rowspan="2">控制测试</td><td colspan="3">研究与开发内部控制设计有效性测试</td><td colspan="2"></td><td>B1</td></tr>
<tr><td colspan="3">研究与开发内部控制执行有效性测试</td><td colspan="2"></td><td>B2</td></tr>
<tr><td>3</td><td colspan="2">缺陷认定</td><td colspan="3">研究与开发内部控制缺陷认定</td><td colspan="2"></td><td>C</td></tr>
<tr><td rowspan="2">4</td><td colspan="2" rowspan="2">综合评价</td><td colspan="3">研究与开发内部控制评分结果汇总</td><td colspan="2"></td><td>D1</td></tr>
<tr><td colspan="3">研究与开发内部控制评价结果汇总</td><td colspan="2"></td><td>D2</td></tr>
<tr><td colspan="2">说明</td><td colspan="7">1. 每一个评价程序可细分若干具体程序。
2. 上述程序可结合进行，以提高评价工作效率。
3. 在执行每一步骤后，应填写“执行情况说明”一栏，以此作为对研究与开发内部控制综合评价的依据。</td></tr>
</table>

3.1　调查了解

调查了解研究与开发内部控制设计和运行的情况，是对研究与开发内部控制评价实施阶段的首要环节。调查了解仅作为了解研究与开发内部控制设计和运行的情况的手段，不能直接形成研究与开发内部控制设计和运行有效性的结论。这项工作是在内部控制评价总体工作的准备阶段的基础上进行的，涉及具体内容很多，因单位的不同而不同。对研究与开发内部控制调查了解的方法有文字叙述法、调查表法、流程图法、控制矩阵法等。这些方法各有其特点，经常综合运用。中天恒 3C 框架研究与开发内部控制调查问卷见表 12－3。

表 12－3　　中天恒 3C 框架研究与开发内部控制调查问卷

被调查单位名称		被调查单位编码		索引编号	A	页次	
业务流程名称	研究与开发	业务流程编号	3C010	调查人		调查时间	
调查期间		截止日期		复核人		复核时间	

调查项目	调查范围	调查环节	调查内容	调查结果			证据名称	被调查部门	被调查人
				是	否	不适应			
研究与开发	内控设计	现状梳理	是否进行了研究与开发现状梳理				《研究与开发内部管理制度或相关文件情况表》、《研究与开发流程目录》、《研究与开发业务现状流程图》等		
			研究与开发现状梳理是否有效						
		风险评估	是否进行了研究与开发风险评估				《研究与开发风险及其描述表》、《研究与开发风险分析表》、《研究与开发风险评价表》、《研究与开发风险应对策略表》、《研究与开发业务风险数据库》、《研究与开发重大风险解决方案》等		
			研究与开发风险评估是否有效						
		控制要点	是否进行了研究与开发控制要点及关键控制的确定				《研究与开发控制要点及其关键控制表》等		
			研究与开发控制要点及关键控制的确定是否有效						
		控制目标	是否进行了研究与开发控制目标的确定及其分解				《研究与开发内部控制目标表》等		
			研究与开发控制目标的确定及其分解是否有效						
		控制措施	是否进行了研究与开发控制措施的确定				《研究与开发内部控制措施表》等		
			研究与开发控制措施的确定是否有效						

续表

调查项目	调查范围	调查环节	调查内容	调查结果			证据名称	被调查部门	被调查人
				是	否	不适应			
研究与开发	内控设计	控制证据	是否进行了研究与开发控制证据的设计				《研究与开发控制证据表》等		
			研究与开发控制证据设计是否有效						
		制度优化	是否进行了研究与开发管理的制度优化				《研究与开发制度完善建议表》等		
			研究与开发管理制度的优化是否有效						
		控制图表	是否绘制了研究与开发控制流程图				《研究与开发控制流程图》等		
			绘制的研究与开发控制流程图是否有效						
		控制矩阵	是否编制了研究与开发控制流矩阵				《研究与开发控制矩阵》等		
			编制的研究与开发制矩阵是否有效						
	内控运行	岗位设置	是否设置了必要的研究与开发岗位				《研究与开发岗位设置图》等		
			设置研究与开发岗位是否有效						
		职责分工	是否有明确的研究与开发职责分工				《研究与开发职责分工制度》等		
			研究与开发职责分工是否有效						
		制度执行	是否颁布实施了已经设计的研究与开发控制制度				《研究与开发管理制度》等		
			研究与开发控制制度执行是否有效						

续表

调查项目	调查范围	调查环节	调查内容	调查结果			证据名称	被调查部门	被调查人
				是	否	不适应			
研究与开发	内控运行	措施落实	是否实施了已经设计的研究与开发控制措施				《研究与开发控制措施表》等		
			研究与开发控制措施运行是否有效						
		内控监督	是否进行研究与开发内控监督检查				《研究与开发内控监督情况报告》等		
			研究与开发内控监督结果是否有效						
		信息系统	是否进行研究与开发内控信息化建设				《研究与开发内控信息化建设情况报告》等		
			研究与开发内控信息化建设结果是否有效						
		内控考核	是否进行研究与开发内控考核				《研究与开发内控考核情况报告》等		
			研究与开发内控考核结果是否有效						
		管理融合	研究与开发内控是否与研究与开发业务和管理相融合						
		持续改进	是否根据业务、监管要求或法律法规等的变化持续维护研究与开发内部控制				《研究与开发内控持续改进情况表》等		
			研究与开发内控持续改进结果是否有效						

调查结论	内控可信赖度					是否需要作进一步测试	
	高	较高	中	较低	低	是	否
	简要描述						

3.2 现场测试

研究与开发内部控制现场测试，就是测试研究与开发内部控制设计和运行的有效性。对研究与开发内部控制进行测试，可以根据具体情况实施详查或者抽样测试，具体测试方式包括跟单测试和关键控制测试等。

（1）研究与开发内部控制设计有效性测试。

评价人员在测试研究与开发控制设计的有效性时，应当综合运用询问适当人员、观察经营活动和检查相关文件等程序。测试方式一般采用跟单测试方式。中天恒3C框架研究与开发内部控制设计有效性测试矩阵表见表12－4。

表12－4　　中天恒3C框架研究与开发内部控制设计有效性测试矩阵表

<table>
<tr><td colspan="3">被测试单位名称</td><td></td><td>被测试单位编码</td><td></td><td>索引编号</td><td>B1</td><td>页次</td><td></td></tr>
<tr><td colspan="3">业务流程名称</td><td>研究与开发</td><td>业务流程编号</td><td>3C010</td><td>测试人</td><td></td><td>测试时间</td><td></td></tr>
<tr><td colspan="3">测试期间</td><td></td><td>截止日期</td><td></td><td>复核人</td><td></td><td>复核时间</td><td></td></tr>
<tr><td rowspan="2">流程编号</td><td rowspan="2">测试范围</td><td rowspan="2">关键环节</td><td colspan="2">测试要点及分值</td><td rowspan="2">证据材料</td><td rowspan="2">测试程序</td><td rowspan="2">测试结果</td><td rowspan="2">实际得分</td><td rowspan="2">交叉索引</td></tr>
<tr><td>过程测试（50分）</td><td>结果测试（50分）</td></tr>
<tr><td rowspan="4">研究与开发3C010</td><td rowspan="4">内控设计</td><td>现状梳理</td><td>研究与开发现状梳理情况</td><td>研究与开发现状梳理结果</td><td>《研究与开发内部管理制度或相关文件情况表》、《研究与开发流程目录》、《研究与开发业务现状流程图》</td><td>审阅材料
访谈人员
抽样检查</td><td></td><td></td><td>B1－1－1
B1－1－2
B1－1－3</td></tr>
<tr><td>风险评估</td><td>研究与开发风险评估情况</td><td>研究与开发风险评估结果</td><td>《研究与开发风险及其描述表》、《研究与开发风险分析表》、《研究与开发风险评价表》、《研究与开发风险应对策略表》、《研究与开发业务风险数据库》、《研究与开发重大风险解决方案》等</td><td>审阅材料
访谈人员
抽样检查
重新执行</td><td></td><td></td><td>B1－2－1
B1－2－2
B1－2－3
B1－2－4</td></tr>
<tr><td>控制要点</td><td>研究与开发控制要点及关键控制落实情况</td><td>研究与开发控制要点及关键控制确定结果</td><td>《研究与开发控制要点及其关键控制表》等</td><td>审阅材料
访谈人员
抽样检查</td><td></td><td></td><td>B1－3－1
B1－3－2
B1－3－3</td></tr>
<tr><td>控制目标</td><td>研究与开发控制目标确定及其分解情况</td><td>研究与开发控制目标确定及其分解结果</td><td>《研究与开发内部控制目标表》等</td><td>审阅材料
访谈人员</td><td></td><td></td><td>B1－4－1
B1－4－2</td></tr>
</table>

续表

流程编号	测试范围	关键环节	测试要点及分值		证据材料	测试程序	测试结果	实际得分	交叉索引
			过程测试（50分）	结果测试（50分）					
研究与开发3C010	内控设计	控制措施	研究与开发控制措施落实情况	研究与开发控制措施确定结果	《研究与开发内部控制措施表》等	审阅材料 访谈人员 抽样检查 重新执行			B1－5－1 B1－5－2 B1－5－3 B1－5－4
		控制证据	研究与开发控制证据设计情况	研究与开发控制证据设计结果	《研究与开发控制证据表》等	审阅材料 访谈人员			B1－6－1 B1－6－2
		制度优化	研究与开发管理制度优化情况	研究与开发管理制度优化结果	《研究与开发制度完善建议表》等	审阅材料 访谈人员			B1－7－1 B1－7－2
		控制图表	研究与开发控制流程图绘制情况	研究与开发控制流程图绘制结果	《研究与开发控制流程图》等	审阅材料 访谈人员			B1－8－1 B1－8－2
		控制矩阵	研究与开发控制矩阵编制情况	研究与开发控制矩阵编制结果	《研究与开发控制矩阵》等	审阅材料 访谈人员			B1－10－1 B1－10－2
汇总						编制汇总表			

测试结论	设计无效							设计有效	
	是	控制薄弱环节说明							
		设计的控制不符合实际	应有的控制不存在	风险识别不准确	未设计控制证据	控制矩阵编制不规范	其他	是	良好实践

（2）研究与开发内部控制运行有效性测试。

评价人员在测试研究与开发内部控制运行的有效性时，应当综合运用审阅文件资料、询问相关人员、观察业务活动以及重新执行控制等程序。在研究与开发内部控制执行有效性评价过程中，评价人员应将研究与开发每个业务流程的每个控制点的测试程序、方法和结果记录于内部控制执行有效性测试底稿。当研究与开发业务流程测试结束后，评价人员应将各个流程和控制点的执行有效性测试结果进行汇总，记录于内部控制执行有效性评估汇总表。研究与开发内部控制运行有效性测试方式一般采用关键控制测试，即建立样本库，再按照样本发生频率、样本库总量的大小区分，抽取相应数量的样本进行测试。研究与开发内部控制运行有效性测试的重点是对关键控制测试。中天恒 3C 框架研究与开发内部控制运行有效性测试矩阵表见表 12－5。

表 12－5　中天恒 3C 框架研究与开发内部控制运行有效性测试矩阵表

<table>
<tr><td colspan="2">被测试单位名称</td><td></td><td>被测试单位编码</td><td></td><td>索引编号</td><td>B2</td><td colspan="2">页次</td><td></td></tr>
<tr><td colspan="2">业务流程名称</td><td>研究与开发</td><td>业务流程编号</td><td>3C010</td><td>测试人</td><td></td><td colspan="2">测试时间</td><td></td></tr>
<tr><td colspan="2">测试期间</td><td></td><td>截止日期</td><td></td><td>复核人</td><td></td><td colspan="2">复核时间</td><td></td></tr>
<tr><td rowspan="2">流程编号</td><td rowspan="2">测试范围</td><td rowspan="2">实施环节</td><td colspan="2">测试要点及分值</td><td rowspan="2">证据材料</td><td rowspan="2">测试程序</td><td rowspan="2">测试结果</td><td rowspan="2">实际得分</td><td rowspan="2">交叉索引</td></tr>
<tr><td>过程测试（50 分）</td><td>结果测试（50 分）</td></tr>
<tr><td rowspan="4">研究与开发3C010</td><td rowspan="4">内控运行</td><td>岗位设置</td><td>研究与开发岗位设置情况</td><td>研究与开发岗位设置结果</td><td>《研究与开发岗位设置图》等</td><td>审阅材料
访谈人员</td><td></td><td></td><td>B2－1－1
B2－1－2</td></tr>
<tr><td>职责分工</td><td>研究与开发职责分工情况</td><td>研究与开发职责分工结果</td><td>《研究与开发职责分工制度》等</td><td>观察业务
抽样检查
重新执行</td><td></td><td></td><td>B2－2－1
B2－2－2
B2－2－3</td></tr>
<tr><td>制度执行</td><td>研究与开发控制制度执行情况</td><td>研究与开发控制制度执行结果</td><td>《研究与开发管理制度》等</td><td>审阅材料
访谈人员
抽样检查</td><td></td><td></td><td>B2－3－1
B2－3－2
B2－3－3</td></tr>
<tr><td>措施落实</td><td>研究与开发控制措施运行情况</td><td>研究与开发控制措施运行结果</td><td>《研究与开发控制措施表》等</td><td>审阅材料
访谈人员
抽样检查</td><td></td><td></td><td>B2－4－1
B2－4－2
B2－4－3</td></tr>
</table>

续表

流程编号	测试范围	实施环节	测试要点及分值 过程测试（50分）	 结果测试（50分）	证据材料	测试程序	测试结果	实际得分	交叉索引
研究与开发3C010	内控运行	内控监督	研究与开发内控监督检查情况	研究与开发内控监督检查结果	《研究与开发内控监督情况报告》等	审阅材料 访谈人员			B2－5－1 B2－5－2
		信息系统	研究与开发内控信息化建设情况	研究与开发内控信息化建设结果	《研究与开发内控信息化建设情况报告》等	审阅材料 访谈人员			B2－6－1 B2－6－2
		内控考核	研究与开发内控考核情况	研究与开发内控考核结果	《研究与开发内控考核情况报告》等	审阅材料 访谈人员			B2－7－1 B2－7－2
		管理融合	研究与开发内控与研究与开发业务和管理相融合情况	研究与开发内控与研究与开发业务和管理相融合结果		审阅材料 访谈人员			B2－8－1 B2－8－2
		持续改进	研究与开发内控持续改进情况	研究与开发内控持续改进结果	《研究与开发内控持续改进情况表》等	审阅材料 访谈人员			B2－9－1 B2－9－2
汇总						编制汇总表			

<table>
<tr><td rowspan="3">测试结论</td><td colspan="7">运行无效</td><td colspan="2" rowspan="2">运行有效</td></tr>
<tr><td rowspan="2">是</td><td colspan="6">控制薄弱环节说明</td></tr>
<tr><td>制度未执行</td><td>措施未落实</td><td>控制证据不足</td><td>设计不适应</td><td>监控不力</td><td>其他</td><td>是</td><td>良好实践</td></tr>
<tr><td></td><td></td><td></td><td></td><td></td><td></td><td></td><td></td><td></td><td></td></tr>
</table>

3.3 认定缺陷

研究与开发内部控制认定缺陷，就是对研究与开发内部控制设计缺陷和运行缺陷的认定，并要按照缺陷的影响程度把研究与开发内部控制缺陷分为重大缺陷、重要缺陷和一般缺陷。在具体的研究与开发内部控制缺陷认定过程，评价人员应将已经调查了解到的研究与开发内部控制系统的现状与事先确定的内部控制标准模式进行对照，以揭示哪些法规规定的控制程序未被采用。对照中发现的研究与开发控制缺陷，应当按照不同内容分类，并汇集在内部控制内部控制缺陷认定矩阵表中记录，应当编制研究与开发内部控制缺陷认定表。中天恒3C框架研究与开发内部控制缺陷认定矩阵表、认定表见表12－6、表12－7。

表12－6　　中天恒3C框架研究与开发内部控制缺陷认定矩阵表

被评价单位名称		被评价单位编码		索引编号	C	页次	
业务流程名称	研究与开发	业务流程编号	3C010	评价人		评价时间	
评价期间		截止日期		复核人		复核时间	

流程编号	一级流程	末级流程	关键控制	缺陷类型	缺陷描述	缺陷来源	缺陷性质			认定程序	认定索引	对报表影响	补偿性控制	整改意见
							一般缺陷	重大缺陷	重要缺陷					
3C010	研究与开发									认定缺陷 提出建议	C－1 C－2			

表12－7　　中天恒3C框架研究与开发内部控制缺陷认定表

被评价单位名称		被评价单位编码		索引编号	C－1	页次	
业务流程名称	研究与开发	业务流程编号	3C010	评价人		评价时间	
关键控制名称		关键控制编号		复核人		复核时间	
影响会计科目		评价期间		截止日期			

缺陷类型	缺陷描述	认定标准	评价组初步认定意见	评价部门或经理层或董事会认定意见
被评价单位（或当事人）意见及相关说明				
缺陷事项证据资料				

3.4 综合评价

研究与开发综合评价，就是指在研究与开发内部控制现场测试结果的基础上对研究与开发内部控制有效性作出的最终评价，主要工作是汇总研究与开发业务的评价结果。研究与开发内部控制评价工作应遵循整理资料、分析影响、形成结论、反馈意见等综合评价的基本步骤。研究与开发综合评价的方法很多，比较常用的是评分法。研究与开发评分法可分别对研究与开发内部控制设计有效性和运行有效性进行评分，也可以进行综合评分。研究与开发内部控制综合评价结果可编制评价结果汇总表或绘制成评价图。中天恒 3C 框架研究与开发内部控制评分结果汇总表见表 12－8。

表 12－8　　中天恒 3C 框架研究与开发内部控制评分结果汇总表

被评价单位名称		被评价单位编码		索引编号	D－1	页次	
业务流程名称	研究与开发	业务流程编号	3C010	评价人		评价时间	
关键控制名称		关键控制编号		复核人		复核时间	
影响会计科目		评价期间				截止日期	

流程编号	一级流程	二级流程	评价要点	控制设计评分（50%）			控制执行评分（50%）			综合评分	
				标准分值	实际得分	评价结果	标注分值	实际得分	评价结果	实际得分	评价结果
3C010	研究与开发										
3C010.01		立项与研究									
3C010.02		开发与保护									

十三、工程项目内部控制评价实务及其模板

1. 概述

1.1 评价概念

工程项目内部控制评价是内部控制评价业务层面的重要内容之一，是对工程项目内部控制设计及运行有效性的评价。因此，加强工程项目内部控制评价工作，有利于促使企业建立健全和有效执行工程项目内部控制，从而有效控制工程项目风险，促进企业可持续发展。

1.2 评价依据

工程项目内部控制评价依据是国家关于工程项目管理方面的法律法规、企业制定的工程项目管理制度及其《企业内部控制手册》有关工程项目部分的内容。具体依据因评价单位的不同而有所不同。一般来说，涉及国家法律法规层面的工程项目内部控制评价依据包括《企业内部控制基本规范》、《企业内部控制应用指引第 11 号——工程项目》等，涉及评价单位层面的工程项目内部控制评价依据包括企业制定的《工程项目管理制度》、《工程项目授权制度和审核批准制度》、《工程项目的岗位责任制》等。在编制了《企业内部控制管理手册》的企业，该手册中的工程项目内部控制矩阵既是工程项目内部控制评价的对象，也是最为直接的评价依据。

1.3 评价目标

工程项目内部控制评价目标，就是保证工程项目内部控制设计和运行的有效性，促使企业预防和控制工程项目风险。

2. 评价内容

工程项目内部控制评价内容，总体来说就是评价工程项目内部控制的设计和运行的有效性，包括过程和结果两个层面，具体评价范围包括工程立项、工程招标、工程造价、工程建设、工程验收等主要工程项目业务。具体评价内容因评价单位开展工程项目业务情况的不同而不同，也因被评价单位内部控制成熟度的不同而不同。中天恒 3C 框架研究确定的工程项目内部控制评价内容分为工程项目

内部控制设计和执行两个方面，分别包括了过程和结果两个层面，具体内容见表13－1。

表13－1　　　　中天恒3C框架工程项目内部控制评价内容表

流程编号	一级流程	评价范围	关键环节	评价内容		评价重点
				过程评价	结果评价	
3C011	工程项目	内控设计	现状梳理	工程项目现状梳理情况	工程项目现状梳理结果	
			风险评估	工程项目风险评估情况	工程项目风险评估结果	
			控制要点	工程项目控制要点及关键控制确定情况	工程项目控制要点及关键控制确定结果	
			控制目标	工程项目控制目标的确定及其分解情况	工程项目控制目标的确定及其分解结果	
			控制措施	工程项目控制措施确定情况	工程项目控制措施确定结果	√
			控制证据	工程项目控制证据设计情况	工程项目控制证据设计结果	
			制度优化	工程项目管理制度优化情况	工程项目管理制度优化结果	
			控制图表	工程项目控制图表绘制情况	工程项目控制图表绘制结果	
			控制矩阵	工程项目控制矩阵编制情况	工程项目控制矩阵编制结果	√
		内控运行	岗位设置	工程项目岗位设置情况	工程项目岗位设置结果	
			职责分工	工程项目职责分工情况	工程项目职责分工结果	
			制度执行	工程项目制度执行情况	工程项目制度执行结果	√
			措施落实	工程项目控制措施落实情况	工程项目控制措施落实结果	
			内控监督	工程项目内控监督情况	工程项目内控监督结果	√
			内控考核	工程项目内控考核情况	工程项目内控考核结果	
			信息系统	工程项目内控信息化情况	工程项目内控信息化结果	
			管理融合	工程项目内控与业务管理融合情况	工程项目内控与业务管理融合结果	
			持续改进	工程项目内控持续改进情况	工程项目内控持续改进结果	

2.1　设计有效性评价

工程项目内部控制的设计有效性评价包括设计过程和设计结果两个层面。工程项目内部控制设计结果有效性的前提是设计过程要有效，因此，要重视工程项目内部控制设计过程有效性的评价，不能仅对工程项目内部控制设计结果有效性进行评价。

2.2　运行有效性评价

工程项目内部控制的运行有效性评价包括运行过程和运行结果两个层面。总体说来，工程项目内部控制运行评价的要点包括：已经设计完成的工程项目内部控制及其相关的管理制度是否有效执行，是否有效控制了工程项目风险；已经设计有效的工程项目各控制点的控制措施是否有效实施，是否有效防止了各控制环节的风险；是否建立工程项目内部控制执行情况文档；是否根据业务、监管要求或法律法规等的变化持续改进工程项目内部控制等。实践中，工程项目内部控制运行层面普遍存在的问题是已有的控制在实际中没有执行，内部控制形同虚设，工程项目风险未有效控制，导致工程项目被挪用、贪污等。工程项目内部控制的运行有效性评价的重点是控制制度及其措施的执行情况。

3. 评价程序

工程项目内部控制评价程序，就实施阶段来说，主要包括对工程项目内部控制进行调查了解、控制测试、缺陷认定、综合评价等。中天恒3C框架研究设计的工程项目内部控制评价总体程序见表13－2。

表13－2　　中天恒3C框架工程项目内部控制评价总体程序表

被评价单位名称		被评价单位编码		索引编号	0	页次	
业务流程名称	工程项目	业务流程编号	3C011	编制人		编制时间	
评价期间		截止日期		复核人		复核时间	

序号	基本程序	细分程序	执行情况说明	工作底稿索引号
1	调查了解	工程项目内部控制有效性调查		A
2	控制测试	工程项目内部控制设计有效性测试		B1
		工程项目内部控制执行有效性测试		B2
3	缺陷认定	工程项目内部控制缺陷认定		C
4	综合评价	工程项目内部控制评分结果汇总		D1
		工程项目内部控制评价结果汇总		D2
说明	1. 每一个评价程序可细分若干具体程序。 2. 上述程序可结合进行，以提高评价工作效率。 3. 在执行每一步骤后，应填写“执行情况说明”一栏，以此作为对工程项目内部控制综合评价的依据。			

3.1　调查了解

调查了解工程项目内部控制设计和运行的情况，是对工程项目内部控制评价实施阶段的首要环节。调查了解仅作为了解工程项目内部控制设计和运行的情况的手段，不能直接形成工程项目内部控制设计和运行有效性的结论。这项工作是在内部控制评价总体工作的准备阶段的基础上进行的，涉及具体内容很多，也因单位的不同而不同。对工程项目内部控制调查了解的方法有文字叙述法、调查表法、流程图法、控制矩阵法等。这些方法各有其特点，经常综合运用。中天恒3C框架工程项目内部控制调查问卷见表13－3。

表13－3　　中天恒3C框架工程项目内部控制调查问卷

被调查单位名称		被调查单位编码		索引编号	A	页次	
业务流程名称	工程项目	业务流程编号	3C011	调查人		调查时间	
调查期间		截止日期		复核人		复核时间	

<table>
<tr><th rowspan="2">调查项目</th><th rowspan="2">调查范围</th><th rowspan="2">调查环节</th><th rowspan="2">调查内容</th><th colspan="3">调查结果</th><th rowspan="2">证据名称</th><th rowspan="2">被调查部门</th><th rowspan="2">被调查人</th></tr>
<tr><th>是</th><th>否</th><th>不适应</th></tr>
<tr><td rowspan="10">工程项目</td><td rowspan="10">内控设计</td><td rowspan="2">现状梳理</td><td>是否进行了工程项目现状梳理</td><td></td><td></td><td></td><td rowspan="2">《工程项目内部管理制度或相关文件情况表》、《工程项目流程目录》、《工程项目业务现状流程图》等</td><td rowspan="2"></td><td rowspan="2"></td></tr>
<tr><td>工程项目现状梳理是否有效</td><td></td><td></td><td></td></tr>
<tr><td rowspan="2">风险评估</td><td>是否进行了工程项目风险评估</td><td></td><td></td><td></td><td rowspan="2">《工程项目风险及其描述表》、《工程项目风险分析表》、《工程项目风险评价表》、《工程项目风险应对策略表》、《工程项目业务风险数据库》、《工程项目重大风险解决方案》等</td><td rowspan="2"></td><td rowspan="2"></td></tr>
<tr><td>工程项目风险评估是否有效</td><td></td><td></td><td></td></tr>
<tr><td rowspan="2">控制要点</td><td>是否进行了工程项目控制要点及关键控制的确定</td><td></td><td></td><td></td><td rowspan="2">《工程项目控制要点及其关键控制表》等</td><td rowspan="2"></td><td rowspan="2"></td></tr>
<tr><td>工程项目控制要点及关键控制的确定是否有效</td><td></td><td></td><td></td></tr>
<tr><td rowspan="2">控制目标</td><td>是否进行了工程项目控制目标的确定及其分解</td><td></td><td></td><td></td><td rowspan="2">《工程项目内部控制目标表》等</td><td rowspan="2"></td><td rowspan="2"></td></tr>
<tr><td>工程项目控制目标的确定及其分解是否有效</td><td></td><td></td><td></td></tr>
<tr><td rowspan="2">控制措施</td><td>是否进行了工程项目控制措施的确定</td><td></td><td></td><td></td><td rowspan="2">《工程项目内部控制措施表》等</td><td rowspan="2"></td><td rowspan="2"></td></tr>
<tr><td>工程项目控制措施的确定是否有效</td><td></td><td></td><td></td></tr>
</table>

续表

调查项目	调查范围	调查环节	调查内容	调查结果			证据名称	被调查部门	被调查人
				是	否	不适应			
工程项目	内控设计	控制证据	是否进行了工程项目控制证据的设计				《工程项目控制证据表》等		
			工程项目控制证据设计是否有效						
		制度优化	是否进行了工程项目管理的制度优化				《工程项目制度完善建议表》等		
			工程项目管理制度的优化是否有效						
		控制图表	是否绘制了工程项目控制流程图				《工程项目控制流程图》等		
			绘制的工程项目控制流程图是否有效						
		控制矩阵	是否编制了工程项目控制流矩阵				《工程项目控制矩阵》等		
			编制的工程项目制矩阵是否有效						
	内控运行	岗位设置	是否设置了必要的工程项目岗位				《工程项目岗位设置图》等		
			设置工程项目岗位是否有效						
		职责分工	是否有明确的工程项目职责分工				《工程项目职责分工制度》等		
			工程项目职责分工是否有效						
		制度执行	是否颁布实施了已经设计的工程项目控制制度				《工程项目管理制度》等		
			工程项目控制制度执行是否有效						
		措施落实	是否实施了已经设计的工程项目控制措施				《工程项目控制措施表》等		
			工程项目控制措施运行是否有效						

续表

调查项目	调查范围	调查环节	调查内容	调查结果			证据名称	被调查部门	被调查人
				是	否	不适应			
工程项目	内控运行	内控监督	是否进行工程项目内控监督检查				《工程项目内控监督情况报告》等		
			工程项目内控监督结果是否有效						
		信息系统	是否进行工程项目内控信息化建设				《工程项目内控信息化建设情况报告》等		
			工程项目内控信息化建设结果是否有效						
		内控考核	是否进行工程项目内控考核				《工程项目内控考核情况报告》等		
			工程项目内控考核结果是否有效						
		管理融合	工程项目内控是否与工程项目业务和管理相融合						
		持续改进	是否根据业务、监管要求或法律法规等的变化持续维护工程项目内部控制				《工程项目内控持续改进情况表》等		
			工程项目内控持续改进结果是否有效						

调查结论	内控可信赖度					是否需要作进一步测试	
	高	较高	中	较低	低	是	否
	简要描述						

3.2 现场测试

工程项目内部控制现场测试，就是测试工程项目内部控制设计和运行的有效性。对工程项目内部控制进行测试，可以根据具体情况实施详查或者抽样测试，具体测试方式包括跟单测试和关键控制测试等。

（1）工程项目内部控制设计有效性测试。

评价人员在测试工程项目控制设计的有效性时，应当综合运用询问适当人员、观察经营活动和检查相关文件等程序。工程项目内部控制设计有效性测试方式一般采用跟单测试方式。中天恒3C框架工程项目内部控制设计有效性测试矩阵表见表13－4。

表13－4　中天恒3C框架工程项目内部控制设计有效性测试矩阵表

被测试单位名称			被测试单位编码		索引编号	B1	页次	
业务流程名称		工程项目	业务流程编号	3C011	测试人		测试时间	
测试期间			截止日期		复核人		复核时间	

流程编号	测试范围	关键环节	测试要点及分值 过程测试（50分）	测试要点及分值 结果测试（50分）	证据材料	测试程序	测试结果	实际得分	交叉索引
工程项目3C011	内控设计	现状梳理	工程项目现状梳理情况	工程项目现状梳理结果	《工程项目内部管理制度或相关文件情况表》、《工程项目流程目录》、《工程项目业务现状流程图》	审阅材料 访谈人员 抽样检查			B1－1－1 B1－1－2 B1－1－3
		风险评估	工程项目风险评估情况	工程项目风险评估结果	《工程项目风险及其描述表》、《工程项目风险分析表》、《工程项目风险评价表》、《工程项目风险应对策略表》、《工程项目业务风险数据库》、《工程项目重大风险解决方案》等	审阅材料 访谈人员 抽样检查 重新执行			B1－2－1 B1－2－2 B1－2－3 B1－2－4
		控制要点	工程项目控制要点及关键控制落实情况	工程项目控制要点及关键控制确定结果	《工程项目控制要点及其关键控制表》等	审阅材料 访谈人员 抽样检查			B1－3－1 B1－3－2 B1－3－3
		控制目标	工程项目控制目标确定及其分解情况	工程项目控制目标确定及其分解结果	《工程项目内部控制目标表》等	审阅材料 访谈人员			B1－4－1 B1－4－2

续表

流程编号	测试范围	关键环节	测试要点及分值		证据材料	测试程序	测试结果	实际得分	交叉索引
			过程测试（50分）	结果测试（50分）					
工程项目BC011	内控设计	控制措施	工程项目控制措施落实情况	工程项目控制措施确定结果	《工程项目内部控制措施表》等	审阅材料 访谈人员 抽样检查 重新执行			B1－5－1 B1－5－2 B1－5－3 B1－5－4
		控制证据	工程项目控制证据设计情况	工程项目控制证据设计结果	《工程项目控制证据表》等	审阅材料 访谈人员			B1－6－1 B1－6－2
		制度优化	工程项目管理制度优化情况	工程项目管理制度优化结果	《工程项目制度完善建议表》等	审阅材料 访谈人员			B1－7－1 B1－7－2
		控制图表	工程项目控制流程图绘制情况	工程项目控制流程图绘制结果	《工程项目控制流程图》等	审阅材料 访谈人员			B1－8－1 B1－8－2
		控制矩阵	工程项目控制矩阵编制情况	工程项目控制矩阵编制结果	《工程项目控制矩阵》等	审阅材料 访谈人员			B1－9－1 B1－9－2
汇总						编制汇总表			

测试结论	设计无效							设计有效	
	是	控制薄弱环节说明						是	良好实践
		设计的控制不符合实际	应有的控制不存在	风险识别不准确	未设计控制证据	控制矩阵编制不规范	其他		

（2）工程项目内部控制运行有效性测试。

评价人员在测试工程项目内部控制运行的有效性时，应当综合运用审阅文件资料、询问相关人员、观察业务活动以及重新执行控制等程序。在工程项目内部控制执行有效性评价过程中，评价人员应将工程项目每个业务流程的每个控制点的测试程序、方法和结果记录于内部控制执行有效性测试底稿。当工程项目业务流程测试结束后，评价人员应将各个流程和控制点的执行有效性测试结果进行汇总，记录于内部控制执行有效性评估汇总表。工程项目内部控制运行有效性测试方式一般采用关键控制测试，即建立样本库，再按照样本发生频率、样本库总量的大小区分，抽取相应数量的样本进行测试。工程项目内部控制运行有效性测试重点是对关键控制测试。中天恒3C框架工程项目内部控制运行有效性测试矩阵表见表13－5。

表13－5　中天恒3C框架工程项目内部控制运行有效性测试矩阵表

被测试单位名称			被测试单位编码		索引编号	B2	页次		
业务流程名称		工程项目	业务流程编号	3C011	测试人		测试时间		
测试期间			截止日期		复核人		复核时间		
流程编号	测试范围	关键环节	测试要点及分值 过程测试（50分）	测试要点及分值 结果测试（50分）	证据材料	测试程序	测试结果	实际得分	交叉索引
工程项目3C011	内控运行	岗位设置	工程项目岗位设置情况	工程项目岗位设置结果	《工程项目岗位设置图》等	审阅材料 访谈人员			B2－1－1 B2－1－2
		职责分工	工程项目职责分工情况	工程项目职责分工结果	《工程项目职责分工制度》等	观察业务 抽样检查 重新执行			B2－2－1 B2－2－2 B2－2－3
		制度执行	工程项目控制制度执行情况	工程项目控制制度执行结果	《工程项目管理制度》等	审阅材料 访谈人员 抽样检查			B2－3－1 B2－3－2 B2－3－3
		措施落实	工程项目控制措施运行情况	工程项目控制措施运行结果	《工程项目控制措施表》等	审阅材料 访谈人员 抽样检查			B2－4－1 B2－4－2 B2－4－3
		内控监督	工程项目内控监督检查情况	工程项目内控监督检查结果	《工程项目内控监督情况报告》等	审阅材料 访谈人员			B2－5－1 B2－5－2
		信息系统	工程项目内控信息化建设情况	工程项目内控信息化建设结果	《工程项目内控信息化建设情况报告》等	审阅材料 访谈人员			B2－6－1 B2－6－2

续表

流程编号	测试范围	关键环节	测试要点及分值		证据材料	测试程序	测试结果	实际得分	交叉索引
			过程测试（50分）	结果测试（50分）					
工程项目3C011	内控运行	内控考核	工程项目内控考核情况	工程项目内控考核结果	《工程项目内控考核情况报告》等	审阅材料 访谈人员			B2－7－1 B2－7－2
		管理融合	工程项目内控与工程项目业务和管理相融合情况	工程项目内控与工程项目业务和管理相融合结果		审阅材料 访谈人员			B2－11－1 B2－11－2
		持续改进	工程项目内控持续改进情况	工程项目内控持续改进结果	《工程项目内控持续改进情况表》等	审阅材料 访谈人员			B2－9－1 B2－9－2
汇总						编制汇总表			

<table>
<tr><td rowspan="3">测试结论</td><td colspan="7">设计无效</td><td colspan="2">设计有效</td></tr>
<tr><td rowspan="2">是</td><td colspan="6">控制薄弱环节说明</td><td rowspan="2">是</td><td rowspan="2">良好实践</td></tr>
<tr><td>制度未执行</td><td>措施未落实</td><td>控制证据不足</td><td>设计不适应</td><td>监控不力</td><td>其他</td></tr>
<tr><td></td><td></td><td></td><td></td><td></td><td></td><td></td><td></td><td></td><td></td></tr>
</table>

3.3 认定缺陷

工程项目内部控制认定缺陷，就是对工程项目内部控制设计缺陷和运行缺陷的认定，并要按照缺陷的影响程度把工程项目内部控制缺陷分为重大缺陷、重要缺陷和一般缺陷。在具体的工程项目内部控制缺陷认定过程，评价人员应将已经调查了解到的工程项目内部控制系统的现状与事先确定的内部控制标准模式进行对照，以揭示哪些法规规定的控制程序未被采用。对对照中发现的工程项目控制缺陷，应当按照不同内容分类，并汇集记录在内部控制内部控制缺陷认定矩阵表中，编制工程项目内部控制缺陷认定表。

中天恒3C框架工程项目内部控制缺陷认定矩阵表、认定表见表13－6、表13－7。

表 13－6　　中天恒 3C 框架工程项目内部控制缺陷认定矩阵表

被评价单位名称		被评价单位编码		索引编号	C	页次	
业务流程名称	工程项目	业务流程编号	3C011	评价人		评价时间	
评价期间		截止日期		复核人		复核时间	

流程编号	一级流程	末级流程	关键控制	缺陷类型	缺陷描述	缺陷来源	缺陷性质			认定程序	认定索引	对报表影响	补偿性控制	整改意见
							一般缺陷	重大缺陷	重要缺陷					
3C011	工程项目									认定缺陷 提出建议	C－1 C－2			

表 13－7　　中天恒 3C 框架工程项目内部控制缺陷认定表

被评价单位名称		被评价单位编码		索引编号	C－1	页次	
业务流程名称	工程项目	业务流程编号	3C011	评价人		评价时间	
关键控制名称		关键控制编号		复核人		复核时间	
影响会计科目		评价期间				截止日期	

缺陷类型	缺陷描述	认定标准	评价组初步认定意见	评价部门或经理层或董事会认定意见
被评价单位（或当事人）意见及相关说明				
缺陷事项证据资料				

3.4　综合评价

工程项目综合评价，就是指在工程项目内部控制现场测试结果的基础上对工程项目内部控制有效性作出的最终评价，主要工作是汇总工程项目业务的评价结果。工程项目内部控制评价工作应遵循整理资料、分析影响、形成结论、反馈意见等综合评价的基本步骤。工程项目综合评价的方法很多，比较常用的是评分法。工程项目评分法可分别对工程项目内部控制设计有效性和运行有效性进行评分，也可以进行综合评分。工程项目内部控制综合评价结果可编制评价结果汇总表或绘制成评价图。中天恒 3C 框架工程项目内部控制评分结果汇总表见 13－8。

表 13-8　　中天恒 3C 框架工程项目内部控制评分结果汇总表

<table>
<tr><td colspan="2">被评价单位名称</td><td></td><td colspan="2">被评价单位编码</td><td></td><td>索引编号</td><td>D-1</td><td>页次</td><td colspan="2"></td></tr>
<tr><td colspan="2">业务流程名称</td><td>社会责任</td><td colspan="2">业务流程编号</td><td>3C011</td><td>评价人</td><td></td><td>评价时间</td><td colspan="2"></td></tr>
<tr><td colspan="2">关键控制名称</td><td></td><td colspan="2">关键控制编号</td><td></td><td>复核人</td><td></td><td>复核时间</td><td colspan="2"></td></tr>
<tr><td colspan="2">影响会计科目</td><td></td><td colspan="2">评价期间</td><td colspan="3"></td><td>截止日期</td><td colspan="2"></td></tr>
<tr><td rowspan="2">流程编号</td><td rowspan="2">一级流程</td><td rowspan="2">二级流程</td><td rowspan="2">评价要点</td><td colspan="3">控制设计评分（50%）</td><td colspan="3">控制执行评分（50%）</td><td colspan="2">综合评分</td></tr>
<tr><td>标准分值</td><td>实际得分</td><td>评价结果</td><td>标注分值</td><td>实际得分</td><td>评价结果</td><td>实际得分</td><td>评价结果</td></tr>
<tr><td>3C011</td><td>工程项目</td><td></td><td></td><td></td><td></td><td></td><td></td><td></td><td></td><td></td><td></td></tr>
<tr><td>3C011.01</td><td></td><td>工程立项</td><td></td><td></td><td></td><td></td><td></td><td></td><td></td><td></td><td></td></tr>
<tr><td>3C011.02</td><td></td><td>工程招标</td><td></td><td></td><td></td><td></td><td></td><td></td><td></td><td></td><td></td></tr>
<tr><td>3C011.03</td><td></td><td>工程造价</td><td></td><td></td><td></td><td></td><td></td><td></td><td></td><td></td><td></td></tr>
</table>

十四、担保业务内部控制评价实务及其模板

1. 概述

1.1 评价概念

担保业务内部控制评价是内部控制评价业务层面的重要内容之一，是对担保业务内部控制设计及运行有效性的评价。因此，加强担保业务内部控制评价工作，有利于促使企业建立健全和有效执行担保业务内部控制，从而有效控制担保业务风险，促进企业可持续发展。

1.2 评价目标

担保业务内部控制评价目标，就是保证担保业务内部控制设计和运行的有效性，促使企业预防和控制担保业务风险。

1.3 评价依据

担保业务内部控制评价依据是国家关于担保业务管理方面的法律法规、企业制定的担保业务管理制度及其《企业内部控制手册》有关担保业务部分的内容，具体依据因评价单位的不同而有所不同。一般来说，涉及国家法律法规层面的担保业务内部控制评价依据包括《企业内部控制基本规范》、《企业内部控制应用指引第12号——担保业务》等，涉及评价单位层面的担保业务内部控制评价依据包括企业制定的《担保业务管理制度》、《担保业务授权制度和审核批准制度》、《担保业务的岗位责任制》等。在编制了《企业内部控制管理手册》的企业，该手册中的担保业务内部控制矩阵既是担保业务内部控制评价的对象，也是最为直接的评价依据。

2. 评价内容

担保业务内部控制评价内容，总体来说就是评价担保业务内部控制的设计和运行的有效性，包括过程和结果两个层面，具体评价范围包括调查评估与审批、执行与监控等主要担保业务。具体评价内容因评价单位开展担保业务业务情况的不同而不同，也因被评价单位内部控制成熟度的不同而不同。中天恒3C框架研究确定的担保业务内部控制评价内容分为担保业务内部控制设计和执行两个方

面，分别包括了过程和结果两个层面，具体内容见表14－1。

表14－1　　　　中天恒3C框架担保业务内部控制评价内容表

流程编号	一级流程	评价范围	关键环节	评价内容		评价重点
				过程评价	结果评价	
3C012	担保业务	内控设计	现状梳理	担保业务现状梳理情况	担保业务现状梳理结果	
			风险评估	担保业务风险评估情况	担保业务风险评估结果	
			控制要点	担保业务控制要点及关键控制确定情况	担保业务控制要点及关键控制确定结果	
			控制目标	担保业务控制目标的确定及其分解情况	担保业务控制目标的确定及其分解结果	
			控制措施	担保业务控制措施确定情况	担保业务控制措施确定结果	√
			控制证据	担保业务控制证据设计情况	担保业务控制证据设计结果	
			制度优化	担保业务管理制度优化情况	担保业务管理制度优化结果	
			控制图表	担保业务控制图表绘制情况	担保业务控制图表绘制结果	
			控制矩阵	担保业务控制矩阵编制情况	担保业务控制矩阵编制结果	√
		内控运行	岗位设置	担保业务岗位设置情况	担保业务岗位设置结果	
			职责分工	担保业务职责分工情况	担保业务职责分工结果	
			制度执行	担保业务制度执行情况	担保业务制度执行结果	√
			措施落实	担保业务控制措施落实情况	担保业务控制措施落实结果	
			内控监督	担保业务内控监督情况	担保业务内控监督结果	√
			内控考核	担保业务内控考核情况	担保业务内控考核结果	
			信息系统	担保业务内控信息化情况	担保业务内控信息化结果	
			管理融合	担保业务内控与业务管理融合情况	担保业务内控与业务管理融合结果	
			持续改进	担保业务内控持续改进情况	担保业务内控持续改进结果	

2.1　设计有效性评价

担保业务内部控制的设计有效性评价包括设计过程和设计结果两个层面。担保业务内部控制设计结果有效性的前提是设计过程要有效，因此，要重视担保业务内部控制设计过程有效性的评价，不能仅对担保业务内部控制设计结果有效性进行评价。

2.2　运行有效性评价

担保业务内部控制的运行有效性评价包括运行过程和运行结果两个层面。总体说来，担保业务内部控制运行评价的要点包括：已经设计完成的担保业务内部控制及其相关的管理制度是否有效执行，是否有效控制了担保业务风险；已经设计有效的担保业务各控制点的控制措施是否有效实施，是否有效防止了各控制环节的风险；是否建立担保业务内部控制执行情况文档；是否根据业务、监管要求或法律法规等的变化持续改进担保业务内部控制等。实践中，担保业务内部控制运行层面普遍存在已有的控制在实际中没有执行、内部控制形同虚设、担保业务风险未有效控制等问题。担保业务内部控制的运行有效性评价重点是控制制度及其措施的执行情况。

3. 评价程序

担保业务内部控制评价程序，就实施阶段来说，主要包括对担保业务内部控制进行调查了解、控制测试、缺陷认定、综合评价等程序。中天恒 3C 框架研究设计的担保业务内部控制评价总体程序见表 14－2。

表 14－2　　　　中天恒 3C 框架担保业务内部控制评价总体程序表

<table>
<tr><td>被评价单位名称</td><td></td><td>被评价单位编码</td><td></td><td>索引编号</td><td>0</td><td>页次</td><td></td></tr>
<tr><td>业务流程名称</td><td>担保业务</td><td>业务流程编号</td><td>3C012</td><td>编制人</td><td></td><td>编制时间</td><td></td></tr>
<tr><td>评价期间</td><td></td><td>截止日期</td><td></td><td>复核人</td><td></td><td>复核时间</td><td></td></tr>
<tr><td>序号</td><td>基本程序</td><td colspan="4">细分程序</td><td>执行情况说明</td><td>工作底稿索引号</td></tr>
<tr><td>1</td><td>调查了解</td><td colspan="4">担保业务内部控制有效性调查</td><td></td><td>A</td></tr>
<tr><td rowspan="2">2</td><td rowspan="2">控制测试</td><td colspan="4">担保业务内部控制设计有效性测试</td><td></td><td>B1</td></tr>
<tr><td colspan="4">担保业务内部控制执行有效性测试</td><td></td><td>B2</td></tr>
<tr><td>3</td><td>缺陷认定</td><td colspan="4">担保业务内部控制缺陷认定</td><td></td><td>C</td></tr>
<tr><td rowspan="2">4</td><td rowspan="2">综合评价</td><td colspan="4">担保业务内部控制评分结果汇总</td><td></td><td>D1</td></tr>
<tr><td colspan="4">担保业务内部控制评价结果汇总</td><td></td><td>D2</td></tr>
<tr><td colspan="2">说明</td><td colspan="6">1. 每一个评价程序可细分若干具体程序。
2. 上述程序可结合进行，以提高评价工作效率。
3. 在执行每一步骤后，应填写“执行情况说明”一栏，以此作为对担保业务内部控制综合评价的依据。</td></tr>
</table>

3.1　调查了解

调查了解担保业务内部控制设计和运行的情况，是对担保业务内部控制评价实施阶段的首要环节。调查了解仅作为了解担保业务内部控制设计和运行的情况的手段，不能直接形成担保业务内部控制设计和运行有效性的结论。这项工作是在内部控制评价总体工作的准备阶段的基础上进行的，涉及具体内容很多，因单位的不同而不同。对担保业务内部控制调查了解的方法有文字叙述法、调查表法、流程图法、控制矩阵法等。这些方法各有其特点，经常综合运用。中天恒3C框架担保业务内部控制调查问卷见表14－3。

表14－3　　　中天恒3C框架担保业务内部控制调查问卷

<table>
<tr><td>被调查单位名称</td><td colspan="3"></td><td colspan="2">被调查单位编码</td><td></td><td>索引编号</td><td>A</td><td>页次</td><td></td></tr>
<tr><td>业务流程名称</td><td colspan="3">担保业务</td><td colspan="2">业务流程编号</td><td>3C012</td><td>调查人</td><td></td><td>调查时间</td><td></td></tr>
<tr><td>调查期间</td><td colspan="3"></td><td colspan="2">截止日期</td><td></td><td>复核人</td><td></td><td>复核时间</td><td></td></tr>
<tr><td rowspan="2">调查项目</td><td rowspan="2">调查范围</td><td rowspan="2">调查环节</td><td rowspan="2">调查内容</td><td colspan="3">调查结果</td><td rowspan="2">证据名称</td><td rowspan="2">被调查部门</td><td rowspan="2">被调查人</td></tr>
<tr><td>是</td><td>否</td><td>不适应</td></tr>
<tr><td rowspan="10">担保业务</td><td rowspan="10">内控设计</td><td rowspan="2">现状梳理</td><td>是否进行了担保业务现状梳理</td><td></td><td></td><td></td><td rowspan="2">《担保业务内部管理制度或相关文件情况表》、《担保业务流程目录》、《担保业务业务现状流程图》等</td><td rowspan="2"></td><td rowspan="2"></td></tr>
<tr><td>担保业务现状梳理是否有效</td><td></td><td></td><td></td></tr>
<tr><td rowspan="2">风险评估</td><td>是否进行了担保业务风险评估</td><td></td><td></td><td></td><td rowspan="2">《担保业务风险及其描述表》、《担保业务风险分析表》、《担保业务风险评价表》、《担保业务风险应对策略表》、《担保业务业务风险数据库》、《担保业务重大风险解决方案》等</td><td rowspan="2"></td><td rowspan="2"></td></tr>
<tr><td>担保业务风险评估是否有效</td><td></td><td></td><td></td></tr>
<tr><td rowspan="2">控制要点</td><td>是否进行了担保业务控制要点及关键控制的确定</td><td></td><td></td><td></td><td rowspan="2">《担保业务控制要点及其关键控制表》等</td><td rowspan="2"></td><td rowspan="2"></td></tr>
<tr><td>担保业务控制要点及关键控制的确定是否有效</td><td></td><td></td><td></td></tr>
<tr><td rowspan="2">控制目标</td><td>是否进行了担保业务控制目标的确定及其分解</td><td></td><td></td><td></td><td rowspan="2">《担保业务内部控制目标表》等</td><td rowspan="2"></td><td rowspan="2"></td></tr>
<tr><td>担保业务控制目标的确定及其分解是否有效</td><td></td><td></td><td></td></tr>
<tr><td rowspan="2">控制措施</td><td>是否进行了担保业务控制措施的确定</td><td></td><td></td><td></td><td rowspan="2">《担保业务内部控制措施表》等</td><td rowspan="2"></td><td rowspan="2"></td></tr>
<tr><td>担保业务控制措施的确定是否有效</td><td></td><td></td><td></td></tr>
</table>

续表

调查项目	调查范围	调查环节	调查内容	调查结果			证据名称	被调查部门	被调查人
				是	否	不适应			
担保业务	内控设计	控制证据	是否进行了担保业务控制证据的设计				《担保业务控制证据表》等		
			担保业务控制证据设计是否有效						
		制度优化	是否进行了担保业务管理的制度优化				《担保业务制度完善建议表》等		
			担保业务管理制度的优化是否有效						
		控制图表	是否绘制了担保业务控制流程图				《担保业务控制流程图》等		
			绘制的担保业务控制流程图是否有效						
		控制矩阵	是否编制了担保业务控制流矩阵				《担保业务控制矩阵》等		
			编制的担保业务制矩阵是否有效						
	内控运行	岗位设置	是否设置了必要的担保业务岗位				《担保业务岗位设置图》等		
			设置担保业务岗位是否有效						
		职责分工	是否有明确的担保业务职责分工				《担保业务职责分工制度》等		
			担保业务职责分工是否有效						
		制度执行	是否颁布实施了已经设计的担保业务控制制度				《担保业务管理制度》等		
			担保业务控制制度执行是否有效						

续表

调查项目	调查范围	调查环节	调查内容	调查结果			证据名称	被调查部门	被调查人
				是	否	不适应			
担保业务	内控运行	措施落实	是否实施了已经设计的担保业务控制措施				《担保业务控制措施表》等		
			担保业务控制措施运行是否有效						
		内控监督	是否进行担保业务内控监督检查				《担保业务内控监督情况报告》等		
			担保业务内控监督结果是否有效						
		信息系统	是否进行担保业务内控信息化建设				《担保业务内控信息化建设情况报告》等		
			担保业务内控信息化建设结果是否有效						
		内控考核	是否进行担保业务内控考核				《担保业务内控考核情况报告》等		
			担保业务内控考核结果是否有效						
		管理融合	担保业务内控是否与担保业务和管理相融合						
		持续改进	是否根据业务、监管要求或法律法规等的变化持续维护担保业务内部控制				《担保业务内控持续改进情况表》等		
			担保业务内控持续改进结果是否有效						

调查结论	内控可信赖度					是否需要作进一步测试	
	高	较高	中	较低	低	是	否
	简要描述						

3.2 现场测试

担保业务内部控制现场测试，就是测试担保业务内部控制设计和运行的有效性。对担保业务内部控制进行测试，可以根据具体情况实施详查或者抽样测试，具体测试方式包括跟单测试和关键控制测试等。

（1）担保业务内部控制设计有效性测试。

评价人员在测试担保业务控制设计的有效性时，应当综合运用询问适当人员、观察经营活动和检查相关文件等程序。担保业务内部控制设计有效性测试方式一般采用跟单测试方式。中天恒3C框架担保业务内部控制设计有效性测试矩阵表见表14－4。

表14－4　中天恒3C框架担保业务内部控制设计有效性测试矩阵表

被测试单位名称			被测试单位编码			索引编号	B1		页次	
业务流程名称		担保业务	业务流程编号		3C012	测试人			测试时间	
测试期间			截止日期			复核人			复核时间	
流程编号	测试范围	关键环节	测试要点及分值		证据材料	测试程序	测试结果	实际得分	交叉索引	
			过程测试（50分）	结果测试（50分）						
担保业务3C012	内控设计	现状梳理	担保业务现状梳理情况	担保业务现状梳理结果	《担保业务内部管理制度或相关文件情况表》、《担保业务流程目录》、《担保业务业务现状流程图》	审阅材料 访谈人员 抽样检查			B1－1－1 B1－1－2 B1－1－3	
		风险评估	担保业务风险评估情况	担保业务风险评估结果	《担保业务风险及其描述表》、《担保业务风险分析表》、《担保业务风险评价表》、《担保业务风险应对策略表》、《担保业务业务风险数据库》、《担保业务重大风险解决方案》等	审阅材料 访谈人员 抽样检查 重新执行			B1－2－1 B1－2－2 B1－2－3 B1－2－4	
		控制要点	担保业务控制要点及关键控制落实情况	担保业务控制要点及关键控制确定结果	《担保业务控制要点及其关键控制表》等	审阅材料 访谈人员 抽样检查			B1－3－1 B1－3－2 B1－3－3	

续表

流程编号	测试范围	关键环节	测试要点及分值		证据材料	测试程序	测试结果	实际得分	交叉索引
			过程测试（50分）	结果测试（50分）					
担保业务3C012	内控设计	控制目标	担保业务控制目标确定及其分解情况	担保业务控制目标确定及其分解结果	《担保业务内部控制目标表》等	审阅材料 访谈人员			B1－4－1 B1－4－2
		控制措施	担保业务控制措施落实情况	担保业务控制措施确定结果	《担保业务内部控制措施表》等	审阅材料 访谈人员 抽样检查 重新执行			B1－5－1 B1－5－2 B1－5－3 B1－5－4
		控制证据	担保业务控制证据设计情况	担保业务控制证据设计结果	《担保业务控制证据表》等	审阅材料 访谈人员			B1－6－1 B1－6－2
		制度优化	担保业务管理制度优化情况	担保业务管理制度优化结果	《担保业务制度完善建议表》等	审阅材料 访谈人员			B1－7－1 B1－7－2
		控制图表	担保业务控制流程图绘制情况	担保业务控制流程图绘制结果	《担保业务控制流程图》等	审阅材料 访谈人员			B1－8－1 B1－8－2
		控制矩阵	担保业务控制矩阵编制情况	担保业务控制矩阵编制结果	《担保业务控制矩阵》等	审阅材料 访谈人员			B1－9－1 B1－9－2
汇总						编制汇总表			

<table>
<tr><td rowspan="3">测试结论</td><td colspan="7">设计无效</td><td colspan="2" rowspan="2">设计有效</td></tr>
<tr><td rowspan="2">是</td><td colspan="6">控制薄弱环节说明</td></tr>
<tr><td>设计的控制不符合实际</td><td>应有的控制不存在</td><td>风险识别不准确</td><td>未设计控制证据</td><td>控制矩阵编制不规范</td><td>其他</td><td>是</td><td>良好实践</td></tr>
<tr><td></td><td></td><td></td><td></td><td></td><td></td><td></td><td></td><td></td><td></td></tr>
</table>

（2）担保业务内部控制运行有效性测试。

评价人员在测试担保业务内部控制运行的有效性时，应当综合运用审阅文件资料、询问相关人员、观察业务活动以及重新执行控制等程序。在担保业务内部控制执行有效性评价过程中，评价人员应将担保业务每个业务流程的每个控制点的测试程序、方法和结果记录于内部控制执行有效性测试底稿。当担保业务业务流程测试结束后，评价人员应将各个流程和控制点的执行有效性测试结果进行汇总，记录于内部控制执行有效性评估汇总表。担保业务内部控制运行有效性测试方式一般采用关键控制测试，即建立样本库，再按照样本发生频率、样本库总量的大小区分，抽取相应数量的样本进行测试。担保业务内部控制运行有效性测试重点是对关键控制测试。中天恒3C框架担保业务内部控制运行有效性测试矩阵表见表14－5。

表14－5　　中天恒3C框架担保业务内部控制运行有效性测试矩阵表

被测试单位名称		被测试单位编码		索引编号	B2	页次	
业务流程名称	担保业务	业务流程编号	3C012	测试人		测试时间	
测试期间		截止日期		复核人		复核时间	

流程编号	测试范围	关键环节	测试要点及分值		证据材料	测试程序	测试结果	实际得分	交叉索引
			过程测试（50分）	结果测试（50分）					
担保业务3C012	内控运行	岗位设置	担保业务岗位设置情况	担保业务岗位设置结果	《担保业务岗位设置图》等	审阅材料 访谈人员			B2－1－1 B2－1－2
		职责分工	担保业务职责分工情况	担保业务职责分工结果	《担保业务职责分工制度》等	观察业务 抽样检查 重新执行			B2－2－1 B2－2－2 B2－2－3
		制度执行	担保业务控制制度执行情况	担保业务控制制度执行结果	《担保业务管理制度》等	审阅材料 访谈人员 抽样检查			B2－3－1 B2－3－2 B2－3－3
		措施落实	担保业务控制措施运行情况	担保业务控制措施运行结果	《担保业务控制措施表》等	审阅材料 访谈人员 抽样检查			B2－4－1 B2－4－2 B2－4－3
		内控监督	担保业务内控监督检查情况	担保业务内控监督检查结果	《担保业务内控监督情况报告》等	审阅材料 访谈人员			B2－5－1 B2－5－2

续表

<table>
<tr><th rowspan="2">流程编号</th><th rowspan="2">测试范围</th><th rowspan="2">关键环节</th><th colspan="2">测试要点及分值</th><th rowspan="2">证据材料</th><th rowspan="2">测试程序</th><th rowspan="2">测试结果</th><th rowspan="2">实际得分</th><th rowspan="2">交叉索引</th></tr>
<tr><th>过程测试（50分）</th><th>结果测试（50分）</th></tr>
<tr><td rowspan="4">担保业务3C012</td><td rowspan="4">内控运行</td><td>信息系统</td><td>担保业务内控信息化建设情况</td><td>担保业务内控信息化建设结果</td><td>《担保业务内控信息化建设情况报告》等</td><td>审阅材料
访谈人员</td><td></td><td></td><td>B2－6－1
B2－6－2</td></tr>
<tr><td>内控考核</td><td>担保业务内控考核情况</td><td>担保业务内控考核结果</td><td>《担保业务内控考核情况报告》等</td><td>审阅材料
访谈人员</td><td></td><td></td><td>B2－7－1
B2－7－2</td></tr>
<tr><td>管理融合</td><td>担保业务内控与担保业务和管理相融合情况</td><td>担保业务内控与担保业务和管理相融合结果</td><td></td><td>审阅材料
访谈人员</td><td></td><td></td><td>B2－8－1
B2－8－2</td></tr>
<tr><td>持续改进</td><td>担保业务内控持续改进情况</td><td>担保业务内控持续改进结果</td><td>《担保业务内控持续改进情况表》等</td><td>审阅材料
访谈人员</td><td></td><td></td><td>B2－9－1
B2－9－2</td></tr>
<tr><td>汇总</td><td></td><td></td><td></td><td></td><td></td><td>编制汇总表</td><td></td><td></td><td></td></tr>
</table>

<table>
<tr><td rowspan="3">测试结论</td><td colspan="7">设计无效</td><td colspan="2" rowspan="2">设计有效</td></tr>
<tr><td rowspan="2">是</td><td colspan="6">控制薄弱环节说明</td></tr>
<tr><td>制度未执行</td><td>措施未落实</td><td>控制证据不足</td><td>设计不适度</td><td>监控不力</td><td>其他</td><td>是</td><td>良好实践</td></tr>
<tr><td></td><td></td><td></td><td></td><td></td><td></td><td></td><td></td><td></td><td></td></tr>
</table>

3.3 认定缺陷

担保业务内部控制认定缺陷，就是对担保业务内部控制设计缺陷和运行缺陷的认定，并要按照缺陷的影响程度把担保业务内部控制缺陷分为重大缺陷、重要缺陷和一般缺陷。在具体的担保业务内部控制缺陷认定过程，评价人员应将已经调查了解到的担保业务内部控制系统的现状与事先确定的内部控制标准模式进行对照，以揭示哪些法规规定的控制程序未被采用。对对照中发现的担保业务控制缺陷，应当按照不同内容分类，并汇集记录在担保业务内部控制缺陷认定矩阵表中，应当编制担保业务内部控制缺陷认定表。中天恒3C框架担保业务内部控制缺陷认定矩阵表、认定表见表14－6、表14－7。

表14－6　　中天恒3C框架担保业务内部控制缺陷认定矩阵表

被评价单位名称			被评价单位编码				索引编号		C		页次		
业务流程名称		担保业务	业务流程编号			3C012	评价人				评价时间		
评价期间			截止日期				复核人				复核时间		
流程编号	一级流程	末级流程	关键控制	缺陷类型	缺陷描述	缺陷来源	缺陷性质			认定程序	认定索引	对报表影响	补偿性控制	整改意见
							一般缺陷	重大缺陷	重要缺陷					
3C012	担保业务									认定缺陷 提出建议	C－1 C－2			

表14－7　　中天恒3C框架担保业务内部控制缺陷认定表

被评价单位名称		被评价单位编码		索引编号	C－1	页次	
业务流程名称	担保业务	业务流程编号	3C012	评价人		评价时间	
关键控制名称		关键控制编号		复核人		复核时间	
影响会计科目		评价期间				截止日期	
缺陷类型		缺陷描述	认定标准	评价组初步认定意见		评价部门或经理层或董事会认定意见	
被评价单位（或当事人）意见及相关说明							
缺陷事项证据资料							

3.4　综合评价

担保业务综合评价，就是指在担保业务内部控制现场测试结果的基础上对担保业务内部控制有效性作出的最终评价，主要工作是汇总担保业务的评价结果。担保业务内部控制评价工作应遵循整理资料、分析影响、形成结论、反馈意见等综合评价的基本步骤。担保业务综合评价的方法很多，比较常用的是评分法。担保业务评分法可分别对担保业务内部控制设计有效性和运行有效性进行评分，也可以进行综合评分。担保业务内部控制综合评价结果可编制评价结果汇总表或绘制成评价图。中天恒 3C 框架担保业务内部控制评分结果汇总表见表 14－8。

表 14－8　　中天恒 3C 框架担保业务内部控制评分结果汇总表

被评价单位名称		被评价单位编码		索引编号	D－1	页次	
业务流程名称	担保业务	业务流程编号	3C012	评价人		评价时间	
关键控制名称		关键控制编号		复核人		复核时间	
影响会计科目		评价期间				截止日期	

流程编号	一级流程	二级流程	评价要点	控制设计评分（50%）			控制执行评分（50%）			综合评分	
				标准分值	实际得分	评价结果	标注分值	实际得分	评价结果	实际得分	评价结果
3C012	担保业务										
3C012.01		调查评估与审批									
3C012.02		执行与监控									

十五、业务外包内部控制评价实务及其模板

1. 概述

1.1 评价概念

业务外包内部控制评价是内部控制评价业务层面的重要内容之一，是对业务外包内部控制设计及运行有效性的评价。因此，加强业务外包内部控制评价工作，有利于促使企业建立健全和有效执行业务外包内部控制，从而有效控制业务外包风险。

1.2 评价目标

业务外包内部控制评价目标，就是保证业务外包内部控制设计和运行的有效性，促使企业预防和控制业务外包风险。

1.3 评价依据

业务外包内部控制评价依据是国家关于业务外包管理方面的法律法规、企业制定的业务外包管理制度及其《企业内部控制手册》有关业务外包部分的内容。我国关于业务外包的专门立法还比较少，大多要参见法律法规的相关规定，如《民法通则》中的“代理”、《合同法》中的“承揽合同”等。但是随着业务外包的迅速发展，相关的立法也在逐渐完善之中，商务部、工业和信息化部于2009年颁布了《关于境内企业承接服务业务外包信息保护的若干规定》，于2010年2月1日起实施。具体依据因评价单位的不同而有所不同。一般来说，涉及国家法律法规层面的业务外包内部控制评价依据包括《企业内部控制基本规范》、《企业内部控制应用指引第13号——业务外包》等。涉及评价单位层面的业务外包内部控制评价依据包括企业制定的《业务外包管理制度》、《业务外包授权制度和审核批准制度》、《业务外包的岗位责任制》等。在编制了《企业内部控制管理手册》的企业，该手册中的业务外包内部控制矩阵既是业务外包内部控制评价的对象，也是最为直接的评价依据。

2. 评价内容

业务外包内部控制评价内容，总体来说就是评价业务外包内部控制的设计和

运行的有效性，包括过程和结果两个层面，具体评价范围包括承包方选择、业务外包实施等主要外包业务。具体评价内容因评价单位开展业务外包情况的不同而不同，也因被评价单位内部控制成熟度的不同而不同。中天恒3C框架研究确定的业务外包内部控制评价内容分为业务外包内部控制设计和执行两个方面，分别包括了过程和结果两个层面，具体内容见表15－1。

表15－1　　　　中天恒3C框架业务外包内部控制评价内容表

流程编号	一级流程	评价范围	关键环节	评价内容		评价重点
				过程评价	结果评价	
3C013	业务外包	内控设计	现状梳理	业务外包现状梳理情况	业务外包现状梳理结果	
			风险评估	业务外包风险评估情况	业务外包风险评估结果	
			控制要点	业务外包控制要点及关键控制确定情况	业务外包控制要点及关键控制确定结果	
			控制目标	业务外包控制目标的确定及其分解情况	业务外包控制目标的确定及其分解结果	
			控制措施	业务外包控制措施确定情况	业务外包控制措施确定结果	√
			控制证据	业务外包控制证据设计情况	业务外包控制证据设计结果	
			制度优化	业务外包管理制度优化情况	业务外包管理制度优化结果	
			控制图表	业务外包控制图表绘制情况	业务外包控制图表绘制结果	
			控制矩阵	业务外包控制矩阵编制情况	业务外包控制矩阵编制结果	√
		内控运行	岗位设置	业务外包岗位设置情况	业务外包岗位设置结果	
			职责分工	业务外包职责分工情况	业务外包职责分工结果	
			制度执行	业务外包制度执行情况	业务外包制度执行结果	√
			措施落实	业务外包控制措施落实情况	业务外包控制措施落实结果	
			内控监督	业务外包内控监督情况	业务外包内控监督结果	√
			内控考核	业务外包内控考核情况	业务外包内控考核结果	
			信息系统	业务外包内控信息化情况	业务外包内控信息化结果	
			管理融合	业务外包内控与业务管理融合情况	业务外包内控与业务管理融合结果	
			持续改进	业务外包内控持续改进情况	业务外包内控持续改进结果	

2.1　设计有效性评价

业务外包内部控制的设计有效性评价包括设计过程和设计结果两个层面。业务外包内部控制设计结果有效性的前提是设计过程要有效，因此，要重视业务外包内部控制设计过程有效性的评价，不能仅对业务外包内部控制设计结果有效性进行评价。

2.2 运行有效性评价

业务外包内部控制的运行有效性评价包括运行过程和运行结果两个层面。总体说来，业务外包内部控制运行评价的要点包括：已经设计完成的业务外包内部控制及其相关的管理制度是否有效执行，是否有效控制了业务外包风险；已经设计有效的业务外包各控制点的控制措施是否有效实施，是否有效防止了各控制环节的风险；是否建立业务外包内部控制执行情况文档；是否根据业务、监管要求或法律法规等的变化持续改进业务外包内部控制等。实践中，业务外包内部控制运行层面普遍存在已有的控制在实际中没有执行、内部控制形同虚设、业务外包风险未有效控制等问题。业务外包内部控制的运行有效性评价的重点是控制制度及其措施的执行情况。

3. 评价程序

业务外包内部控制评价程序，就实施阶段来说，主要包括对业务外包内部控制进行调查了解、控制测试、缺陷认定、综合评价等程序。中天恒 3C 框架研究设计的业务外包内部控制评价总体程序见表 15－2。

表 15－2　　中天恒 3C 框架业务外包内部控制评价总体程序表

被评价单位名称		被评价单位编码		索引编号	0	页次	
业务流程名称	业务外包	业务流程编号	3C013	编制人		编制时间	
评价期间		截止日期		复核人		复核时间	

序号	基本程序	细分程序	执行情况说明	工作底稿索引号
1	调查了解	业务外包内部控制有效性调查		A
2	控制测试	业务外包内部控制设计有效性测试		B1
		业务外包内部控制执行有效性测试		B2
3	缺陷认定	业务外包内部控制缺陷认定		C
4	综合评价	业务外包内部控制评分结果汇总		D1
		业务外包内部控制评价结果汇总		D2
说明	1. 每一个评价程序可细分若干具体程序。 2. 上述程序可结合进行，以提高评价工作效率。 3. 在执行每一步骤后，应填写“执行情况说明”一栏，以此作为对业务外包内部控制综合评价的依据。			

3.1 调查了解

调查了解业务外包内部控制设计和运行的情况，是对业务外包内部控制评价实施阶段的首要环节。调查了解仅作为了解业务外包内部控制设计和运行的情况的手段，不能直接形成业务外包内部控制设计和运行有效性的结论。这项工作是在内部控制评价总体工作的准备阶段的基础上进行的，涉及具体内容很多，也因单位的不同而不同。对业务外包内部控制调查了解的方法有文字叙述法、调查表法、流程图法、控制矩阵法等。这些方法各有其特点，经常综合运用。中天恒3C框架业务外包内部控制调查问卷见表15－3。

表15－3　　中天恒3C框架业务外包内部控制调查问卷

<table>
<tr><td colspan="3">被调查单位名称</td><td></td><td>被调查单位编码</td><td colspan="2"></td><td>索引编号</td><td>A</td><td>页次</td><td></td></tr>
<tr><td colspan="3">业务流程名称</td><td>业务外包</td><td>业务流程编号</td><td colspan="2">3C013</td><td>调查人</td><td></td><td>调查时间</td><td></td></tr>
<tr><td colspan="3">调查期间</td><td></td><td>截止日期</td><td colspan="2"></td><td>复核人</td><td></td><td>复核时间</td><td></td></tr>
<tr><td rowspan="2">调查项目</td><td rowspan="2">调查范围</td><td rowspan="2">调查环节</td><td rowspan="2">调查内容</td><td colspan="3">调查结果</td><td rowspan="2">证据名称</td><td rowspan="2">被调查部门</td><td rowspan="2">被调查人</td></tr>
<tr><td>是</td><td>否</td><td>不适应</td></tr>
<tr><td rowspan="8">业务外包</td><td rowspan="8">内控设计</td><td rowspan="2">现状梳理</td><td>是否进行了业务外包现状梳理</td><td></td><td></td><td></td><td rowspan="2">《业务外包内部管理制度或相关文件情况表》、《业务外包流程目录》、《业务外包业务现状流程图》等</td><td rowspan="2"></td><td rowspan="2"></td></tr>
<tr><td>业务外包现状梳理是否有效</td><td></td><td></td><td></td></tr>
<tr><td rowspan="2">风险评估</td><td>是否进行了业务外包风险评估</td><td></td><td></td><td></td><td rowspan="2">《业务外包风险及其描述表》、《业务外包风险分析表》、《业务外包风险评价表》、《业务外包风险应对策略表》、《业务外包业务风险数据库》、《业务外包重大风险解决方案》等</td><td rowspan="2"></td><td rowspan="2"></td></tr>
<tr><td>业务外包风险评估是否有效</td><td></td><td></td><td></td></tr>
<tr><td rowspan="2">控制要点</td><td>是否进行了业务外包控制要点及关键控制的确定</td><td></td><td></td><td></td><td rowspan="2">《业务外包控制要点及其关键控制表》等</td><td rowspan="2"></td><td rowspan="2"></td></tr>
<tr><td>业务外包控制要点及关键控制的确定是否有效</td><td></td><td></td><td></td></tr>
<tr><td rowspan="2">控制目标</td><td>是否进行了业务外包控制目标的确定及其分解</td><td></td><td></td><td></td><td rowspan="2">《业务外包内部控制目标表》等</td><td rowspan="2"></td><td rowspan="2"></td></tr>
<tr><td>业务外包控制目标的确定及其分解是否有效</td><td></td><td></td><td></td></tr>
</table>

续表

调查项目	调查范围	调查环节	调查内容	调查结果			证据名称	被调查部门	被调查人
				是	否	不适应			
业务外包	内控设计	控制措施	是否进行了业务外包控制措施的确定				《业务外包内部控制措施表》等		
			业务外包控制措施的确定是否有效						
		控制证据	是否进行了业务外包控制证据的设计				《业务外包控制证据表》等		
			业务外包控制证据设计是否有效						
		制度优化	是否进行了业务外包管理的制度优化				《业务外包制度完善建议表》等		
			业务外包管理制度的优化是否有效						
		控制图表	是否绘制了业务外包控制流程图				《业务外包控制流程图》等		
			绘制的业务外包控制流程图是否有效						
		控制矩阵	是否编制了业务外包控制流矩阵				《业务外包控制矩阵》等		
			编制的业务外包制矩阵是否有效						
	内控运行	岗位设置	是否设置了必要的业务外包岗位				《业务外包岗位设置图》等		
			设置业务外包岗位是否有效						
		职责分工	是否有明确的业务外包职责分工				《业务外包职责分工制度》等		
			业务外包职责分工是否有效						
		制度执行	是否颁布实施了已经设计的业务外包控制制度				《业务外包管理制度》等		
			业务外包控制制度执行是否有效						

续表

调查项目	调查范围	调查环节	调查内容	调查结果：是	调查结果：否	调查结果：不适应	证据名称	被调查部门	被调查人
业务外包	内控运行	措施落实	是否实施了已经设计的业务外包控制措施				《业务外包控制措施表》等		
			业务外包控制措施运行是否有效						
		内控监督	是否进行业务外包内控监督检查				《业务外包内控监督情况报告》等		
			业务外包内控监督结果是否有效						
		信息系统	是否进行业务外包内控信息化建设				《业务外包内控信息化建设情况报告》等		
			业务外包内控信息化建设结果是否有效						
		内控考核	是否进行业务外包内控考核				《业务外包内控考核情况报告》等		
			业务外包内控考核结果是否有效						
		管理融合	业务外包内控是否与业务外包业务和管理相融合						
		持续改进	是否根据业务、监管要求或法律法规等的变化持续维护业务外包内部控制				《业务外包内控持续改进情况表》等		
			业务外包内控持续改进结果是否有效						

调查结论	内控可信赖度					是否需要作进一步测试	
	高	较高	中	较低	低	是	否
	简要描述						

3.2 现场测试

业务外包内部控制现场测试，就是测试业务外包内部控制设计和运行的有效性。对业务外包内部控制进行测试，可以根据具体情况实施详查或者抽样测试，具体测试方式包括跟单测试和关键控制测试等。

（1）业务外包内部控制设计有效性测试。

评价人员在测试业务外包控制设计的有效性时，应当综合运用询问适当人员、观察经营活动和检查相关文件等程序。业务外包内部控制设计有效性测试方式一般采用跟单测试方式。中天恒3C框架业务外包内部控制设计有效性测试矩阵表见表15－4。

表15－4　中天恒3C框架业务外包内部控制设计有效性测试矩阵表

被测试单位名称		被测试单位编码		索引编号	B1	页次			
业务流程名称	业务外包	业务流程编号	3C013	测试人		测试时间			
测试期间		截止日期		复核人		复核时间			
流程编号	测试范围	关键环节	测试要点及分值		证据材料	测试程序	测试结果	实际得分	交叉索引
			过程测试（50分）	结果测试（50分）					
业务外包3C013	内控设计	现状梳理	业务外包现状梳理情况	业务外包现状梳理结果	《业务外包内部管理制度或相关文件情况表》、《业务外包流程目录》、《业务外包业务现状流程图》	审阅材料 访谈人员 抽样检查			B1－1－1 B1－1－2 B1－1－3
		风险评估	业务外包风险评估情况	业务外包风险评估结果	《业务外包风险及其描述表》、《业务外包风险分析表》、《业务外包风险评价表》、《业务外包风险应对策略表》、《业务外包业务风险数据库》、《业务外包重大风险解决方案》等	审阅材料 访谈人员 抽样检查 重新执行			B1－2－1 B1－2－2 B1－2－3 B1－2－4
		控制要点	业务外包控制要点及关键控制落实情况	业务外包控制要点及关键控制确定结果	《业务外包控制要点及其关键控制表》等	审阅材料 访谈人员 抽样检查			B1－3－1 B1－3－2 B1－3－3

续表

流程编号	测试范围	关键环节	测试要点及分值		证据材料	测试程序	测试结果	实际得分	交叉索引
			过程测试（50分）	结果测试（50分）					
业务外包 3C013	内控设计	控制目标	业务外包控制目标确定及其分解情况	业务外包控制目标确定及其分解结果	《业务外包内部控制目标表》等	审阅材料 访谈人员			B1－4－1 B1－4－2
		控制措施	业务外包控制措施落实情况	业务外包控制措施确定结果	《业务外包内部控制措施表》等	审阅材料 访谈人员 抽样检查 重新执行			B1－5－1 B1－5－2 B1－5－3 B1－5－4
		控制证据	业务外包控制证据设计情况	业务外包控制证据设计结果	《业务外包控制证据表》等	审阅材料 访谈人员			B1－6－1 B1－6－2
		制度优化	业务外包管理制度优化情况	业务外包管理制度优化结果	《业务外包制度完善建议表》等	审阅材料 访谈人员			B1－7－1 B1－7－2
		控制图表	业务外包控制流程图绘制情况	业务外包控制流程图绘制结果	《业务外包控制流程图》等	审阅材料 访谈人员			B1－8－1 B1－8－2
		控制矩阵	业务外包控制矩阵编制情况	业务外包控制矩阵编制结果	《业务外包控制矩阵》等	审阅材料 访谈人员			B1－9－1 B1－9－2
汇总						编制汇总表			

<table>
<tr><td rowspan="3">测试结论</td><td colspan="7">设计无效</td><td colspan="2" rowspan="2">设计有效</td></tr>
<tr><td rowspan="2">是</td><td colspan="6">控制薄弱环节说明</td></tr>
<tr><td>设计的控制不符合实际</td><td>应有的控制不存在</td><td>风险识别不准确</td><td>未设计控制证据</td><td>控制矩阵编制不规范</td><td>其他</td><td>是</td><td>良好实践</td></tr>
<tr><td></td><td></td><td></td><td></td><td></td><td></td><td></td><td></td><td></td><td></td></tr>
</table>

（2）业务外包内部控制运行有效性测试。

评价人员在测试业务外包内部控制运行的有效性时，应当综合运用审阅文件资料、询问相关人员、观察业务活动以及重新执行控制等程序。在业务外包内部控制执行有效性评价过程中，评价人员应将业务外包每个业务流程的每个控制点的测试程序、方法和结果记录于内部控制执行有效性测试底稿。当业务外包业务流程测试结束后，评价人员应将各个流程和控制点的执行有效性测试结果进行汇总，记录于内部控制执行有效性评估汇总表。业务外包内部控制运行有效性测试方式一般采用关键控制测试，即建立样本库，再按照样本发生频率、样本库总量的大小区分，抽取相应数量的样本进行测试。业务外包内部控制运行有效性测试重点是对关键控制测试。中天恒3C框架业务外包内部控制运行有效性测试矩阵表见表15－5。

表15－5　中天恒3C框架业务外包内部控制运行有效性测试矩阵表

<table>
<tr><td colspan="3">被测试单位名称</td><td></td><td>被测试单位编码</td><td></td><td>索引编号</td><td>B2</td><td>页次</td><td></td></tr>
<tr><td colspan="3">业务流程名称</td><td>业务外包</td><td>业务流程编号</td><td>3C013</td><td>测试人</td><td></td><td>测试时间</td><td></td></tr>
<tr><td colspan="3">测试期间</td><td></td><td>截止日期</td><td></td><td>复核人</td><td></td><td>复核时间</td><td></td></tr>
<tr><td rowspan="2">流程编号</td><td rowspan="2">测试范围</td><td rowspan="2">关键环节</td><td colspan="2">测试要点及分值</td><td rowspan="2">证据材料</td><td rowspan="2">测试程序</td><td rowspan="2">测试结果</td><td rowspan="2">实际得分</td><td rowspan="2">交叉索引</td></tr>
<tr><td>过程测试（50分）</td><td>结果测试（50分）</td></tr>
<tr><td rowspan="5">业务外包3C013</td><td rowspan="5">内控运行</td><td>岗位设置</td><td>业务外包岗位设置情况</td><td>业务外包岗位设置结果</td><td>《业务外包岗位设置图》等</td><td>审阅材料
访谈人员</td><td></td><td></td><td>B2－1－1
B2－1－2</td></tr>
<tr><td>职责分工</td><td>业务外包职责分工情况</td><td>业务外包职责分工结果</td><td>《业务外包职责分工制度》等</td><td>观察业务
抽样检查
重新执行</td><td></td><td></td><td>B2－2－1
B2－2－2
B2－2－3</td></tr>
<tr><td>制度执行</td><td>业务外包控制制度执行情况</td><td>业务外包控制制度执行结果</td><td>《业务外包管理制度》等</td><td>审阅材料
访谈人员
抽样检查</td><td></td><td></td><td>B2－3－1
B2－3－2
B2－3－3</td></tr>
<tr><td>措施落实</td><td>业务外包控制措施运行情况</td><td>业务外包控制措施运行结果</td><td>《业务外包控制措施表》等</td><td>审阅材料
访谈人员
抽样检查</td><td></td><td></td><td>B2－4－1
B2－4－2
B2－4－3</td></tr>
<tr><td>内控监督</td><td>业务外包内控监督检查情况</td><td>业务外包内控监督检查结果</td><td>《业务外包内控监督情况报告》等</td><td>审阅材料
访谈人员</td><td></td><td></td><td>B2－5－1
B2－5－2</td></tr>
</table>

续表

流程编号	测试范围	关键环节	测试要点及分值 过程测试（50分）	 结果测试（50分）	证据材料	测试程序	测试结果	实际得分	交叉索引
业务外包3C013	内控运行	信息系统	业务外包内控信息化建设情况	业务外包内控信息化建设结果	《业务外包内控信息化建设情况报告》等	审阅材料 访谈人员			B2－6－1 B2－6－2
		内控考核	业务外包内控考核情况	业务外包内控考核结果	《业务外包内控考核情况报告》等	审阅材料 访谈人员			B2－7－1 B2－7－2
		管理融合	业务外包内控与业务外包业务和管理相融合情况	业务外包内控与业务外包业务和管理相融合结果		审阅材料 访谈人员			B2－8－1 B2－8－2
		持续改进	业务外包内控持续改进情况	业务外包内控持续改进结果	《业务外包内控持续改进情况表》等	审阅材料 访谈人员			B2－9－1 B2－9－2
汇总						编制汇总表			

<table>
<tr><td rowspan="3">测试结论</td><td colspan="7">设计无效</td><td colspan="2" rowspan="2">设计有效</td></tr>
<tr><td rowspan="2">是</td><td colspan="6">控制薄弱环节说明</td></tr>
<tr><td>制度未执行</td><td>措施未落实</td><td>控制证据不足</td><td>设计不适应</td><td>监控不力</td><td>其他</td><td>是</td><td>良好实践</td></tr>
<tr><td></td><td></td><td></td><td></td><td></td><td></td><td></td><td></td><td></td><td></td></tr>
</table>

3.3 认定缺陷

业务外包内部控制认定缺陷，就是对业务外包内部控制设计缺陷和运行缺陷的认定，并要按照缺陷的影响程度把业务外包内部控制缺陷分为重大缺陷、重要缺陷和一般缺陷。在具体的业务外包内部控制缺陷认定过程，评价人员应将已经调查了解到的业务外包内部控制系统的现状与事先确定的内部控制标准模式进行对照，以揭示哪些法规规定的控制程序未被采用。对对照中发现的业务外包控制缺陷，应当按照不同内容分类，并汇集记录在业务外包内部控制缺陷认定矩阵表中，编制业务外包内部控制缺陷认定表。中天恒3C框架业务外包内部控制缺陷认定矩阵表、认定表见表15－6、表15－7。

表15－6　　中天恒3C框架业务外包内部控制缺陷认定矩阵表

被评价单位名称		被评价单位编码		索引编号	C	页次	
业务流程名称	业务外包	业务流程编号	3C013	评价人		评价时间	
评价期间		截止日期		复核人		复核时间	

流程编号	一级流程	末级流程	关键控制	缺陷类型	缺陷描述	缺陷来源	缺陷性质			认定程序	认定索引	对报表影响	补偿性控制	整改意见
							一般缺陷	重大缺陷	重要缺陷					
3C013	业务外包									认定缺陷 提出建议	C－1 C－2			

表15－7　　中天恒3C框架业务外包内部控制缺陷认定表

被评价单位名称		被评价单位编码		索引编号	C－1	页次	
业务流程名称	业务外包	业务流程编号	3C013	评价人		评价时间	
关键控制名称		关键控制编号		复核人		复核时间	
影响会计科目		评价期间				截止日期	

缺陷类型	缺陷描述	认定标准	评价组初步认定意见	评价部门或经理层或董事会认定意见
被评价单位（或当事人）意见及相关说明				
缺陷事项证据资料				

3.4　综合评价

业务外包综合评价，就是指在业务外包内部控制现场测试结果的基础上对业务外包内部控制有效性作出的最终评价，主要工作是汇总业务外包业务的评价结果。业务外包内部控制评价工作应遵循整理资料、分析影响、形成结论、反馈意见等综合评价的基本步骤。业务外包综合评价的方法很多，比较常用的是评分法。业务外包评分法可分别对业务外包内部控制设计有效性和运行有效性进行评分，也可以进行综合评分。业务外包内部控制综合评价结果可编制评价结果汇总表或绘制成评价图。中天恒 3C 框架业务外包内部控制评分结果汇总表见表 15－8。

表 15－8　　中天恒 3C 框架业务外包内部控制评分结果汇总表

被评价单位名称		被评价单位编码		索引编号	D－1	页次	
业务流程名称	业务外包	业务流程编号	3C013	评价人		评价时间	
关键控制名称		关键控制编号		复核人		复核时间	
影响会计科目		评价期间				截止日期	

流程编号	一级流程	二级流程	评价要点	控制设计评分（50%）			控制执行评分（50%）			综合评分	
				标准分值	实际得分	评价结果	标注分值	实际得分	评价结果	实际得分	评价结果
3C013	业务外包										
3C013.01		承包方选择									
3C013.02		业务外包实施									

十六、财务报告内部控制评价实务及其模板

1. 概述

1.1 评价概念

财务报告内部控制评价是内部控制评价业务层面的重要内容之一，是对财务报告内部控制设计及运行有效性的评价。因此，加强财务报告内部控制评价工作，有利于促使企业建立健全和有效执行财务报告内部控制，从而有效控制财务报告风险。

1.2 评价目标

财务报告内部控制评价目标，就是保证财务报告内部控制设计和运行的有效性，促使企业预防和控制财务报告风险。

1.3 评价依据

财务报告内部控制评价依据是国家关于财务报告管理方面的法律法规、企业制定的财务报告管理制度及其《企业内部控制手册》有关财务报告部分的内容。具体依据因评价单位的不同而有所不同。《企业内部控制应用指引第 14 号——财务报告》界定了财务报告的定义，描述了财务报告中重点应当关注的风险，提出了财务报告的基本要求，明确了财务报告关键控制点及其相应的控制措施，是企业构建与实施财务报告内部控制的最直接的依据。企业应认真学习领会《企业内部控制基本规范》、《企业内部控制应用指引第 14 号——财务报告》等法律法规的精神实质和原则要求，并以此为起点构建和实施财务报告内部控制。涉及评价单位层面的财务报告内部控制评价依据包括企业制定的《财务报告管理制度》、《财务报告授权制度和审核批准制度》、《财务报告的岗位责任制》等。在编制了《企业内部控制管理手册》的企业，该手册中的财务报告内部控制矩阵既是财务报告内部控制评价的对象，也是最为直接的评价依据。

2. 评价内容

财务报告内部控制评价内容，总体来说就是评价财务报告内部控制的设计和运行的有效性，包括过程和结果两个层面，具体评价范围包括财务报告的编制、

财务报告的对外提供以及财务报告分析利用。中天恒3C框架研究确定的财务报告内部控制评价内容分为财务报告内部控制设计和执行两个方面，分别包括了过程和结果两个层面，具体内容见表16－1。

表16－1　　中天恒3C框架财务报告内部控制评价内容表

流程编号	一级流程	评价范围	关键环节	评价内容		评价重点
				过程评价	结果评价	
3C014	财务报告	内控设计	现状梳理	财务报告现状梳理情况	财务报告现状梳理结果	
			风险评估	财务报告风险评估情况	财务报告风险评估结果	
			控制要点	财务报告控制要点及关键控制确定情况	财务报告控制要点及关键控制确定结果	
			控制目标	财务报告控制目标的确定及其分解情况	财务报告控制目标的确定及其分解结果	
			控制措施	财务报告控制措施确定情况	财务报告控制措施确定结果	√
			控制证据	财务报告控制证据设计情况	财务报告控制证据设计结果	
			制度优化	财务报告管理制度优化情况	财务报告管理制度优化结果	
			控制图表	财务报告控制图表绘制情况	财务报告控制图表绘制结果	
			控制矩阵	财务报告控制矩阵编制情况	财务报告控制矩阵编制结果	√
		内控运行	岗位设置	财务报告岗位设置情况	财务报告岗位设置结果	
			职责分工	财务报告职责分工情况	财务报告职责分工结果	
			制度执行	财务报告制度执行情况	财务报告制度执行结果	√
			措施落实	财务报告控制措施落实情况	财务报告控制措施落实结果	
			内控监督	财务报告内控监督情况	财务报告内控监督结果	√
			内控考核	财务报告内控考核情况	财务报告内控考核结果	
			财务报告	财务报告内控信息化情况	财务报告内控信息化结果	
			管理融合	财务报告内控与业务管理融合情况	财务报告内控与业务管理融合结果	
			持续改进	财务报告内控持续改进情况	财务报告内控持续改进结果	

2.1　设计有效性评价

财务报告内部控制的设计有效性评价包括设计过程和设计结果两个层面。财务报告内部控制设计结果有效性的前提是设计过程要有效，因此，要重视财务报告内部控制设计过程有效性的评价，不能仅对财务报告内部控制设计结果有效性进行评价。

2.2 运行有效性评价

财务报告内部控制的运行有效性评价包括运行过程和运行结果两个层面。总体说来，财务报告内部控制运行评价的要点包括：已经设计完成的财务报告内部控制及其相关的管理制度是否有效执行，是否有效控制了财务报告风险；已经设计有效的财务报告各控制点的控制措施是否有效实施，是否有效防止了各控制环节的风险；是否建立财务报告内部控制执行情况文档；是否根据业务、监管要求或法律法规等的变化持续改进财务报告内部控制等。实践中，财务报告内部控制运行层面普遍存在已有的控制在实际中没有执行、内部控制形同虚设、财务报告风险未有效控制等问题。财务报告内部控制的运行有效性评价的重点是控制制度及其措施的执行情况。

3. 评价程序

财务报告内部控制评价程序，就实施阶段来说，主要包括对财务报告内部控制进行调查了解、控制测试、缺陷认定、综合评价等程序。中天恒 3C 框架研究设计的财务报告内部控制评价总体程序见表 16－2。

表 16－2　　中天恒 3C 框架财务报告内部控制评价总体程序表

<table>
<tr><td>被评价单位名称</td><td></td><td>被评价单位编码</td><td></td><td>索引编号</td><td>0</td><td>页次</td><td></td></tr>
<tr><td>业务流程名称</td><td>财务报告</td><td>业务流程编号</td><td>3C014</td><td>编制人</td><td></td><td>编制时间</td><td></td></tr>
<tr><td>评价期间</td><td></td><td>截止日期</td><td></td><td>复核人</td><td></td><td>复核时间</td><td></td></tr>
<tr><td>序号</td><td>基本程序</td><td colspan="4">细分程序</td><td>执行情况说明</td><td>工作底稿索引号</td></tr>
<tr><td>1</td><td>调查了解</td><td colspan="4">财务报告内部控制有效性调查</td><td></td><td>A</td></tr>
<tr><td rowspan="2">2</td><td rowspan="2">控制测试</td><td colspan="4">财务报告内部控制设计有效性测试</td><td></td><td>B1</td></tr>
<tr><td colspan="4">财务报告内部控制执行有效性测试</td><td></td><td>B2</td></tr>
<tr><td>3</td><td>缺陷认定</td><td colspan="4">财务报告内部控制缺陷认定</td><td></td><td>C</td></tr>
<tr><td rowspan="2">4</td><td rowspan="2">综合评价</td><td colspan="4">财务报告内部控制评分结果汇总</td><td></td><td>D1</td></tr>
<tr><td colspan="4">财务报告内部控制评价结果汇总</td><td></td><td>D2</td></tr>
<tr><td colspan="2">说明</td><td colspan="6">1. 每一个评价程序可细分若干具体程序。
2. 上述程序可结合进行，以提高评价工作效率。
3. 在执行每一步骤后，应填写“执行情况说明”一栏，以此作为对财务报告内部控制综合评价的依据。</td></tr>
</table>

3.1 调查了解

调查了解财务报告内部控制设计和运行的情况，是对财务报告内部控制评价实施阶段的首要环节。调查了解仅作为了解财务报告内部控制设计和运行的情况的手段，不能直接形成财务报告内部控制设计和运行有效性的结论。这项工作是在内部控制评价总体工作的准备阶段的基础上进行的，涉及具体内容很多，也因单位的不同而不同。对财务报告内部控制调查了解的方法有文字叙述法、调查表法、流程图法、控制矩阵法等。这些方法各有其特点，经常综合运用。中天恒 3C 框架财务报告内部控制调查问卷见表 16－3。

表 16－3　　中天恒 3C 框架财务报告内部控制调查问卷

被调查单位名称		被调查单位编码		索引编号	A	页次	
业务流程名称	财务报告	业务流程编号	3C014	调查人		调查时间	
调查期间		截止日期		复核人		复核时间	

调查项目	调查范围	调查环节	调查内容	调查结果			证据名称	被调查部门	被调查人
				是	否	不适应			
财务报告	内控设计	现状梳理	是否进行了财务报告现状梳理				《财务报告内部管理制度或相关文件情况表》、《财务报告流程目录》、《财务报告业务现状流程图》等		
			财务报告现状梳理是否有效						
		风险评估	是否进行了财务报告风险评估				《财务报告风险及其描述表》、《财务报告风险分析表》、《财务报告风险评价表》、《财务报告风险应对策略表》、《财务报告业务风险数据库》、《财务报告重大风险解决方案》等		
			财务报告风险评估是否有效						
		控制要点	是否进行了财务报告控制要点及关键控制的确定				《财务报告控制要点及其关键控制表》等		
			财务报告控制要点及关键控制的确定是否有效						
		控制目标	是否进行了财务报告控制目标的确定及其分解				《财务报告内部控制目标表》等		
			财务报告控制目标的确定及其分解是否有效						
		控制措施	是否进行了财务报告控制措施的确定				《财务报告内部控制措施表》等		
			财务报告控制措施的确定是否有效						

续表

调查项目	调查范围	调查环节	调查内容	调查结果			证据名称	被调查部门	被调查人
				是	否	不适应			
财务报告	内控设计	控制证据	是否进行了财务报告控制证据的设计				《财务报告控制证据表》等		
			财务报告控制证据设计是否有效						
		制度优化	是否进行了财务报告管理的制度优化				《财务报告制度完善建议表》等		
			财务报告管理制度的优化是否有效						
		控制图表	是否绘制了财务报告控制流程图				《财务报告控制流程图》等		
			绘制的财务报告控制流程图是否有效						
		控制矩阵	是否编制了财务报告控制流矩阵				《财务报告控制矩阵》等		
			编制的财务报告制矩阵是否有效						
	内控运行	岗位设置	是否设置了必要的财务报告岗位				《财务报告岗位设置图》等		
			设置财务报告岗位是否有效						
		职责分工	是否有明确的财务报告职责分工				《财务报告职责分工制度》等		
			财务报告职责分工是否有效						
		制度执行	是否颁布实施了已经设计的财务报告控制制度				《财务报告管理制度》等		
			财务报告控制制度执行是否有效						
		措施落实	是否实施了已经设计的财务报告控制措施				《财务报告控制措施表》等		
			财务报告控制措施运行是否有效						

续表

调查项目	调查范围	调查环节	调查内容	调查结果			证据名称	被调查部门	被调查人
				是	否	不适应			
财务报告	内控运行	内控监督	是否进行财务报告内控监督检查				《财务报告内控监督情况报告》等		
			财务报告内控监督结果是否有效						
		财务报告	是否进行财务报告内控信息化建设				《财务报告内控信息化建设情况报告》等		
			财务报告内控信息化建设结果是否有效						
		内控考核	是否进行财务报告内控考核				《财务报告内控考核情况报告》等		
			财务报告内控考核结果是否有效						
		管理融合	财务报告内控是否与财务报告业务和管理相融合						
		持续改进	是否根据业务、监管要求或法律法规等的变化持续维护财务报告内部控制				《财务报告内控持续改进情况表》等		
			财务报告内控持续改进结果是否有效						

调查结论	内控可信赖度					是否需要作进一步测试	
	高	较高	中	较低	低	是	否
	简要描述						

3.2　现场测试

财务报告内部控制现场测试，就是测试财务报告内部控制设计和运行的有效性。对财务报告内部控制进行测试，可以根据具体情况实施详查或者抽样测试，具体测试方式包括跟单测试和关键控制测试等。

（1）财务报告内部控制设计有效性测试。

评价人员在测试财务报告控制设计的有效性时，应当综合运用询问适当人员、观察经营活动和检查相关文件等程序。财务报告内部控制设计有效性测试方式一般采用跟单测试方式。中天恒 3C 框架财务报告内部控制设计有效性测试矩阵表见表 16－4。

表 16－4　　中天恒 3C 框架财务报告内部控制设计有效性测试矩阵表

被测试单位名称		被测试单位编码		索引编号	B1	页次	
业务流程名称	财务报告	业务流程编号	3C014	测试人		测试时间	
测试期间		截止日期		复核人		复核时间	

流程编号	测试范围	关键环节	测试要点及分值 过程测试（50 分）	测试要点及分值 结果测试（50 分）	证据材料	测试程序	测试结果	实际得分	交叉索引
财务报告 3C014	内控设计	现状梳理	财务报告现状梳理情况	财务报告现状梳理结果	《财务报告内部管理制度或相关文件情况表》、《财务报告流程目录》、《财务报告业务现状流程图》	审阅材料 访谈人员 抽样检查			B1－1－1 B1－1－2 B1－1－3
		风险评估	财务报告风险评估情况	财务报告风险评估结果	《财务报告风险及其描述表》、《财务报告风险分析表》、《财务报告风险评价表》、《财务报告风险应对策略表》、《财务报告业务风险数据库》、《财务报告重大风险解决方案》等	审阅材料 访谈人员 抽样检查 重新执行			B1－2－1 B1－2－2 B1－2－3 B1－2－4
		控制要点	财务报告控制要点及关键控制落实情况	财务报告控制要点及关键控制确定结果	《财务报告控制要点及其关键控制表》等	审阅材料 访谈人员 抽样检查			B1－3－1 B1－3－2 B1－3－3
		控制目标	财务报告控制目标确定及其分解情况	财务报告控制目标确定及其分解结果	《财务报告内部控制目标表》等	审阅材料 访谈人员			B1－4－1 B1－4－2

续表

流程编号	测试范围	关键环节	测试要点及分值		证据材料	测试程序	测试结果	实际得分	交叉索引
			过程测试（50分）	结果测试（50分）					
财务报告3C014	内控设计	控制措施	财务报告控制措施落实情况	财务报告控制措施确定结果	《财务报告内部控制措施表》等	审阅材料 访谈人员 抽样检查 重新执行			B1－5－1 B1－5－2 B1－5－3 B1－5－4
		控制证据	财务报告控制证据设计情况	财务报告控制证据设计结果	《财务报告控制证据表》等	审阅材料 访谈人员			B1－6－1 B1－6－2
		制度优化	财务报告管理制度优化情况	财务报告管理制度优化结果	《财务报告制度完善建议表》等	审阅材料 访谈人员			B1－7－1 B1－7－2
		控制图表	财务报告控制流程图绘制情况	财务报告控制流程图绘制结果	《财务报告控制流程图》等	审阅材料 访谈人员			B1－8－1 B1－8－2
		控制矩阵	财务报告控制矩阵编制情况	财务报告控制矩阵编制结果	《财务报告控制矩阵》等	审阅材料 访谈人员			B1－9－1 B1－9－2
汇总						编制汇总表			

测试结论	设计无效							设计有效	
	是	控制薄弱环节说明							
		设计的控制不符合实际	应有的控制不存在	风险识别不准确	未设计控制证据	控制矩阵编制不规范	其他	是	良好实践

（2）财务报告内部控制运行有效性测试。

评价人员在测试财务报告内部控制运行的有效性时，应当综合运用审阅文件资料、询问相关人员、观察业务活动以及重新执行控制等程序。在财务报告内部控制执行有效性评价过程中，评价人员应将财务报告每个业务流程的每个控制点的测试程序、方法和结果记录于内部控制执行有效性测试底稿。当财务报告业务流程测试结束后，评价人员应将各个流程和控制点的执行有效性测试结果进行汇总，记录于内部控制执行有效性评估汇总表。财务报告内部控制运行有效性测试方式一般采用关键控制测试，即建立样本库，再按照样本发生频率、样本库总量的大小区分，抽取相应数量的样本进行测试。财务报告内部控制运行有效性测试重点是对关键控制测试。中天恒3C框架财务报告内部控制运行有效性测试矩阵表见表16－5。

表16－5　中天恒3C框架财务报告内部控制运行有效性测试矩阵表

被测试单位名称			被测试单位编码		索引编号	B2		页次	
业务流程名称			财务报告	业务流程编号	3C014	测试人		测试时间	
测试期间				截止日期		复核人		复核时间	
流程编号	测试范围	关键环节	测试要点及分值 过程测试（50分）	测试要点及分值 结果测试（50分）	证据材料	测试程序	测试结果	实际得分	交叉索引
财务报告3C014	内控运行	岗位设置	财务报告岗位设置情况	财务报告岗位设置结果	《财务报告岗位设置图》等	审阅材料 访谈人员			B2－1－1 B2－1－2
		职责分工	财务报告职责分工情况	财务报告职责分工结果	《财务报告职责分工制度》等	观察业务 抽样检查 重新执行			B2－2－1 B2－2－2 B2－2－3
		制度执行	财务报告控制制度执行情况	财务报告控制制度执行结果	《财务报告管理制度》等	审阅材料 访谈人员 抽样检查			B2－3－1 B2－3－2 B2－3－3
		措施落实	财务报告控制措施运行情况	财务报告控制措施运行结果	《财务报告控制措施表》等	审阅材料 访谈人员 抽样检查			B2－4－1 B2－4－2 B2－4－3
		内控监督	财务报告内控监督检查情况	财务报告内控监督检查结果	《财务报告内控监督情况报告》等	审阅材料 访谈人员			B2－5－1 B2－5－2
		财务报告	财务报告内控信息化建设情况	财务报告内控信息化建设结果	《财务报告内控信息化建设情况报告》等	审阅材料 访谈人员			B2－6－1 B2－6－2

续表

流程编号	测试范围	关键环节	测试要点及分值		证据材料	测试程序	测试结果	实际得分	交叉索引
			过程测试（50分）	结果测试（50分）					
财务报告3C014	内控运行	内控考核	财务报告内控考核情况	财务报告内控考核结果	《财务报告内控考核情况报告》等	审阅材料 访谈人员			B2－7－1 B2－7－2
		管理融合	财务报告内控与财务报告业务和管理相融合情况	财务报告内控与财务报告业务和管理相融合结果		审阅材料 访谈人员			B2－8－1 B2－8－2
		持续改进	财务报告内控持续改进情况	财务报告内控持续改进结果	《财务报告内控持续改进情况表》等	审阅材料 访谈人员			B2－9－1 B2－9－2
汇总						编制汇总表			

<table>
<tr><td rowspan="3">测试结论</td><td colspan="7">设计无效</td><td colspan="2" rowspan="2">设计有效</td></tr>
<tr><td rowspan="2">是</td><td colspan="6">控制薄弱环节说明</td></tr>
<tr><td>制度未执行</td><td>措施未落实</td><td>控制证据不足</td><td>设计不适应</td><td>监控不力</td><td>其他</td><td>是</td><td>良好实践</td></tr>
<tr><td></td><td></td><td></td><td></td><td></td><td></td><td></td><td></td><td></td><td></td></tr>
</table>

3.3 认定缺陷

财务报告内部控制认定缺陷，就是对财务报告内部控制设计缺陷和运行缺陷的认定，并要按照缺陷的影响程度把财务报告内部控制缺陷分为重大缺陷、重要缺陷和一般缺陷。在具体的财务报告内部控制缺陷认定过程，评价人员应将已经调查了解到的财务报告内部控制系统的现状与事先确定的内部控制标准模式进行对照，以揭示哪些法规规定的控制程序未被采用。对对照中发现的财务报告控制缺陷，应当按照不同内容分类，并汇集记录在内部控制内部控制缺陷认定矩阵表中，应当编制财务报告内部控制缺陷认定表。中天恒3C框架财务报告内部控制缺陷认定矩阵表、认定表见表16－6、表16－7。

表 16－6　　　　中天恒 3C 框架财务报告内部控制缺陷认定矩阵表

<table>
<tr><td colspan="3">被评价单位名称</td><td colspan="3"></td><td colspan="2">被评价单位编码</td><td colspan="2"></td><td>索引编号</td><td>C</td><td>页次</td><td colspan="2"></td></tr>
<tr><td colspan="3">业务流程名称</td><td colspan="3">财务报告</td><td colspan="2">业务流程编号</td><td colspan="2">3C014</td><td>评价人</td><td></td><td>评价时间</td><td colspan="2"></td></tr>
<tr><td colspan="3">评价期间</td><td colspan="3"></td><td colspan="2">截止日期</td><td colspan="2"></td><td>复核人</td><td></td><td>复核时间</td><td colspan="2"></td></tr>
<tr><td rowspan="2">流程编号</td><td rowspan="2">一级流程</td><td rowspan="2">末级流程</td><td rowspan="2">关键控制</td><td rowspan="2">缺陷类型</td><td rowspan="2">缺陷描述</td><td rowspan="2">缺陷来源</td><td colspan="3">缺陷性质</td><td rowspan="2">认定程序</td><td rowspan="2">认定索引</td><td rowspan="2">对报表影响</td><td rowspan="2">补偿性控制</td><td rowspan="2">整改意见</td></tr>
<tr><td>一般缺陷</td><td>重大缺陷</td><td>重要缺陷</td></tr>
<tr><td>3C014</td><td>财务报告</td><td></td><td></td><td></td><td></td><td></td><td></td><td></td><td></td><td>认定缺陷
提出建议</td><td>C－1
C－2</td><td></td><td></td><td></td></tr>
<tr><td></td><td></td><td></td><td></td><td></td><td></td><td></td><td></td><td></td><td></td><td></td><td></td><td></td><td></td><td></td></tr>
<tr><td></td><td></td><td></td><td></td><td></td><td></td><td></td><td></td><td></td><td></td><td></td><td></td><td></td><td></td><td></td></tr>
<tr><td></td><td></td><td></td><td></td><td></td><td></td><td></td><td></td><td></td><td></td><td></td><td></td><td></td><td></td><td></td></tr>
</table>

表 16－7　　　　中天恒 3C 框架财务报告内部控制缺陷认定表

<table>
<tr><td>被评价单位名称</td><td></td><td>被评价单位编码</td><td></td><td>索引编号</td><td>C－1</td><td>页次</td><td></td></tr>
<tr><td>业务流程名称</td><td>财务报告</td><td>业务流程编号</td><td>3C014</td><td>评价人</td><td></td><td>评价时间</td><td></td></tr>
<tr><td>关键控制名称</td><td></td><td>关键控制编号</td><td></td><td>复核人</td><td></td><td>复核时间</td><td></td></tr>
<tr><td>影响会计科目</td><td></td><td>评价期间</td><td colspan="3"></td><td>截止日期</td><td></td></tr>
<tr><td colspan="2">缺陷类型</td><td>缺陷描述</td><td>认定标准</td><td colspan="2">评价组初步认定意见</td><td colspan="2">评价部门或经理层或董事会认定意见</td></tr>
<tr><td colspan="2"></td><td></td><td></td><td colspan="2"></td><td colspan="2"></td></tr>
<tr><td colspan="2">被评价单位（或当事人）意见及相关说明</td><td colspan="6"></td></tr>
<tr><td colspan="2">缺陷事项证据资料</td><td colspan="6"></td></tr>
</table>

3.4　综合评价

财务报告综合评价，就是指在财务报告内部控制现场测试结果的基础上对财务报告内部控制有效性作出的最终评价，主要工作是汇总财务报告业务的评价结果。财务报告内部控制评价工作应遵循整理资料、分析影响、形成结论、反馈意见等综合评价的基本步骤。财务报告综合评价的方法很多，比较常用的是评分法。财务报告评分法可分别对财务报告内部控制设计有效性和运行有效性进行评分，也可以进行综合评分。财务报告内部控制综合评价结果可编制评价结果汇总表或绘制成评价图。中天恒 3C 框架财务报告内部控制评分结果汇总表见表 16－8。

表 16－8　　中天恒 3C 框架财务报告内部控制评分结果汇总表

被评价单位名称		被评价单位编码		索引编号	D－1	页次					
业务流程名称	财务报告	业务流程编号	3C014	评价人		评价时间					
关键控制名称		关键控制编号		复核人		复核时间					
影响会计科目		评价期间				截止日期					
流程编号	一级流程	二级流程	评价要点	控制设计评分（50%）			控制执行评分（50%）			综合评分	
				标准分值	实际得分	评价结果	标注分值	实际得分	评价结果	实际得分	评价结果
3C014	财务报告										
3C014.01		财务报告的编制									
3C014.02		财务报告的对外提供									
3C014.03		财务报告的分析利用									

十七、全面预算内部控制评价实务及其模板

1. 概述

1.1 评价概念

全面预算内部控制评价是内部控制评价业务层面的重要内容之一，是对全面预算内部控制设计及运行有效性的评价。因此，加强全面预算内部控制评价工作，有利于促使企业建立健全和有效执行全面预算内部控制，从而有效控制全面预算风险。

1.2 评价目标

全面预算内部控制评价目标，就是保证全面预算内部控制设计和运行的有效性，促使企业预防和控制全面预算风险。

1.3 评价依据

全面预算内部控制评价依据是国家关于全面预算管理方面的法律法规、企业制定的全面预算管理制度及其《企业内部控制手册》有关全面预算部分的内容。具体依据因评价单位的不同而有所不同。《企业内部控制应用指引第 15 号——全面预算》界定了全面预算的定义，描述了全面预算中重点应当关注的风险，提出了全面预算的基本要求，明确了全面预算关键控制点及其相应的控制措施，是企业构建与实施全面预算内部控制的最直接的依据。企业应认真学习领会《企业内部控制基本规范》、《企业内部控制应用指引第 15 号——全面预算》等法律法规的精神实质和原则要求，并以此为起点构建和实施全面预算内部控制。涉及评价单位层面的全面预算内部控制评价依据包括企业制定的《全面预算管理制度》、《全面预算授权制度和审核批准制度》、《全面预算的岗位责任制》等。在编制了《企业内部控制管理手册》的企业，该手册中的全面预算内部控制矩阵既是全面预算内部控制评价的对象，也是最为直接的评价依据。

2. 评价内容

全面预算内部控制评价内容，总体来说就是评价全面预算内部控制的设计和运行的有效性，包括过程和结果两个层面，具体评价范围包括预算编制、预算执

行以及预算考核。具体评价内容因评价单位开展全面预算工作情况的不同而不同，也因被评价单位内部控制成熟度的不同而不同。中天恒3C框架研究确定的全面预算内部控制评价内容分为全面预算内部控制设计和执行两个方面，分别包括了过程和结果两个层面，具体内容见表17－1。

表17－1　　中天恒3C框架全面预算内部控制评价内容表

流程编号	一级流程	评价范围	关键环节	评价内容		评价重点
				过程评价	结果评价	
3C015	全面预算	内控设计	现状梳理	全面预算现状梳理情况	全面预算现状梳理结果	
			风险评估	全面预算风险评估情况	全面预算风险评估结果	
			控制要点	全面预算控制要点及关键控制确定情况	全面预算控制要点及关键控制确定结果	
			控制目标	全面预算控制目标的确定及其分解情况	全面预算控制目标的确定及其分解结果	
			控制措施	全面预算控制措施确定情况	全面预算控制措施确定结果	√
			控制证据	全面预算控制证据设计情况	全面预算控制证据设计结果	
			制度优化	全面预算管理制度优化情况	全面预算管理制度优化结果	
			控制图表	全面预算控制图表绘制情况	全面预算控制图表绘制结果	
			控制矩阵	全面预算控制矩阵编制情况	全面预算控制矩阵编制结果	√
		内控运行	岗位设置	全面预算岗位设置情况	全面预算岗位设置结果	
			职责分工	全面预算职责分工情况	全面预算职责分工结果	
			制度执行	全面预算制度执行情况	全面预算制度执行结果	√
			措施落实	全面预算控制措施落实情况	全面预算控制措施落实结果	
			内控监督	全面预算内控监督情况	全面预算内控监督结果	√
			内控考核	全面预算内控考核情况	全面预算内控考核结果	
			信息系统	全面预算内控信息化情况	全面预算内控信息化结果	
			管理融合	全面预算内控与业务管理融合情况	全面预算内控与业务管理融合结果	
			持续改进	全面预算内控持续改进情况	全面预算内控持续改进结果	

2.1　设计有效性评价

全面预算内部控制的设计有效性评价包括设计过程和设计结果两个层面。全面预算内部控制设计结果有效性的前提是设计过程要有效，因此，要重视全面预算内部控制设计过程有效性的评价，不能仅对全面预算内部控制设计结果有效性进行评价。

2.2　运行有效性评价

全面预算内部控制的运行有效性评价包括运行过程和运行结果两个层面。总体说来，全面预算内部控制运行评价的要点包括：已经设计完成的全面预算内部控制及其相关的管理制度是否有效执行，是否有效控制了全面预算风险；已经设计有效的全面预算各控制点的控制措施是否有效实施，是否有效防止了各控制环节的风险；是否建立全面预算内部控制执行情况文档；是否根据业务、监管要求或法律法规等的变化持续改进全面预算内部控制等。实践中，全面预算内部控制运行层面普遍存在已有的控制在实际中没有执行、内部控制形同虚设、全面预算风险未有效控制等问题。全面预算内部控制运行有效性评价的重点是控制制度及其措施的执行情况。

3. 评价程序

全面预算内部控制评价程序，就实施阶段来说，主要包括对全面预算内部控制进行调查了解、控制测试、缺陷认定、综合评价等程序。中天恒 3C 框架研究设计的全面预算内部控制评价总体程序见表 17－2。

表 17－2　　中天恒 3C 框架全面预算内部控制评价总体程序表

被评价单位名称		被评价单位编码		索引编号	0	页次	
业务流程名称	全面预算	业务流程编号	3C015	编制人		编制时间	
评价期间		截止日期		复核人		复核时间	

序号	基本程序	细分程序	执行情况说明	工作底稿索引号
1	调查了解	全面预算内部控制有效性调查		A
2	控制测试	全面预算内部控制设计有效性测试		B1
		全面预算内部控制执行有效性测试		B2
3	缺陷认定	全面预算内部控制缺陷认定		C
4	综合评价	全面预算内部控制评分结果汇总		D1
		全面预算内部控制评价结果汇总		D2
说明	1. 每一个评价程序可细分若干具体程序。 2. 上述程序可结合进行，以提高评价工作效率。 3. 在执行每一步骤后，应填写“执行情况说明”一栏，以此作为对全面预算内部控制综合评价的依据。			

3.1　调查了解

调查了解全面预算内部控制设计和运行的情况，是对全面预算内部控制评价实施阶段的首要环节。调查了解仅作为了解全面预算内部控制设计和运行的情况的手段，不能直接形成全面预算内部控制设计和运行有效性的结论。这项工作是在内部控制评价总体工作的准备阶段的基础上进行的，涉及具体内容很多，也因单位的不同而不同。对全面预算内部控制调查了解的方法有文字叙述法、调查表法、流程图法、控制矩阵法等。这些方法各有其特点，经常综合运用。中天恒3C框架全面预算内部控制调查问卷见表17－3。

表17－3　　　中天恒3C框架全面预算内部控制调查问卷

被调查单位名称		被调查单位编码		索引编号	A	页次	
业务流程名称	全面预算	业务流程编号	3C015	调查人		调查时间	
调查期间		截止日期		复核人		复核时间	

调查项目	调查范围	调查环节	调查内容	调查结果：是	调查结果：否	调查结果：不适应	证据名称	被调查部门	被调查人
全面预算	内控设计	现状梳理	是否进行了全面预算现状梳理				《全面预算内部管理制度或相关文件情况表》、《全面预算流程目录》、《全面预算业务现状流程图》等		
			全面预算现状梳理是否有效						
		风险评估	是否进行了全面预算风险评估				《全面预算风险及其描述表》、《全面预算风险分析表》、《全面预算风险评价表》、《全面预算风险应对策略表》、《全面预算业务风险数据库》、《全面预算重大风险解决方案》等		
			全面预算风险评估是否有效						
		控制要点	是否进行了全面预算控制要点及关键控制的确定				《全面预算控制要点及其关键控制表》等		
			全面预算控制要点及关键控制的确定是否有效						
		控制目标	是否进行了全面预算控制目标的确定及其分解				《全面预算内部控制目标表》等		
			全面预算控制目标的确定及其分解是否有效						

续表

调查项目	调查范围	调查环节	调查内容	调查结果			证据名称	被调查部门	被调查人
				是	否	不适应			
全面预算	内控设计	控制措施	是否进行了全面预算控制措施的确定				《全面预算内部控制措施表》等		
			全面预算控制措施的确定是否有效						
		控制证据	是否进行了全面预算控制证据的设计				《全面预算控制证据表》等		
			全面预算控制证据设计是否有效						
		制度优化	是否进行了全面预算管理的制度优化				《全面预算制度完善建议表》等		
			全面预算管理制度的优化是否有效						
		控制图表	是否绘制了全面预算控制流程图				《全面预算控制流程图》等		
			绘制的全面预算控制流程图是否有效						
		控制矩阵	是否编制了全面预算控制流矩阵				《全面预算控制矩阵》等		
			编制的全面预算制矩阵是否有效						
	内控运行	岗位设置	是否设置了必要的全面预算岗位				《全面预算岗位设置图》等		
			设置全面预算岗位是否有效						
		职责分工	是否有明确的全面预算职责分工				《全面预算职责分工制度》等		
			全面预算职责分工是否有效						
		制度执行	是否颁布实施了已经设计的全面预算控制制度				《全面预算管理制度》等		
			全面预算控制制度执行是否有效						

续表

<table>
<tr><th rowspan="2">调查项目</th><th rowspan="2">调查范围</th><th rowspan="2">调查环节</th><th rowspan="2">调查内容</th><th colspan="3">调查结果</th><th rowspan="2">证据名称</th><th rowspan="2">被调查部门</th><th rowspan="2">被调查人</th></tr>
<tr><th>是</th><th>否</th><th>不适应</th></tr>
<tr><td rowspan="11">全面预算</td><td rowspan="11">内控运行</td><td rowspan="2">措施落实</td><td>是否实施了已经设计的全面预算控制措施</td><td></td><td></td><td></td><td rowspan="2">《全面预算控制措施表》等</td><td rowspan="2"></td><td rowspan="2"></td></tr>
<tr><td>全面预算控制措施运行是否有效</td><td></td><td></td><td></td></tr>
<tr><td rowspan="2">内控监督</td><td>是否进行全面预算内控监督检查</td><td></td><td></td><td></td><td rowspan="2">《全面预算内控监督情况报告》等</td><td rowspan="2"></td><td rowspan="2"></td></tr>
<tr><td>全面预算内控监督结果是否有效</td><td></td><td></td><td></td></tr>
<tr><td rowspan="2">全面预算</td><td>是否进行全面预算内控信息化建设</td><td></td><td></td><td></td><td rowspan="2">《全面预算内控信息化建设情况报告》等</td><td rowspan="2"></td><td rowspan="2"></td></tr>
<tr><td>全面预算内控信息化建设结果是否有效</td><td></td><td></td><td></td></tr>
<tr><td rowspan="2">内控考核</td><td>是否进行全面预算内控考核</td><td></td><td></td><td></td><td rowspan="2">《全面预算内控考核情况报告》等</td><td rowspan="2"></td><td rowspan="2"></td></tr>
<tr><td>全面预算内控考核结果是否有效</td><td></td><td></td><td></td></tr>
<tr><td>管理融合</td><td>全面预算内控是否与全面预算业务和管理相融合</td><td></td><td></td><td></td><td></td><td></td><td></td></tr>
<tr><td rowspan="2">持续改进</td><td>是否根据业务、监管要求或法律法规等的变化持续维护全面预算内部控制</td><td></td><td></td><td></td><td rowspan="2">《全面预算内控持续改进情况表》等</td><td rowspan="2"></td><td rowspan="2"></td></tr>
<tr><td>全面预算内控持续改进结果是否有效</td><td></td><td></td><td></td></tr>
</table>

<table>
<tr><td rowspan="4">调查结论</td><td colspan="5">内控可信赖度</td><td colspan="2">是否需要作进一步测试</td></tr>
<tr><td>高</td><td>较高</td><td>中</td><td>较低</td><td>低</td><td>是</td><td>否</td></tr>
<tr><td></td><td></td><td></td><td></td><td></td><td></td><td></td></tr>
<tr><td>简要描述</td><td colspan="6"></td></tr>
</table>

3.2 现场测试

全面预算内部控制现场测试，就是测试全面预算内部控制设计和运行的有效性。对全面预算内部控制进行测试，可以根据具体情况实施详查或者抽样测试，具体测试方式包括跟单测试和关键控制测试等。

（1）全面预算内部控制设计有效性测试。

评价人员在测试全面预算控制设计的有效性时，应当综合运用询问适当人员、观察经营活动和检查相关文件等程序。全面预算内部控制设计有效性测试方式一般采用跟单测试方式。中天恒3C框架全面预算内部控制设计有效性测试矩阵表见表17－4。

表17－4　中天恒3C框架全面预算内部控制设计有效性测试矩阵表

被测试单位名称			被测试单位编码		索引编号	B1	页次		
业务流程名称		全面预算	业务流程编号		3C015	测试人		测试时间	
测试期间			截止日期		复核人		复核时间		
流程编号	测试范围	关键环节	测试要点及分值		证据材料	测试程序	测试结果	实际得分	交叉索引
			过程测试（50分）	结果测试（50分）					
全面预算3C015	内控设计	现状梳理	全面预算现状梳理情况	全面预算现状梳理结果	《全面预算内部管理制度或相关文件情况表》、《全面预算流程目录》、《全面预算业务现状流程图》	审阅材料 访谈人员 抽样检查			B1－1－1 B1－1－2 B1－1－3
		风险评估	全面预算风险评估情况	全面预算风险评估结果	《全面预算风险及其描述表》、《全面预算风险分析表》、《全面预算风险评价表》、《全面预算风险应对策略表》、《全面预算业务风险数据库》、《全面预算重大风险解决方案》等	审阅材料 访谈人员 抽样检查 重新执行			B1－2－1 B1－2－2 B1－2－3 B1－2－4
		控制要点	全面预算控制要点及关键控制落实情况	全面预算控制要点及关键控制确定结果	《全面预算控制要点及其关键控制表》等	审阅材料 访谈人员 抽样检查			B1－3－1 B1－3－2 B1－3－3

续表

流程编号	测试范围	关键环节	测试要点及分值		证据材料	测试程序	测试结果	实际得分	交叉索引
			过程测试（50分）	结果测试（50分）					
全面预算3C015	内控设计	控制目标	全面预算控制目标确定及其分解情况	全面预算控制目标确定及其分解结果	《全面预算内部控制目标表》等	审阅材料 访谈人员			B1－4－1 B1－4－2
		控制措施	全面预算控制措施落实情况	全面预算控制措施确定结果	《全面预算内部控制措施表》等	审阅材料 访谈人员 抽样检查 重新执行			B1－5－1 B1－5－2 B1－5－3 B1－5－4
		控制证据	全面预算控制证据设计情况	全面预算控制证据设计结果	《全面预算控制证据表》等	审阅材料 访谈人员			B1－6－1 B1－6－2
		制度优化	全面预算管理制度优化情况	全面预算管理制度优化结果	《全面预算制度完善建议表》等	审阅材料 访谈人员			B1－7－1 B1－7－2
		控制图表	全面预算控制流程图绘制情况	全面预算控制流程图绘制结果	《全面预算控制流程图》等	审阅材料 访谈人员			B1－8－1 B1－8－2
		控制矩阵	全面预算控制矩阵编制情况	全面预算控制矩阵编制结果	《全面预算控制矩阵》等	审阅材料 访谈人员			B1－9－1 B1－9－2
汇总						编制汇总表			

测试结论	设计无效							设计有效	
	是	控制薄弱环节说明							
		设计的控制不符合实际	应有的控制不存在	风险识别不准确	未设计控制证据	控制矩阵编制不规范	其他	是	良好实践

（2）全面预算内部控制运行有效性测试。

评价人员在测试全面预算内部控制运行的有效性时，应当综合运用审阅文件资料、询问相关人员、观察业务活动以及重新执行控制等程序。在全面预算内部控制执行有效性评价过程中，评价人员应将全面预算每个业务流程的每个控制点的测试程序、方法和结果记录于内部控制执行有效性测试底稿。当全面预算业务流程测试结束后，评价人员应将各个流程和控制点的执行有效性测试结果进行汇总，记录于内部控制执行有效性评估汇总表。全面预算内部控制运行有效性测试方式一般采用关键控制测试，即建立样本库，再按照样本发生频率、样本库总量的大小区分，抽取相应数量的样本进行测试。全面预算内部控制运行有效性测试重点是对关键控制测试。中天恒 3C 框架全面预算内部控制运行有效性测试矩阵表见表 17－5。

表 17－5　中天恒 3C 框架全面预算内部控制运行有效性测试矩阵表

被测试单位名称		被测试单位编码		索引编号	B2	页次	
业务流程名称	全面预算	业务流程编号	3C015	测试人		测试时间	
测试期间		截止日期		复核人		复核时间	

流程编号	测试范围	实施环节	测试要点及分值		证据材料	测试程序	测试结果	实际得分	交叉索引
			过程测试（50 分）	结果测试（50 分）					
全面预算3C015	内控运行	岗位设置	全面预算岗位设置情况	全面预算岗位设置结果	《全面预算岗位设置图》等	审阅材料 访谈人员			B2－1－1 B2－1－2
		职责分工	全面预算职责分工情况	全面预算职责分工结果	《全面预算职责分工制度》等	观察业务 抽样检查 重新执行			B2－2－1 B2－2－2 B2－2－3
		制度执行	全面预算控制制度执行情况	全面预算控制制度执行结果	《全面预算管理制度》等	审阅材料 访谈人员 抽样检查			B2－3－1 B2－3－2 B2－3－3
		措施落实	全面预算控制措施运行情况	全面预算控制措施运行结果	《全面预算控制措施表》等	审阅材料 访谈人员 抽样检查			B2－4－1 B2－4－2 B2－4－3
		内控监督	全面预算内控监督检查情况	全面预算内控监督检查结果	《全面预算内控监督情况报告》等	审阅材料 访谈人员			B2－5－1 B2－5－2

续表

流程编号	测试范围	实施环节	测试要点及分值		证据材料	测试程序	测试结果	实际得分	交叉索引
			过程测试（50分）	结果测试（50分）					
全面预算3C015	内控运行	信息系统	全面预算内控信息化建设情况	全面预算内控信息化建设结果	《全面预算内控信息化建设情况报告》等	审阅材料 访谈人员			B2－6－1 B2－6－2
		内控考核	全面预算内控考核情况	全面预算内控考核结果	《全面预算内控考核情况报告》等	审阅材料 访谈人员			B2－7－1 B2－7－2
		管理融合	全面预算内控与全面预算业务和管理相融合情况	全面预算内控与全面预算业务和管理相融合结果		审阅材料 访谈人员			B2－8－1 B2－8－2
		持续改进	全面预算内控持续改进情况	全面预算内控持续改进结果	《全面预算内控持续改进情况表》等	审阅材料 访谈人员			B2－9－1 B2－9－2
汇总						编制汇总表			

测试结论	运行无效							运行有效	
	是	控制薄弱环节说明							
		制度未执行	措施未落实	控制证据不足	设计不适应	监控不力	其他	是	良好实践

3.3 认定缺陷

全面预算内部控制认定缺陷，就是对全面预算内部控制设计缺陷和运行缺陷的认定，并要按照缺陷的影响程度把全面预算内部控制缺陷分为重大缺陷、重要缺陷和一般缺陷。在具体的全面预算内部控制缺陷认定过程，评价人员应将已经调查了解到的全面预算内部控制系统的现状与事先确定的内部控制标准模式进行对照，以揭示哪些法规规定的控制程序未被采用。对对照中发现的全面预算控制缺陷，应当按照不同内容分类，并汇集记录在内部控制内部控制缺陷认定矩阵表中，应当编制全面预算内部控制缺陷认定表。中天恒 3C 框架全面预算内部控制缺陷认定矩阵表、认定表见表 17－6、表 17－7。

表 17－6　　中天恒 3C 框架全面预算内部控制缺陷认定矩阵表

被评价单位名称		被评价单位编码		索引编号	C	页次	
业务流程名称	全面预算	业务流程编号	3C015	评价人		评价时间	
评价期间		截止日期		复核人		复核时间	

流程编号	一级流程	末级流程	关键控制	缺陷类型	缺陷描述	缺陷来源	缺陷性质			认定程序	认定索引	对报表影响	补偿性控制	整改意见
							一般缺陷	重大缺陷	重要缺陷					
3C015	全面预算									认定缺陷 提出建议	C－1 C－2			

表 17－7　　中天恒 3C 框架全面预算内部控制缺陷认定表

被评价单位名称		被评价单位编码		索引编号	C－1	页次	
业务流程名称	全面预算	业务流程编号	3C015	评价人		评价时间	
关键控制名称		关键控制编号		复核人		复核时间	
影响会计科目		评价期间				截止日期	

缺陷类型	缺陷描述	认定标准	评价组初步认定意见	评价部门或经理层或董事会认定意见
被评价单位（或当事人）意见及相关说明				
缺陷事项证据资料				

3.4　综合评价

全面预算综合评价，就是指在全面预算内部控制现场测试结果的基础上对全面预算内部控制有效性作出的最终评价，主要工作是汇总全面预算业务的评价结果。全面预算内部控制评价工作应遵循整理资料、分析影响、形成结论、反馈意见等综合评价的基本步骤。全面预算综合评价的方法很多，比较常用的是评分法。全面预算评分法可分别对全面预算内部控制设计有效性和运行有效性进行评分，也可以进行综合评分。全面预算内部控制综合评价结果可编制评价结果汇总表或绘制成评价图。中天恒3C框架全面预算内部控制评分结果汇总表见17－8。

表17－8　　中天恒3C框架全面预算内部控制评分结果汇总表

被评价单位名称		被评价单位编码		索引编号	D－1	页次	
业务流程名称	全面预算	业务流程编号	3C015	评价人		评价时间	
关键控制名称		关键控制编号		复核人		复核时间	
影响会计科目		评价期间				截止日期	

流程编号	一级流程	二级流程	评价要点	控制设计评分（50%）			控制执行评分（50%）			综合评分	
				标准分值	实际得分	评价结果	标注分值	实际得分	评价结果	实际得分	评价结果
3C015	全面预算										
3C015.01		预算编制									
3C015.02		预算执行									
3C015.03		预算考核									

十八、合同管理内部控制评价实务及其模板

1. 概述

1.1 评价概念

合同管理内部控制评价是内部控制评价业务层面的重要内容之一，是对合同管理内部控制设计及运行有效性的评价。因此，加强合同管理内部控制评价工作，有利于促使企业建立健全和有效执行合同管理内部控制，从而有效控制合同管理风险。

1.2 评价目标

合同管理内部控制评价目标，就是保证合同管理内部控制设计和运行的有效性，促使企业预防和控制合同管理风险。

1.3 评价依据

合同管理内部控制评价依据是国家关于合同管理管理方面的法律法规、企业制定的合同管理管理制度及其《企业内部控制手册》有关合同管理部分的内容。具体依据因评价单位的不同而有所不同。合同管理涉及的国家法律规范很多，其中最重要的是《中华人民共和国合同法》。《中华人民共和国合同法》对合同的订立、合同的效力、合同的履行、合同的变更和转让、合同权利义务终止、违约责任等进行了规定，从而为企业合同管理提出了基本的规范要求。《企业内部控制基本规范》是我国企业构建与实施内部控制体系的基本依据。《企业内部控制基本规范》明确指出，企业应当结合风险评估结果，通过手工控制与自动控制、预防性控制与发现性控制相结合的方法，运用相应的控制措施，将风险控制在可承受度之内。无论是什么类型的企业，合同风险都是其基本的重要风险，企业均应当根据《企业内部控制基本规范》的要求，通过各种内部控制方法，运用各种具体的控制措施，保证将合同风险控制在可承受度之内。《企业内部控制应用指引第 16 号——合同管理》界定了合同的定义，描述了合同管理中重点应当关注的风险，提出了合同管理的基本要求，明确了合同管理关键控制点及其相应的控制措施，是企业构建与实施合同管理内部控制的最直接的依据。企业应认真学习领会《中华人民共和国合同法》、《企业内部控制基本规范》、《企业内部控制

应用指引第16号——合同管理》等法律法规的精神实质和原则要求，并以此为起点构建和实施合同管理内部控制。涉及评价单位层面的合同管理内部控制评价依据包括企业制定的《合同管理管理制度》、《合同管理授权制度和审核批准制度》、《合同管理的岗位责任制》等。在编制了《企业内部控制管理手册》的企业，该手册中的合同管理内部控制矩阵既是合同管理内部控制评价的对象，也是最为直接的评价依据。

2. 评价内容

合同管理内部控制评价内容，总体来说就是评价合同管理内部控制的设计和运行的有效性，包括过程和结果两个层面，具体评价范围包括合同的订立、合同的履行。具体评价内容因评价单位开展合同管理情况的不同而不同，也因被评价单位内部控制成熟度的不同而不同。中天恒3C框架研究确定的合同管理内部控制评价内容分为合同管理内部控制设计和执行两个方面，分别包括了过程和结果两个层面，具体内容见表18－1。

表18－1　　中天恒3C框架合同管理内部控制评价内容表

流程编号	一级流程	评价范围	关键环节	评价内容		评价重点
				过程评价	结果评价	
3C016	合同管理	内控设计	现状梳理	合同管理现状梳理情况	合同管理现状梳理结果	
			风险评估	合同管理风险评估情况	合同管理风险评估结果	
			控制要点	合同管理控制要点及关键控制确定情况	合同管理控制要点及关键控制确定结果	
			控制目标	合同管理控制目标的确定及其分解情况	合同管理控制目标的确定及其分解结果	
			控制措施	合同管理控制措施确定情况	合同管理控制措施确定结果	√
			控制证据	合同管理控制证据设计情况	合同管理控制证据设计结果	
			制度优化	合同管理管理制度优化情况	合同管理管理制度优化结果	
			控制图表	合同管理控制图表绘制情况	合同管理控制图表绘制结果	
			控制矩阵	合同管理控制矩阵编制情况	合同管理控制矩阵编制结果	√
		内控运行	岗位设置	合同管理岗位设置情况	合同管理岗位设置结果	
			职责分工	合同管理职责分工情况	合同管理职责分工结果	
			制度执行	合同管理制度执行情况	合同管理制度执行结果	√
			措施落实	合同管理控制措施落实情况	合同管理控制措施落实结果	
			内控监督	合同管理内控监督情况	合同管理内控监督结果	√
			内控考核	合同管理内控考核情况	合同管理内控考核结果	

续表

流程编号	一级流程	评价范围	关键环节	评价内容		评价重点
				过程评价	结果评价	
3C016	合同管理	内控运行	信息系统	合同管理内控信息化情况	合同管理内控信息化结果	
			管理融合	合同管理内控与业务管理融合情况	合同管理内控与业务管理融合结果	
			持续改进	合同管理内控持续改进情况	合同管理内控持续改进结果	

2.1　设计有效性评价

合同管理内部控制的设计有效性评价包括设计过程和设计结果两个层面。合同管理内部控制设计结果有效性的前提是设计过程要有效，因此，要重视合同管理内部控制设计过程有效性的评价，不能仅对合同管理内部控制设计结果有效性进行评价。

2.2　运行有效性评价

合同管理内部控制的运行有效性评价包括运行过程和运行结果两个层面。总体说来，合同管理内部控制运行评价的要点包括：已经设计完成的合同管理内部控制及其相关的管理制度是否有效执行，是否有效控制了合同管理风险；已经设计有效的合同管理各控制点的控制措施是否有效实施，是否有效防止了各控制环节的风险；是否建立合同管理内部控制执行情况文档；是否根据业务、监管要求或法律法规等的变化持续改进合同管理内部控制等。实践中，合同管理内部控制运行层面普遍存在已有的控制在实际中没有执行、内部控制形同虚设、合同管理风险未有效控制等问题，导致虚增合同的订立收入、人为调节利润、形成坏账等。合同管理内部控制的运行有效性评价的重点是控制制度及其措施的执行情况。

3. 评价程序

合同管理内部控制评价程序，就实施阶段来说，主要包括对合同管理内部控制进行调查了解、控制测试、缺陷认定、综合评价等程序。中天恒 3C 框架研究设计的合同管理内部控制评价总体程序见表 18－2。

表 18－2　　中天恒 3C 框架合同管理内部控制评价总体程序表

被评价单位名称		被评价单位编码		索引编号	0	页次	
业务流程名称	合同管理	业务流程编号	3C016	编制人		编制时间	
评价期间		截止日期		复核人		复核时间	

序号	基本程序	细分程序	执行情况说明	工作底稿索引号
1	调查了解	合同管理内部控制有效性调查		A

续表

序号	基本程序	细分程序	执行情况说明	工作底稿索引号
2	控制测试	合同管理内部控制设计有效性测试		B1
		合同管理内部控制执行有效性测试		B2
3	缺陷认定	合同管理内部控制缺陷认定		C
4	综合评价	合同管理内部控制评分结果汇总		D1
		合同管理内部控制评价结果汇总		D2
说明	1. 每一个评价程序可细分若干具体程序。 2. 上述程序可结合进行，以提高评价工作效率。 3. 在执行每一步骤后，应填写“执行情况说明”一栏，以此作为对合同管理内部控制综合评价的依据。			

3.1 调查了解

调查了解合同管理内部控制设计和运行的情况，是对合同管理内部控制评价实施阶段的首要环节。调查了解仅作为了解合同管理内部控制设计和运行的情况的手段，不能直接形成合同管理内部控制设计和运行有效性的结论。这项工作是在内部控制评价总体工作的准备阶段的基础上进行的，涉及具体内容很多，也因单位的不同而不同。对合同管理内部控制调查了解的方法有文字叙述法、调查表法、流程图法、控制矩阵法等。这些方法各有其特点，经常综合运用。中天恒3C框架合同管理内部控制调查问卷见表18－3。

表18－3　　　　中天恒3C框架合同管理内部控制调查问卷

被调查单位名称		被调查单位编码		索引编号	A	页次	
业务流程名称	合同管理	业务流程编号	3C016	调查人		调查时间	
调查期间		截止日期		复核人		复核时间	

调查项目	调查范围	调查环节	调查内容	调查结果			证据名称	被调查部门	被调查人
				是	否	不适应			
合同管理	内控设计	现状梳理	是否进行了合同管理现状梳理				《合同管理内部管理制度或相关文件情况表》、《合同管理流程目录》、《合同管理业务现状流程图》等		
			合同管理现状梳理是否有效						

续表

调查项目	调查范围	调查环节	调查内容	调查结果			证据名称	被调查部门	被调查人
				是	否	不适应			
合同管理	内控设计	风险评估	是否进行了合同管理风险评估				《合同管理风险及其描述表》、《合同管理风险分析表》、《合同管理风险评价表》、《合同管理风险应对策略表》、《合同管理业务风险数据库》、《合同管理重大风险解决方案》等		
			合同管理风险评估是否有效						
		控制要点	是否进行了合同管理控制要点及关键控制的确定				《合同管理控制要点及其关键控制表》等		
			合同管理控制要点及关键控制的确定是否有效						
		控制目标	是否进行了合同管理控制目标的确定及其分解				《合同管理内部控制目标表》等		
			合同管理控制目标的确定及其分解是否有效						
		控制措施	是否进行了合同管理控制措施的确定				《合同管理内部控制措施表》等		
			合同管理控制措施的确定是否有效						
		控制证据	是否进行了合同管理控制证据的设计				《合同管理控制证据表》等		
			合同管理控制证据设计是否有效						
		制度优化	是否进行了合同管理管理的制度优化				《合同管理制度完善建议表》等		
			合同管理管理制度的优化是否有效						

续表

调查项目	调查范围	调查环节	调查内容	调查结果			证据名称	被调查部门	被调查人
				是	否	不适应			
合同管理	内控设计	控制图表	是否绘制了合同管理控制流程图				《合同管理控制流程图》等		
			绘制的合同管理控制流程图是否有效						
		控制矩阵	是否编制了合同管理控制流矩阵				《合同管理控制矩阵》等		
			编制的合同管理制矩阵是否有效						
	内控运行	岗位设置	是否设置了必要的合同管理岗位				《合同管理岗位设置图》等		
			设置合同管理岗位是否有效						
		职责分工	是否有明确的合同管理职责分工				《合同管理职责分工制度》等		
			合同管理职责分工是否有效						
		制度执行	是否颁布实施了已经设计的合同管理控制制度				《合同管理管理制度》等		
			合同管理控制制度执行是否有效						
		措施落实	是否实施了已经设计的合同管理控制措施				《合同管理控制措施表》等		
			合同管理控制措施运行是否有效						
		内控监督	是否进行合同管理内控监督检查				《合同管理内控监督情况报告》等		
			合同管理内控监督结果是否有效						

续表

调查项目	调查范围	调查环节	调查内容	调查结果			证据名称	被调查部门	被调查人
				是	否	不适应			
合同管理	内控运行	信息系统	是否进行合同管理内控信息化建设				《合同管理内控信息化建设情况报告》等		
			合同管理内控信息化建设结果是否有效						
		内控考核	是否进行合同管理内控考核				《合同管理内控考核情况报告》等		
			合同管理内控考核结果是否有效						
		管理融合	合同管理内控是否与合同管理业务和管理相融合						
		持续改进	是否根据业务、监管要求或法律法规等的变化持续维护合同管理内部控制				《合同管理内控持续改进情况表》等		
			合同管理内控持续改进结果是否有效						

调查结论	内控可信赖度					是否需要作进一步测试	
	高	较高	中	较低	低	是	否
	简要描述						

3.2 现场测试

合同管理内部控制现场测试，就是测试合同管理内部控制设计和运行的有效性。对合同管理内部控制进行测试，可以根据具体情况实施详查或者抽样测试，具体测试方式包括跟单测试和关键控制测试等。

（1）合同管理内部控制设计有效性测试。

评价人员在测试合同管理控制设计的有效性时，应当综合运用询问适当人员、观察经营活动和检查相关文件等程序。合同管理内部控制设计有效性测试方式一般采用跟单测试方式。中天恒3C框架合同管理内部控制设计有效性测试矩阵表见表18－4。

表 18－4　　中天恒 3C 框架合同管理内部控制设计有效性测试矩阵表

被测试单位名称			被测试单位编码		索引编号	B1	页次		
业务流程名称	合同管理		业务流程编号	3C016	测试人		测试时间		
测试期间			截止日期		复核人		复核时间		
流程编号	测试范围	关键环节	测试要点及分值		证据材料	测试程序	测试结果	实际得分	交叉索引
			过程测试（50 分）	结果测试（50 分）					
合同管理 3C016	内控设计	现状梳理	合同管理现状梳理情况	合同管理现状梳理结果	《合同管理内部管理制度或相关文件情况表》、《合同管理流程目录》、《合同管理业务现状流程图》	审阅材料 访谈人员 抽样检查			B1－1－1 B1－1－2 B1－1－3
		风险评估	合同管理风险评估情况	合同管理风险评估结果	《合同管理风险及其描述表》、《合同管理风险分析表》、《合同管理风险评价表》、《合同管理风险应对策略表》、《合同管理业务风险数据库》、《合同管理重大风险解决方案》等	审阅材料 访谈人员 抽样检查 重新执行			B1－2－1 B1－2－2 B1－2－3 B1－2－4
		控制要点	合同管理控制要点及关键控制落实情况	合同管理控制要点及关键控制确定结果	《合同管理控制要点及其关键控制表》等	审阅材料 访谈人员 抽样检查			B1－3－1 B1－3－2 B1－3－3
		控制目标	合同管理控制目标确定及其分解情况	合同管理控制目标确定及其分解结果	《合同管理内部控制目标表》等	审阅材料 访谈人员			B1－4－1 B1－4－2
		控制措施	合同管理控制措施落实情况	合同管理控制措施确定结果	《合同管理内部控制措施表》等	审阅材料 访谈人员 抽样检查 重新执行			B1－5－1 B1－5－2 B1－5－3 B1－5－4

续表

流程编号	测试范围	关键环节	测试要点及分值		证据材料	测试程序	测试结果	实际得分	交叉索引
			过程测试（50分）	结果测试（50分）					
合同管理3C016	内控设计	控制证据	合同管理控制证据设计情况	合同管理控制证据设计结果	《合同管理控制证据表》等	审阅材料 访谈人员			B1－6－1 B1－6－2
		制度优化	合同管理管理制度优化情况	合同管理管理制度优化结果	《合同管理制度完善建议表》等	审阅材料 访谈人员			B1－7－1 B1－7－2
		控制图表	合同管理控制流程图绘制情况	合同管理控制流程图绘制结果	《合同管理控制流程图》等	审阅材料 访谈人员			B1－8－1 B1－8－2
		控制矩阵	合同管理控制矩阵编制情况	合同管理控制矩阵编制结果	《合同管理控制矩阵》等	审阅材料 访谈人员			B1－9－1 B1－9－2
汇总						编制汇总表			

<table>
<tr><td rowspan="3">测试结论</td><td colspan="7">设计无效</td><td colspan="2" rowspan="2">设计有效</td></tr>
<tr><td rowspan="2">是</td><td colspan="6">控制薄弱环节说明</td></tr>
<tr><td>设计的控制不符合实际</td><td>应有的控制不存在</td><td>风险识别不准确</td><td>未设计控制证据</td><td>控制矩阵编制不规范</td><td>其他</td><td>是</td><td>良好实践</td></tr>
<tr><td></td><td></td><td></td><td></td><td></td><td></td><td></td><td></td><td></td><td></td></tr>
</table>

（2）合同管理内部控制运行有效性测试。

评价人员在测试合同管理内部控制运行的有效性时，应当综合运用审阅文件资料、询问相关人员、观察业务活动以及重新执行控制等程序。在合同管理内部控制执行有效性评价过程中，评价人员应将合同管理每个业务流程的每个控制点的测试程序、方法和结果记录于内部控制执行有效性测试底稿。当合同管理业务流程测试结束后，评价人员应将各个流程和控制点的执行有效性测试结果进行汇总，记录于内部控制执行有效性评估汇总表。合同管理内部控制运行有效性测试方式一般采用关键控制测试，即建立样本库，再按照样本发生频率、样本库总量的大小区分，抽取相应数量的样本进行测试。合同管理内部控制运行有效性测试重点是对关键控制测试。中天恒 3C 框架合同管理内部控制运行有效性测试矩阵表见表 18－5。

表 18－5　中天恒 3C 框架合同管理内部控制运行有效性测试矩阵表

被测试单位名称		被测试单位编码		索引编号	B2	页次	
业务流程名称	合同管理	业务流程编号	3C016	测试人		测试时间	
测试期间		截止日期		复核人		复核时间	

流程编号	测试范围	实施环节	测试要点及分值		证据材料	测试程序	测试结果	实际得分	交叉索引
			过程测试（50 分）	结果测试（50 分）					
合同管理 3C016	内控运行	岗位设置	合同管理岗位设置情况	合同管理岗位设置结果	《合同管理岗位设置图》等	审阅材料 访谈人员			B2－1－1 B2－1－2
		职责分工	合同管理职责分工情况	合同管理职责分工结果	《合同管理职责分工制度》等	观察业务 抽样检查 重新执行			B2－2－1 B2－2－2 B2－2－3
		制度执行	合同管理控制制度执行情况	合同管理控制制度执行结果	《合同管理管理制度》等	审阅材料 访谈人员 抽样检查			B2－3－1 B2－3－2 B2－3－3
		措施落实	合同管理控制措施运行情况	合同管理控制措施运行结果	《合同管理控制措施表》等	审阅材料 访谈人员 抽样检查			B2－4－1－K B2－4－2－K B2－4－3－K
		内控监督	合同管理内控监督检查情况	合同管理内控监督检查结果	《合同管理内控监督情况报告》等	审阅材料 访谈人员			B2－5－1 B2－5－2
		合同管理	合同管理内控信息化建设情况	合同管理内控信息化建设结果	《合同管理内控信息化建设情况报告》等	审阅材料 访谈人员			B2－6－1 B2－6－2
		内控考核	合同管理内控考核情况	合同管理内控考核结果	《合同管理内控考核情况报告》等	审阅材料 访谈人员			B2－7－1 B2－7－2

续表

流程编号	测试范围	实施环节	测试要点及分值		证据材料	测试程序	测试结果	实际得分	交叉索引
			过程测试（50分）	结果测试（50分）					
合同管理3C016	内控运行	管理融合	合同管理内控与合同管理业务和管理相融合情况	合同管理内控与合同管理业务和管理相融合结果		审阅材料 访谈人员			B2－8－1 B2－8－2
		持续改进	合同管理内控持续改进情况	合同管理内控持续改进结果	《合同管理内控持续改进情况表》等	审阅材料 访谈人员			B2－16－1 B2－16－2

3.3　认定缺陷

合同管理内部控制认定缺陷，就是对合同管理内部控制设计缺陷和运行缺陷的认定，并要按照缺陷的影响程度把合同管理内部控制缺陷分为重大缺陷、重要缺陷和一般缺陷。在具体的合同管理内部控制缺陷认定过程，评价人员应将已经调查了解到的合同管理内部控制系统的现状与事先确定的内部控制标准模式进行对照，以揭示哪些法规规定的控制程序未被采用。对对照中发现的合同管理控制缺陷，应当按照不同内容分类，并汇集记录在内部控制内部控制缺陷认定矩阵表中，应当编制合同管理内部控制缺陷认定表。中天恒3C框架合同管理内部控制缺陷认定矩阵表、认定表见表18－6、表18－7。

表18－6　　中天恒3C框架合同管理内部控制缺陷认定矩阵表

被评价单位名称			被评价单位编码				索引编号	C	页次			
业务流程名称	合同管理		业务流程编号		3C016		评价人		评价时间			
评价期间			截止日期				复核人		复核时间			
流程编号	一级流程	末级流程	关键控制	缺陷类型	缺陷描述	缺陷来源	缺陷性质			认定程序	认定索引	对报表影响	补偿性控制	整改意见
							一般缺陷	重大缺陷	重要缺陷					
3C016	合同管理									认定缺陷 提出建议	C－1 C－2			

表 18－7　　　　中天恒 3C 框架合同管理内部控制缺陷认定表

被评价单位名称		被评价单位编码			索引编号	C－1	页次	
业务流程名称	合同管理	业务流程编号		3C016	评价人		评价时间	
关键控制名称		关键控制编号			复核人		复核时间	
影响会计科目		评价期间					截止日期	
缺陷类型		缺陷描述	认定标准	评价组初步认定意见			评价部门或经理层或董事会认定意见	
被评价单位（或当事人）意见及相关说明								
缺陷事项证据资料								

3.4　综合评价

合同管理综合评价，就是指在合同管理内部控制现场测试结果的基础上对合同管理内部控制有效性作出的最终评价，主要工作是汇总合同管理业务的评价结果。合同管理内部控制评价工作应遵循整理资料、分析影响、形成结论、反馈意见等综合评价的基本步骤。合同管理综合评价的方法很多，比较常用的是评分法。合同管理评分法可分别对合同管理内部控制设计有效性和运行有效性进行评分，也可以进行综合评分。合同管理内部控制综合评价结果可编制评价结果汇总表或绘制成评价图。中天恒 3C 框架合同管理内部控制缺陷认定矩阵表见表 18－8。

表 18－8　　　　中天恒 3C 框架合同管理内部控制缺陷认定矩阵表

被评价单位名称			被评价单位编码			索引编号		D－1		页次	
业务流程名称		合同管理	业务流程编号		3C016	评价人				评价时间	
关键控制名称			关键控制编号			复核人				复核时间	
影响会计科目			评价期间							截止日期	
流程编号	一级流程	二级流程	评价要点	控制设计评分（50%）			控制执行评分（50%）			综合评分	
				标准分值	实际得分	评价结果	标注分值	实际得分	评价结果	实际得分	评价结果
3C016	合同管理										
3C016.01		合同的订立									
3C016.02		合同的履行									

十九、内部信息传递内部控制评价实务及其模板

1. 概述

1.1 评价概念

内部信息传递内部控制评价是内部控制评价业务层面的重要内容之一，是对内部信息传递内部控制设计及运行有效性的评价。因此，加强内部信息传递内部控制评价工作，有利于促使企业建立健全和有效执行内部信息传递内部控制，从而有效控制内部信息传递风险。

1.2 评价目标

内部信息传递内部控制评价目标，就是保证内部信息传递内部控制设计和运行的有效性，促使企业预防和控制内部信息传递风险。

1.3 评价依据

内部信息传递内部控制评价依据是国家关于内部信息传递管理方面的法律法规、企业制定的内部信息传递管理制度及其《企业内部控制手册》有关内部信息传递部分的内容。具体依据因评价单位的不同而有所不同。一般来说，涉及国家法律法规层面的内部信息传递内部控制评价依据包括《企业内部控制基本规范》、《企业内部控制应用指引第 17 号——内部信息传递》等。涉及评价单位层面的内部信息传递内部控制评价依据包括企业制定的《内部信息传递管理制度》、《内部信息传递授权制度和审核批准制度》、《内部信息传递的岗位责任制》等。在编制了《企业内部控制管理手册》的企业，该手册中的内部信息传递内部控制矩阵既是内部信息传递内部控制评价的对象，也是最为直接的评价依据。

2. 评价内容

内部信息传递内部控制评价内容，总体来说就是评价内部信息传递内部控制的设计和运行的有效性，包括过程和结果两个层面，具体评价范围包括内部报告的形成、内部报告的使用等主要内部信息传递。具体评价内容因评价单位开展内部

信息传递情况的不同而不同，也因被评价单位内部控制成熟度的不同而不同。中天恒3C框架研究确定的内部信息传递内部控制评价内容分为内部信息传递内部控制设计和执行两个方面，分别包括了过程和结果两个层面，具体内容见表19－1。

表19－1　　中天恒3C框架内部信息传递内部控制评价内容表

流程编号	一级流程	评价范围	关键环节	评价内容		评价重点
				过程评价	结果评价	
3C017	内部信息传递	内控设计	现状梳理	内部信息传递现状梳理情况	内部信息传递现状梳理结果	
			风险评估	内部信息传递风险评估情况	内部信息传递风险评估结果	
			控制要点	内部信息传递控制要点及关键控制确定情况	内部信息传递控制要点及关键控制确定结果	
			控制目标	内部信息传递控制目标的确定及其分解情况	内部信息传递控制目标的确定及其分解结果	
			控制措施	内部信息传递控制措施确定情况	内部信息传递控制措施确定结果	√
			控制证据	内部信息传递控制证据设计情况	内部信息传递控制证据设计结果	
			制度优化	内部信息传递管理制度优化情况	内部信息传递管理制度优化结果	
			控制图表	内部信息传递控制图表绘制情况	内部信息传递控制图表绘制结果	
			控制矩阵	内部信息传递控制矩阵编制情况	内部信息传递控制矩阵编制结果	√
		内控运行	岗位设置	内部信息传递岗位设置情况	内部信息传递岗位设置结果	
			职责分工	内部信息传递职责分工情况	内部信息传递职责分工结果	
			制度执行	内部信息传递制度执行情况	内部信息传递制度执行结果	√
			措施落实	内部信息传递控制措施落实情况	内部信息传递控制措施落实结果	
			内控监督	内部信息传递内控监督情况	内部信息传递内控监督结果	√
			内控考核	内部信息传递内控考核情况	内部信息传递内控考核结果	
			信息系统	内部信息传递内控信息化情况	内部信息传递内控信息化结果	
			管理融合	内部信息传递内控与业务管理融合情况	内部信息传递内控与业务管理融合结果	
			持续改进	内部信息传递内控持续改进情况	内部信息传递内控持续改进结果	

2.1　设计有效性评价

内部信息传递内部控制的设计有效性评价包括设计过程和设计结果两个层

面。内部信息传递内部控制设计结果有效性的前提是设计过程要有效，因此，要重视内部信息传递内部控制设计过程有效性的评价，不能仅对内部信息传递内部控制设计结果有效性进行评价。

2.2　运行有效性评价

内部信息传递内部控制的运行有效性评价包括运行过程和运行结果两个层面。总体说来，内部信息传递内部控制运行评价的要点包括：已经设计完成的内部信息传递内部控制及其相关的管理制度是否有效执行，是否有效控制了内部信息传递风险；已经设计有效的内部信息传递各控制点的控制措施是否有效实施，是否有效防止了各控制环节的风险；是否建立内部信息传递内部控制执行情况文档；是否根据业务、监管要求或法律法规等的变化持续改进内部信息传递内部控制等。实践中，内部信息传递内部控制运行层面普遍存在已有的控制在实际中没有执行、内部控制形同虚设、内部信息传递风险未有效控制等问题。内部信息传递内部控制的运行有效性评价的重点是控制制度及其措施的执行情况。

3. 评价程序

内部信息传递内部控制评价程序，就实施阶段来说，主要包括对内部信息传递内部控制进行调查了解、控制测试、缺陷认定、综合评价等程序。中天恒3C框架研究设计的内部信息传递内部控制评价总体程序见表19－2。

表19－2　　中天恒3C框架内部信息传递内部控制评价总体程序表

被评价单位名称		被评价单位编码		索引编号	0	页次	
业务流程名称	内部信息传递	业务流程编号	3C017	编制人		编制时间	
评价期间		截止日期		复核人		复核时间	
序号	基本程序	细分程序			执行情况说明	工作底稿索引号	
1	调查了解	内部信息传递内部控制有效性调查				A	
2	控制测试	内部信息传递内部控制设计有效性测试				B1	
		内部信息传递内部控制执行有效性测试				B2	
3	缺陷认定	内部信息传递内部控制缺陷认定				C	
4	综合评价	内部信息传递内部控制评分结果汇总				D1	
		内部信息传递内部控制评价结果汇总				D2	
说明	1. 每一个评价程序可细分若干具体程序。 2. 上述程序可结合进行，以提高评价工作效率。 3. 在执行每一步骤后，应填写“执行情况说明”一栏，以此作为对内部信息传递内部控制综合评价的依据。						

3.1 调查了解

调查了解内部信息传递内部控制设计和运行的情况，是对内部信息传递内部控制评价实施阶段的首要环节。调查了解仅作为了解内部信息传递内部控制设计和运行的情况的手段，不能直接形成内部信息传递内部控制设计和运行有效性的结论。这项工作是在内部控制评价总体工作的准备阶段的基础上进行的，涉及具体内容很多，也因单位的不同而不同。对内部信息传递内部控制调查了解的方法有文字叙述法、调查表法、流程图法、控制矩阵法等。这些方法各有其特点，经常综合运用。中天恒 3C 框架内部信息传递内部控制调查问卷见表 19－3。

表 19－3　　中天恒 3C 框架内部信息传递内部控制调查问卷

<table>
<tr><td colspan="3">被调查单位名称</td><td></td><td colspan="3">被调查单位编码</td><td></td><td>索引编号</td><td>A</td><td>页次</td><td></td></tr>
<tr><td colspan="3">业务流程名称</td><td>内部信息传递</td><td colspan="3">业务流程编号</td><td>3C017</td><td>调查人</td><td></td><td>调查时间</td><td></td></tr>
<tr><td colspan="3">调查期间</td><td></td><td colspan="3">截止日期</td><td></td><td>复核人</td><td></td><td>复核时间</td><td></td></tr>
<tr><td rowspan="2">调查项目</td><td rowspan="2">调查范围</td><td rowspan="2">调查环节</td><td rowspan="2">调查内容</td><td colspan="3">调查结果</td><td rowspan="2" colspan="3">证据名称</td><td rowspan="2">被调查部门</td><td rowspan="2">被调查人</td></tr>
<tr><td>是</td><td>否</td><td>不适应</td></tr>
<tr><td rowspan="4">内部信息传递</td><td rowspan="4">内控设计</td><td rowspan="2">现状梳理</td><td>是否进行了内部信息传递现状梳理</td><td></td><td></td><td></td><td rowspan="2" colspan="3">《内部信息传递内部管理制度或相关文件情况表》、《内部信息传递流程目录》、《内部信息传递业务现状流程图》等</td><td rowspan="2"></td><td rowspan="2"></td></tr>
<tr><td>内部信息传递现状梳理是否有效</td><td></td><td></td><td></td></tr>
<tr><td rowspan="2">风险评估</td><td>是否进行了内部信息传递风险评估</td><td></td><td></td><td></td><td rowspan="2" colspan="3">《内部信息传递风险及其描述表》、《内部信息传递风险分析表》、《内部信息传递风险评价表》、《内部信息传递风险应对策略表》、《内部信息传递业务风险数据库》、《内部信息传递重大风险解决方案》等</td><td rowspan="2"></td><td rowspan="2"></td></tr>
<tr><td>内部信息传递风险评估是否有效</td><td></td><td></td><td></td></tr>
</table>

续表

调查项目	调查范围	调查环节	调查内容	调查结果			证据名称	被调查部门	被调查人
				是	否	不适应			
内部信息传递	内控设计	控制要点	是否进行了内部信息传递控制要点及关键控制的确定				《内部信息传递控制要点及其关键控制表》等		
			内部信息传递控制要点及关键控制的确定是否有效						
		控制目标	是否进行了内部信息传递控制目标的确定及其分解				《内部信息传递内部控制目标表》等		
			内部信息传递控制目标的确定及其分解是否有效						
		控制措施	是否进行了内部信息传递控制措施的确定				《内部信息传递内部控制措施表》等		
			内部信息传递控制措施的确定是否有效						
		控制证据	是否进行了内部信息传递控制证据的设计				《内部信息传递控制证据表》等		
			内部信息传递控制证据设计是否有效						
		制度优化	是否进行了内部信息传递管理的制度优化				《内部信息传递制度完善建议表》等		
			内部信息传递管理制度的优化是否有效						
		控制图表	是否绘制了内部信息传递控制流程图				《内部信息传递控制流程图》等		
			绘制的内部信息传递控制流程图是否有效						

续表

调查项目	调查范围	调查环节	调查内容	调查结果			证据名称	被调查部门	被调查人
				是	否	不适应			
内部信息传递	内控设计	控制矩阵	是否编制了内部信息传递控制流矩阵				《内部信息传递控制矩阵》等		
			编制的内部信息传递制矩阵是否有效						
	内控运行	岗位设置	是否设置了必要的内部信息传递岗位				《内部信息传递岗位设置图》等		
			设置内部信息传递岗位是否有效						
		职责分工	是否有明确的内部信息传递职责分工				《内部信息传递职责分工制度》等		
			内部信息传递职责分工是否有效						
		制度执行	是否颁布实施了已经设计的内部信息传递控制制度				《内部信息传递管理制度》等		
			内部信息传递控制制度执行是否有效						
		措施落实	是否实施了已经设计的内部信息传递控制措施				《内部信息传递控制措施表》等		
			内部信息传递控制措施运行是否有效						
		内控监督	是否进行内部信息传递内控监督检查				《内部信息传递内控监督情况报告》等		
			内部信息传递内控监督结果是否有效						

续表

调查项目	调查范围	调查环节	调查内容	调查结果			证据名称	被调查部门	被调查人
				是	否	不适应			
内部信息传递	内控运行	信息系统	是否进行内部信息传递内控信息化建设				《内部信息传递内控信息化建设情况报告》等		
			内部信息传递内控信息化建设结果是否有效						
		内控考核	是否进行内部信息传递内控考核				《内部信息传递内控考核情况报告》等		
			内部信息传递内控考核结果是否有效						
		管理融合	内部信息传递内控是否与内部信息传递业务和管理相融合						
		持续改进	是否根据业务、监管要求或法律法规等的变化持续维护内部信息传递内部控制				《内部信息传递内控持续改进情况表》等		
			内部信息传递内控持续改进结果是否有效						

调查结论	内控可信赖度					是否需要作进一步测试	
	高	较高	中	较低	低	是	否
	简要描述						

3.2 现场测试

内部信息传递内部控制现场测试，就是测试内部信息传递内部控制设计和运行的有效性。对内部信息传递内部控制进行测试，可以根据具体情况实施详查或者抽样测试，具体测试方式包括跟单测试和关键控制测试等。

（1）内部信息传递内部控制设计有效性测试。

评价人员在测试内部信息传递控制设计的有效性时，应当综合运用询问适当人员、观察经营活动和检查相关文件等程序。内部信息传递内部控制设计有效性测试方式一般采用跟单测试方式。中天恒3C框架内部信息传递内部控制设计有效性测试矩阵表见表 19 – 4。

表 19 – 4　中天恒 3C 框架内部信息传递内部控制设计有效性测试矩阵表

被测试单位名称		被测试单位编码		索引编号	B1	页次	
业务流程名称	内部信息传递	业务流程编号	3C017	测试人		测试时间	
测试期间		截止日期		复核人		复核时间	

流程编号	测试范围	关键环节	测试要点及分值		证据材料	测试程序	测试结果	实际得分	交叉索引
			过程测试（50 分）	结果测试（50 分）					
内部信息传递 3C017	内控设计	现状梳理	内部信息传递现状梳理情况	内部信息传递现状梳理结果	《内部信息传递内部管理制度或相关文件情况表》、《内部信息传递流程目录》、《内部信息传递业务现状流程图》	审阅材料 访谈人员 抽样检查			B1 – 1 – 1 B1 – 1 – 2 B1 – 1 – 3
		风险评估	内部信息传递风险评估情况	内部信息传递风险评估结果	《内部信息传递风险及其描述表》、《内部信息传递风险分析表》、《内部信息传递风险评价表》、《内部信息传递风险应对策略表》、《内部信息传递业务风险数据库》、《内部信息传递重大风险解决方案》等	审阅材料 访谈人员 抽样检查 重新执行			B1 – 2 – 1 B1 – 2 – 2 B1 – 2 – 3 B1 – 2 – 4
		控制要点	内部信息传递控制要点及关键控制落实情况	内部信息传递控制要点及关键控制确定结果	《内部信息传递控制要点及其关键控制表》等	审阅材料 访谈人员 抽样检查			B1 – 3 – 1 B1 – 3 – 2 B1 – 3 – 3
		控制目标	内部信息传递控制目标确定及其分解情况	内部信息传递控制目标确定及其分解结果	《内部信息传递内部控制目标表》等	审阅材料 访谈人员			B1 – 4 – 1 B1 – 4 – 2

续表

流程编号	测试范围	关键环节	测试要点及分值		证据材料	测试程序	测试结果	实际得分	交叉索引
			过程测试（50分）	结果测试（50分）					
内部信息传递3C017	内控设计	控制措施	内部信息传递控制措施落实情况	内部信息传递控制措施确定结果	《内部信息传递内部控制措施表》等	审阅材料 访谈人员 抽样检查 重新执行			B1－5－1 B1－5－2 B1－5－3 B1－5－4
		控制证据	内部信息传递控制证据设计情况	内部信息传递控制证据设计结果	《内部信息传递控制证据表》等	审阅材料 访谈人员			B1－6－1 B1－6－2
		制度优化	内部信息传递管理制度优化情况	内部信息传递管理制度优化结果	《内部信息传递制度完善建议表》等	审阅材料 访谈人员			B1－7－1 B1－7－2
		控制图表	内部信息传递控制流程图绘制情况	内部信息传递控制流程图绘制结果	《内部信息传递控制流程图》等	审阅材料 访谈人员			B1－8－1 B1－8－2
		控制矩阵	内部信息传递控制矩阵编制情况	内部信息传递控制矩阵编制结果	《内部信息传递控制矩阵》等	审阅材料 访谈人员			B1－9－1 B1－9－2
汇总						编制汇总表			

<table>
<tr><td rowspan="3">测试结论</td><td colspan="7">设计无效</td><td colspan="2" rowspan="2">设计有效</td></tr>
<tr><td rowspan="2">是</td><td colspan="6">控制薄弱环节说明</td></tr>
<tr><td>设计的控制不符合实际</td><td>应有的控制不存在</td><td>风险识别不准确</td><td>未设计控制证据</td><td>控制矩阵编制不规范</td><td>其他</td><td>是</td><td>良好实践</td></tr>
<tr><td></td><td></td><td></td><td></td><td></td><td></td><td></td><td></td><td></td><td></td></tr>
</table>

（2）内部信息传递内部控制运行有效性测试。

评价人员在测试内部信息传递内部控制运行的有效性时，应当综合运用审阅文件资料、询问相关人员、观察业务活动以及重新执行控制等程序。在内部信息传递内部控制执行有效性评价过程中，评价人员应将内部信息传递每个业务流程的每个控制点的测试程序、方法和结果记录于内部控制执行有效性测试底稿。当内部信息传递业务流程测试结束后，评价人员应将各个流程和控制点的执行有效性测试结果进行汇总，记录于内部控制执行有效性评估汇总表。内部信息传递内部控制运行有效性测试方式一般采用关键控制测试，即建立样本库，再按照样本发生频率、样本库总量的大小区分，抽取相应数量的样本进行测试。内部信息传递内部控制运行有效性测试重点是对关键控制测试。中天恒3C框架内部信息传递内部控制运行有效性测试矩阵表见表19－5。

表19－5　　中天恒3C框架内部信息传递内部控制运行有效性测试矩阵表

<table>
<tr><td colspan="3">被测试单位名称</td><td></td><td>被测试单位编码</td><td></td><td>索引编号</td><td>B2</td><td>页次</td><td></td></tr>
<tr><td colspan="3">业务流程名称</td><td>内部信息传递</td><td>业务流程编号</td><td>3C017</td><td>测试人</td><td></td><td>测试时间</td><td></td></tr>
<tr><td colspan="3">测试期间</td><td></td><td>截止日期</td><td></td><td>复核人</td><td></td><td>复核时间</td><td></td></tr>
<tr><td rowspan="2">流程编号</td><td rowspan="2">测试范围</td><td rowspan="2">实施环节</td><td colspan="2">测试要点及分值</td><td rowspan="2">证据材料</td><td rowspan="2">测试程序</td><td rowspan="2">测试结果</td><td rowspan="2">实际得分</td><td rowspan="2">交叉索引</td></tr>
<tr><td>过程测试（50分）</td><td>结果测试（50分）</td></tr>
<tr><td rowspan="5">内部信息传递3C017</td><td rowspan="5">内控运行</td><td>岗位设置</td><td>内部信息传递岗位设置情况</td><td>内部信息传递岗位设置结果</td><td>《内部信息传递岗位设置图》等</td><td>审阅材料
访谈人员</td><td></td><td></td><td>B2－1－1
B2－1－2</td></tr>
<tr><td>职责分工</td><td>内部信息传递职责分工情况</td><td>内部信息传递职责分工结果</td><td>《内部信息传递职责分工制度》等</td><td>观察业务
抽样检查
重新执行</td><td></td><td></td><td>B2－2－1
B2－2－2
B2－2－3</td></tr>
<tr><td>制度执行</td><td>内部信息传递控制制度执行情况</td><td>内部信息传递控制制度执行结果</td><td>《内部信息传递管理制度》等</td><td>审阅材料
访谈人员
抽样检查</td><td></td><td></td><td>B2－3－1
B2－3－2
B2－3－3</td></tr>
<tr><td>措施落实</td><td>内部信息传递控制措施运行情况</td><td>内部信息传递控制措施运行结果</td><td>《内部信息传递控制措施表》等</td><td>审阅材料
访谈人员
抽样检查</td><td></td><td></td><td>B2－4－1
B2－4－2
B2－4－3</td></tr>
<tr><td>内控监督</td><td>内部信息传递内控监督检查情况</td><td>内部信息传递内控监督检查结果</td><td>《内部信息传递内控监督情况报告》等</td><td>审阅材料
访谈人员</td><td></td><td></td><td>B2－5－1
B2－5－2</td></tr>
</table>

续表

<table>
<tr><th rowspan="2">流程编号</th><th rowspan="2">测试范围</th><th rowspan="2">实施环节</th><th colspan="2">测试要点及分值</th><th rowspan="2">证据材料</th><th rowspan="2">测试程序</th><th rowspan="2">测试结果</th><th rowspan="2">实际得分</th><th rowspan="2">交叉索引</th></tr>
<tr><th>过程测试（50 分）</th><th>结果测试（50 分）</th></tr>
<tr><td rowspan="4">内部信息传递3C017</td><td rowspan="4">内控运行</td><td>信息系统</td><td>内部信息传递内控信息化建设情况</td><td>内部信息传递内控信息化建设结果</td><td>《内部信息传递内控信息化建设情况报告》等</td><td>审阅材料
访谈人员</td><td></td><td></td><td>B2-6-1
B2-6-2</td></tr>
<tr><td>内控考核</td><td>内部信息传递内控考核情况</td><td>内部信息传递内控考核结果</td><td>《内部信息传递内控考核情况报告》等</td><td>审阅材料
访谈人员</td><td></td><td></td><td>B2-7-1
B2-7-2</td></tr>
<tr><td>管理融合</td><td>内部信息传递内控与内部信息传递业务和管理相融合情况</td><td>内部信息传递内控与内部信息传递业务和管理相融合结果</td><td></td><td>审阅材料
访谈人员</td><td></td><td></td><td>B2-8-1
B2-8-2</td></tr>
<tr><td>持续改进</td><td>内部信息传递内控持续改进情况</td><td>内部信息传递内控持续改进结果</td><td>《内部信息传递内控持续改进情况表》等</td><td>审阅材料
访谈人员</td><td></td><td></td><td>B2-9-1
B2-9-2</td></tr>
<tr><td>汇总</td><td></td><td></td><td></td><td></td><td></td><td>编制汇总表</td><td></td><td></td><td></td></tr>
</table>

<table>
<tr><td rowspan="4">测试结论</td><td colspan="7">设计无效</td><td colspan="2" rowspan="2">设计有效</td></tr>
<tr><td rowspan="2">是</td><td colspan="6">控制薄弱环节说明</td></tr>
<tr><td>制度未执行</td><td>措施未落实</td><td>控制证据不足</td><td>设计不适应</td><td>监控不力</td><td>其他</td><td>是</td><td>良好实践</td></tr>
<tr><td></td><td></td><td></td><td></td><td></td><td></td><td></td><td></td><td></td></tr>
</table>

3.3 认定缺陷

内部信息传递内部控制认定缺陷，就是对内部信息传递内部控制设计缺陷和运行缺陷的认定，并要按照缺陷的影响程度把内部信息传递内部控制缺陷分为重大缺陷、重要缺陷和一般缺陷。在具体的内部信息传递内部控制缺陷认定过程，评价人员应将已经调查了解到的内部信息传递内部控制系统的现状与事先确定的内部控制标准模式进行对照，以揭示哪些法规规定的控制程序未被采用。对对照中发现的内部信息传递控制缺陷，应当按照不同内容分类，并汇集记录在内部控制内部控制缺陷认定矩阵表中，应当编制内部信息传递内部控制缺陷认定表。中天恒3C框架内部信息传递内部控制缺陷认定矩阵表、认定表见表19－6、表19－7。

表19－6　　中天恒3C框架内部信息传递内部控制缺陷认定矩阵表

被评价单位名称		被评价单位编码		索引编号	C	页次	
业务流程名称	内部信息传递	业务流程编号	3C017	评价人		评价时间	
评价期间		截止日期		复核人		复核时间	

流程编号	一级流程	末级流程	关键控制	缺陷类型	缺陷描述	缺陷来源	缺陷性质			认定程序	认定索引	对报表影响	补偿性控制	整改意见
							一般缺陷	重大缺陷	重要缺陷					
3C017	内部信息传递									认定缺陷 提出建议	C－1 C－2			

表19－7　　中天恒3C框架内部信息传递内部控制缺陷认定表

被评价单位名称		被评价单位编码		索引编号	C－1	页次	
业务流程名称	内部信息传递	业务流程编号	3C017	评价人		评价时间	
关键控制名称		关键控制编号		复核人		复核时间	
影响会计科目		评价期间				截止日期	

缺陷类型	缺陷描述	认定标准	评价组初步认定意见	评价部门或经理层或董事会认定意见
被评价单位（或当事人）意见及相关说明				
缺陷事项证据资料				

3.4　综合评价

内部信息传递综合评价，就是指在内部信息传递内部控制现场测试结果的基础上对内部信息传递内部控制有效性作出的最终评价，主要工作是汇总内部信息传递业务的评价结果。内部信息传递内部控制评价工作应遵循整理资料、分析影响、形成结论、反馈意见等综合评价的基本步骤。内部信息传递综合评价的方法很多，比较常用的是评分法。内部信息传递评分法可分别对内部信息传递内部控制设计有效性和运行有效性进行评分，也可以进行综合评分。内部信息传递内部控制综合评价结果可编制评价结果汇总表或绘制成评价图。中天恒 3C 框架内部信息传递内部控制评分结果汇总表见表 19－8。

表 19－8　中天恒 3C 框架内部信息传递内部控制评分结果汇总表

被评价单位名称		被评价单位编码		索引编号	D－1	页次	
业务流程名称	内部信息传递	业务流程编号	3C017	评价人		评价时间	
关键控制名称		关键控制编号		复核人		复核时间	
影响会计科目		评价期间				截止日期	

流程编号	一级流程	二级流程	评价要点	控制设计评分（50%）			控制执行评分（50%）			综合评分	
				标准分值	实际得分	评价结果	标注分值	实际得分	评价结果	实际得分	评价结果
3C017	内部信息传递										
3C017.01		内部报告的形成									
3C017.02		内部报告的使用									

二十、信息系统内部控制评价实务及其模板

1. 概述

1.1 评价概念

信息系统内部控制评价是内部控制评价业务层面的重要内容之一，是对信息系统内部控制设计及运行有效性的评价。因此，加强信息系统内部控制评价工作，有利于促使企业建立健全和有效执行信息系统内部控制，从而有效控制信息系统风险。

1.2 评价目标

信息系统内部控制评价目标，就是保证信息系统内部控制设计和运行的有效性，促使企业预防和控制信息系统风险。

1.3 评价依据

信息系统内部控制评价依据是国家关于信息系统管理方面的法律法规、企业制定的信息系统管理制度及其《企业内部控制手册》有关信息系统部分的内容。具体依据因评价单位的不同而有所不同。一般来说，涉及国家法律法规层面的信息系统内部控制评价依据包括《计算机信息系统安全保护条例》（国务院147号令）、《国家信息化领导小组关于加强信息安全保障工作的意见》（中办发〔2003〕27号）、《关于信息安全等级保护工作的实施意见》（公通字〔2004〕66号）和《信息安全等级保护管理办法》（公通字〔2007〕43号）、《信息安全技术 信息系统安全等级保护实施指南》国家标准、《企业内部控制基本规范》、《企业内部控制应用指引第18号——信息系统》等。涉及评价单位层面的信息系统内部控制评价依据包括企业制定的《信息系统管理制度》、《信息系统授权制度和审核批准制度》、《信息系统的岗位责任制》等。在编制了《企业内部控制管理手册》的企业，该手册中的信息系统内部控制矩阵既是信息系统内部控制评价的对象，也是最为直接的评价依据。

2. 评价内容

信息系统内部控制评价内容，总体来说就是评价信息系统内部控制的设计和

运行的有效性，包括过程和结果两个层面，具体评价范围包括信息系统的开发、信息系统的运行与维护。具体评价内容因评价单位开展信息系统工作情况的不同而不同，也因被评价单位内部控制成熟度的不同而不同。中天恒3C框架研究确定的信息系统内部控制评价内容分为信息系统内部控制设计和执行两个方面，分别包括了过程和结果两个层面，具体内容见表20－1。

表20－1　　中天恒3C框架信息系统内部控制评价内容表

流程编号	一级流程	评价范围	关键环节	评价内容		评价重点
				过程评价	结果评价	
3C018	信息系统	内控设计	现状梳理	信息系统现状梳理情况	信息系统现状梳理结果	
			风险评估	信息系统风险评估情况	信息系统风险评估结果	
			控制要点	信息系统控制要点及关键控制确定情况	信息系统控制要点及关键控制确定结果	
			控制目标	信息系统控制目标的确定及其分解情况	信息系统控制目标的确定及其分解结果	
			控制措施	信息系统控制措施确定情况	信息系统控制措施确定结果	√
			控制证据	信息系统控制证据设计情况	信息系统控制证据设计结果	
			制度优化	信息系统管理制度优化情况	信息系统管理制度优化结果	
			控制图表	信息系统控制图表绘制情况	信息系统控制图表绘制结果	
			控制矩阵	信息系统控制矩阵编制情况	信息系统控制矩阵编制结果	√
		内控运行	岗位设置	信息系统岗位设置情况	信息系统岗位设置结果	
			职责分工	信息系统职责分工情况	信息系统职责分工结果	
			制度执行	信息系统制度执行情况	信息系统制度执行结果	√
			措施落实	信息系统控制措施落实情况	信息系统控制措施落实结果	
			内控监督	信息系统内控监督情况	信息系统内控监督结果	√
			内控考核	信息系统内控考核情况	信息系统内控考核结果	
			信息系统	信息系统内控信息化情况	信息系统内控信息化结果	
			管理融合	信息系统内控与业务管理融合情况	信息系统内控与业务管理融合结果	
			持续改进	信息系统内控持续改进情况	信息系统内控持续改进结果	

2.1　设计有效性评价

信息系统内部控制的设计有效性评价包括设计过程和设计结果两个层面。信息系统内部控制设计结果有效性的前提是设计过程要有效，因此，要重视信息系统内部控制设计过程有效性的评价，不能仅对信息系统内部控制设计结果有效性进行评价。

2.2 运行有效性评价

信息系统内部控制的运行有效性评价包括运行过程和运行结果两个层面。总体说来，信息系统内部控制运行评价的要点包括：已经设计完成的信息系统内部控制及其相关的管理制度是否有效执行，是否有效控制了信息系统风险；已经设计有效的信息系统各控制点的控制措施是否有效实施，是否有效防止了各控制环节的风险；是否建立信息系统内部控制执行情况文档；是否根据业务、监管要求或法律法规等的变化持续改进信息系统内部控制等。实践中，信息系统内部控制运行层面普遍存在已有的控制在实际中没有执行、内部控制形同虚设、信息系统风险未有效控制等问题。信息系统内部控制的运行有效性评价的重点是控制制度及其措施的执行情况。

3. 评价程序

信息系统内部控制评价程序，就实施阶段来说，主要包括对信息系统内部控制进行调查了解、控制测试、缺陷认定、综合评价等程序。中天恒3C框架研究设计的信息系统内部控制评价总体程序见表20－2。

表20－2 中天恒3C框架信息系统内部控制评价总体程序表

被评价单位名称		被评价单位编码		索引编号	0	页次	
业务流程名称	信息系统	业务流程编号	3C018	编制人		编制时间	
评价期间		截止日期		复核人		复核时间	

序号	基本程序	细分程序	执行情况说明	工作底稿索引号
1	调查了解	信息系统内部控制有效性调查		A
2	控制测试	信息系统内部控制设计有效性测试		B1
		信息系统内部控制执行有效性测试		B2
3	缺陷认定	信息系统内部控制缺陷认定		C
4	综合评价	信息系统内部控制评分结果汇总		D1
		信息系统内部控制评价结果汇总		D2
说明	1. 每一个评价程序可细分若干具体程序。 2. 上述程序可结合进行，以提高评价工作效率。 3. 在执行每一步骤后，应填写“执行情况说明”一栏，以此作为对信息系统内部控制综合评价的依据。			

3.1 调查了解

调查了解信息系统内部控制设计和运行的情况，是对信息系统内部控制评价实施阶段的首要环节。调查了解仅作为了解信息系统内部控制设计和运行的情况的手段，不能直接形成信息系统内部控制设计和运行有效性的结论。这项工作是在内部控制评价总体工作的准备阶段的基础上进行的，涉及具体内容很多，也因单位的不同而不同。对信息系统内部控制调查了解的方法有文字叙述法、调查表法、流程图法、控制矩阵法等。这些方法各有其特点，经常综合运用。中天恒3C框架信息系统内部控制调查问卷见表20－3。

表20－3　　中天恒3C框架信息系统内部控制调查问卷

被调查单位名称		被调查单位编码		索引编号	A	页次	
业务流程名称	信息系统	业务流程编号	3C018	调查人		调查时间	
调查期间		截止日期		复核人		复核时间	

调查项目	调查范围	调查环节	调查内容	调查结果：是	调查结果：否	调查结果：不适应	证据名称	被调查部门	被调查人
信息系统	内控设计	现状梳理	是否进行了信息系统现状梳理				《信息系统内部管理制度或相关文件情况表》、《信息系统流程目录》、《信息系统业务现状流程图》等		
			信息系统现状梳理是否有效						
		风险评估	是否进行了信息系统风险评估				《信息系统风险及其描述表》、《信息系统风险分析表》、《信息系统风险评价表》、《信息系统风险应对策略表》、《信息系统业务风险数据库》、《信息系统重大风险解决方案》等		
			信息系统风险评估是否有效						
		控制要点	是否进行了信息系统控制要点及关键控制的确定				《信息系统控制要点及其关键控制表》等		
			信息系统控制要点及关键控制的确定是否有效						
		控制目标	是否进行了信息系统控制目标的确定及其分解				《信息系统内部控制目标表》等		
			信息系统控制目标的确定及其分解是否有效						

续表

调查项目	调查范围	调查环节	调查内容	调查结果			证据名称	被调查部门	被调查人
				是	否	不适应			
信息系统	内控设计	控制措施	是否进行了信息系统控制措施的确定				《信息系统内部控制措施表》等		
			信息系统控制措施的确定是否有效						
		控制证据	是否进行了信息系统控制证据的设计				《信息系统控制证据表》等		
			信息系统控制证据设计是否有效						
		制度优化	是否进行了信息系统管理的制度优化				《信息系统制度完善建议表》等		
			信息系统管理制度的优化是否有效						
		控制图表	是否绘制了信息系统控制流程图				《信息系统控制流程图》等		
			绘制的信息系统控制流程图是否有效						
		控制矩阵	是否编制了信息系统控制流矩阵				《信息系统控制矩阵》等		
			编制的信息系统制矩阵是否有效						
	内控运行	岗位设置	是否设置了必要的信息系统岗位				《信息系统岗位设置图》等		
			设置信息系统岗位是否有效						
		职责分工	是否有明确的信息系统职责分工				《信息系统职责分工制度》等		
			信息系统职责分工是否有效						
		制度执行	是否颁布实施了已经设计的信息系统控制制度				《信息系统管理制度》等		
			信息系统控制制度执行是否有效						

续表

调查项目	调查范围	调查环节	调查内容	调查结果			证据名称	被调查部门	被调查人
				是	否	不适应			
信息系统	内控运行	措施落实	是否实施了已经设计的信息系统控制措施				《信息系统控制措施表》等		
			信息系统控制措施运行是否有效						
		内控监督	是否进行信息系统内控监督检查				《信息系统内控监督情况报告》等		
			信息系统内控监督结果是否有效						
		信息系统	是否进行信息系统内控信息化建设				《信息系统内控信息化建设情况报告》等		
			信息系统内控信息化建设结果是否有效						
		内控考核	是否进行信息系统内控考核				《信息系统内控考核情况报告》等		
			信息系统内控考核结果是否有效						
		管理融合	信息系统内控是否与信息系统业务和管理相融合						
		持续改进	是否根据业务、监管要求或法律法规等的变化持续维护信息系统内部控制				《信息系统内控持续改进情况表》等		
			信息系统内控持续改进结果是否有效						

调查结论	内控可信赖度					是否需要作进一步测试	
	高	较高	中	较低	低	是	否
	简要描述						

3.2 现场测试

信息系统内部控制现场测试，就是测试信息系统内部控制设计和运行的有效性。对信息系统内部控制进行测试，可以根据具体情况实施详查或者抽样测试，具体测试方式包括跟单测试和关键控制测试等。

(1) 信息系统内部控制设计有效性测试。

评价人员在测试信息系统控制设计的有效性时，应当综合运用询问适当人员、观察经营活动和检查相关文件等程序。信息系统内部控制设计有效性测试方式一般采用跟单测试方式。中天恒 3C 框架信息系统内部控制设计有效性测试矩阵表见表 20－4。

表 20－4　中天恒 3C 框架信息系统内部控制设计有效性测试矩阵表

被测试单位名称		被测试单位编码		索引编号	B1	页次	
业务流程名称	信息系统	业务流程编号	3C018	测试人		测试时间	
测试期间		截止日期		复核人		复核时间	

流程编号	测试范围	关键环节	测试要点及分值		证据材料	测试程序	测试结果	实际得分	交叉索引
			过程测试（50 分）	结果测试（50 分）					
信息系统3C018	内控设计	现状梳理	信息系统现状梳理情况	信息系统现状梳理结果	《信息系统内部管理制度或相关文件情况表》、《信息系统流程目录》、《信息系统业务现状流程图》	审阅材料 访谈人员 抽样检查			B1－1－1 B1－1－2 B1－1－3
		风险评估	信息系统风险评估情况	信息系统风险评估结果	《信息系统风险及其描述表》、《信息系统风险分析表》、《信息系统风险评价表》、《信息系统风险应对策略表》、《信息系统业务风险数据库》、《信息系统重大风险解决方案》等	审阅材料 访谈人员 抽样检查 重新执行			B1－2－1 B1－2－2 B1－2－3 B1－2－4
		控制要点	信息系统控制要点及关键控制落实情况	信息系统控制要点及关键控制确定结果	《信息系统控制要点及其关键控制表》等	审阅材料 访谈人员 抽样检查			B1－3－1 B1－3－2 B1－3－3

续表

流程编号	测试范围	关键环节	测试要点及分值		证据材料	测试程序	测试结果	实际得分	交叉索引
			过程测试（50分）	结果测试（50分）					
信息系统3C018	内控设计	控制目标	信息系统控制目标确定及其分解情况	信息系统控制目标确定及其分解结果	《信息系统内部控制目标表》等	审阅材料 访谈人员			B1－4－1 B1－4－2
		控制措施	信息系统控制措施落实情况	信息系统控制措施确定结果	《信息系统内部控制措施表》等	审阅材料 访谈人员 抽样检查 重新执行			B1－5－1 B1－5－2 B1－5－3 B1－5－4
		控制证据	信息系统控制证据设计情况	信息系统控制证据设计结果	《信息系统控制证据表》等	审阅材料 访谈人员			B1－6－1 B1－6－2
		制度优化	信息系统管理制度优化情况	信息系统管理制度优化结果	《信息系统制度完善建议表》等	审阅材料 访谈人员			B1－7－1 B1－7－2
		控制图表	信息系统控制流程图绘制情况	信息系统控制流程图绘制结果	《信息系统控制流程图》等	审阅材料 访谈人员			B1－8－1 B1－8－2
		控制矩阵	信息系统控制矩阵编制情况	信息系统控制矩阵编制结果	《信息系统控制矩阵》等	审阅材料 访谈人员			B1－9－1 B1－9－2
汇总						编制汇总表			

测试结论	设计无效							设计有效	
	是	控制薄弱环节说明							
		设计的控制不符合实际	应有的控制不存在	风险识别不准确	未设计控制证据	控制矩阵编制不规范	其他	是	良好实践

（2）信息系统内部控制运行有效性测试。

评价人员在测试信息系统内部控制运行的有效性时，应当综合运用审阅文件资料、询问相关人员、观察业务活动以及重新执行控制等程序。在信息系统内部控制执行有效性评价过程中，评价人员应将信息系统每个业务流程的每个控制点的测试程序、方法和结果记录于内部控制执行有效性测试底稿。当信息系统业务流程测试结束后，评价人员应将各个流程和控制点的执行有效性测试结果进行汇总，记录于内部控制执行有效性评估汇总表。信息系统内部控制运行有效性测试方式一般采用关键控制测试，即建立样本库，再按照样本发生频率、样本库总量的大小区分，抽取相应数量的样本进行测试。信息系统内部控制运行有效性测试重点是对关键控制测试。中天恒3C框架信息系统内部控制运行有效性测试矩阵表见表20－5。

表20－5　中天恒3C框架信息系统内部控制运行有效性测试矩阵表

被测试单位名称		被测试单位编码		索引编号	B2	页次	
业务流程名称	信息系统	业务流程编号	3C018	测试人		测试时间	
测试期间		截止日期		复核人		复核时间	

流程编号	测试范围	实施环节	测试要点及分值		证据材料	测试程序	测试结果	实际得分	交叉索引
			过程测试（50分）	结果测试（50分）					
信息系统3C018	内控运行	岗位设置	信息系统岗位设置情况	信息系统岗位设置结果	《信息系统岗位设置图》等	审阅材料 访谈人员			B2－1－1 B2－1－2
		职责分工	信息系统职责分工情况	信息系统职责分工结果	《信息系统职责分工制度》等	观察业务 抽样检查 重新执行			B2－2－1 B2－2－2 B2－2－3
		制度执行	信息系统控制制度执行情况	信息系统控制制度执行结果	《信息系统管理制度》等	审阅材料 访谈人员 抽样检查			B2－3－1 B2－3－2 B2－3－3
		措施落实	信息系统控制措施运行情况	信息系统控制措施运行结果	《信息系统控制措施表》等	审阅材料 访谈人员 抽样检查			B2－4－1 B2－4－2 B2－4－3
		内控监督	信息系统内控监督检查情况	信息系统内控监督检查结果	《信息系统内控监督情况报告》等	审阅材料 访谈人员			B2－5－1 B2－5－2

续表

流程编号	测试范围	实施环节	测试要点及分值		证据材料	测试程序	测试结果	实际得分	交叉索引
			过程测试（50分）	结果测试（50分）					
信息系统3C018	内控运行	信息系统	信息系统内控信息化建设情况	信息系统内控信息化建设结果	《信息系统内控信息化建设情况报告》等	审阅材料 访谈人员			B2－6－1 B2－6－2
		内控考核	信息系统内控考核情况	信息系统内控考核结果	《信息系统内控考核情况报告》等	审阅材料 访谈人员			B2－7－1 B2－7－2
		管理融合	信息系统内控与信息系统业务和管理相融合情况	信息系统内控与信息系统业务和管理相融合结果		审阅材料 访谈人员			B2－8－1 B2－8－2
		持续改进	信息系统内控持续改进情况	信息系统内控持续改进结果	《信息系统内控持续改进情况表》等	审阅材料 访谈人员			B2－9－1 B2－9－2
汇总						编制汇总表			

测试结论	运行无效							运行有效	
	是	控制薄弱环节说明						是	良好实践
		制度未执行	措施未落实	控制证据不足	设计不适应	监控不力	其他		

3.3　认定缺陷

信息系统内部控制认定缺陷，就是对信息系统内部控制设计缺陷和运行缺陷的认定，并要按照缺陷的影响程度把信息系统内部控制缺陷分为重大缺陷、重要缺陷和一般缺陷。在具体的信息系统内部控制缺陷认定过程，评价人员应将已经调查了解到的信息系统内部控制系统的现状与事先确定的内部控制标准模式进行对照，以揭示哪些法规规定的控制程序未被采用。对对照中发现的信息系统控制缺陷，应当按照不同内容分类，并汇集记录在内部控制内部控制缺陷认定矩阵表中，应当编制信息系统内部控制缺陷认定表。中天恒3C框架信息系统内部控制缺陷认定矩阵表、认定表见20－6、表20－7。

表20－6　　中天恒3C框架信息系统内部控制缺陷认定矩阵表

被评价单位名称		被评价单位编码		索引编号	C	页次	
业务流程名称	信息系统	业务流程编号	3C018	评价人		评价时间	
评价期间		截止日期		复核人		复核时间	

流程编号	一级流程	末级流程	关键控制	缺陷类型	缺陷描述	缺陷来源	缺陷性质			认定程序	认定索引	对报表影响	补偿性控制	整改意见
							一般缺陷	重大缺陷	重要缺陷					
3C018	信息系统									认定缺陷 提出建议	C－1 C－2			

表19－7　　中天恒3C框架信息系统内部控制缺陷认定表

被评价单位名称		被评价单位编码		索引编号	C－1	页次	
业务流程名称	信息系统	业务流程编号	3C018	评价人		评价时间	
关键控制名称		关键控制编号		复核人		复核时间	
影响会计科目		评价期间				截止日期	

缺陷类型	缺陷描述	认定标准	评价组初步认定意见	评价部门或经理层或董事会认定意见
被评价单位（或当事人）意见及相关说明				
缺陷事项证据资料				

3.4　综合评价

信息系统综合评价，就是指在信息系统内部控制现场测试结果的基础上对信息系统内部控制有效性作出的最终评价，主要工作是汇总信息系统业务的评价结果。信息系统内部控制评价工作应遵循整理资料、分析影响、形成结论、反馈意见等综合评价的基本步骤。信息系统综合评价的方法很多，比较常用的是评分法。信息系统评分法可分别对信息系统内部控制设计有效性和运行有效性进行评分，也可以进行综合评分。信息系统内部控制综合评价结果可编制评价结果汇总